다석 류영모의 종교사상

김 진

(울산대 교수)

다석 류영모의 종교사상

김 진
(울산대 교수)

UUP

다석 류영모의 종교사상

■

2012년 1월 25일 **초판 인쇄** ▪ 2012년 1월 31일 **초판 발행** ▪ **지은이** 김진 ▪ **펴낸이** 이철
▪ **펴낸곳** **UUP.**(울산대학교출판부) 680-749 울산광역시 남구 대학로 93(무거동) 울산대학교 출판부
▪ **전화** (052)259-2488 **팩스** (052)277-3011 ▪ **홈페이지** http://uup.ulsan.ac.kr
▪ **출판등록** 제370-1996-000001호(1996.3.13)
▪ ₩ 10,000

■

이 도서의 국립중앙도서관 출판시도서목록(CIP)은 e-CIP홈페이지(http://www.nl.go.kr/ecip)와 국가자료공동목록시스템(http://www.nl.go.kr/kolisnet)에서 이용하실 수 있습니다.(CIP제어번호: CIP2012000388)

ISBN 978.89.7868.267.1 (93150)

약어표

다석어록 1993	류영모, 『다석어록: 죽음에 생명을, 절망에 희망을』, 박영호 편, 홍익재 1993.
다석어록 2002	박영호 편, 『다석 류영모 어록』, 두레, 서울 2002.
다석명상록	박영호 편, 『다석 류영모 명상록』, 두레, 서울 2000.
다석일지	류영모, 『다석일지』, 김흥호 편, 『다석일지 공부: 류영모 명상록 풀이』 전7권, 솔, 서울 2001.
다석일지공부	김흥호 편, 『다석일지 공부: 류영모 명상록 풀이』 전7권, 솔, 서울 2001.
다석강의	다석학회 편, 『다석강의』, 현암사, 서울 2006.

서문

한국사상계에 다석(多夕) 류영모(柳永模, 1890~1981) 열풍이 불고 있다. 서구의 종교학자들보다 약 70년 앞서서 종교다원주의 사상을 설파한 것으로 알려지면서, 한사상에 입각하여 동양의 유불선과 기독교 사상의 회통을 추구했던 다석의 시도를 새롭게 조명하고 있는 것이다.

다석은 스무살 때(1910년) 남강 이승훈 선생의 초빙으로 평북 정주의 오산학교에서 2년 간 학생들을 가르쳤고, 또한 1928년부터 YMCA에서 연경반(硏經班) 강의를 통하여 자신의 종교사상 구축하였다. 그리스도교 신앙을 바탕으로 유불선을 비롯한 동양사상과 우리 고유의 한사상, 그리고 톨스토이와 간디의 무저항주의, 우치무라 간조의 무교회주의 사상 등을 통합적으로 아울렀던 한국이 낳은 위대한 사상가다. 포스트모던 시대의 종교다원주의를 다석 선생은 이미 오래 전부터 선구적으로 체현하고 있었던 것이다. 다석 류영모는 박영호, 김흥호 등 그의 제자들에 의하여 연구되어 오다가 1990년대 이후부터 철학계와 신학계에서 조명을 받기 시작했으며, 지금은 세계 철학계에까지 그 존재가 알려져 있다.

나는 두 가지 관심 속에서 다석과 만나게 되었다. 하나는 한사상의 궤적을 살피는 과정에서, 그리고 다른 하나는 종교다원주의와 종교대화의 문제를 정리하는 그 교차점에서 순수 우리의 생각을 알차게 도출해낸 비중 있는 사상가로서의 다석의 면모를 발견하게 되었다. 특히 다석은 칸트에서 폴 틸리히, 그리고 최근 라이문도 파니카에 이르는 존재신학적 근거의 문제에 대하여 선구적 이해를 가지고 있었던 점에서 나의 관심을 끌었다. 파니카의 우주신인론은 하이데거의 후기 존재론에서 신, 하늘, 땅, 인간의 조화적 협력 관계를 신학적 차원으로 확장한 것인데, 우리는 이와 같은 사유 내용의 선구적 형태를 다석의 사상에서 발견할 수 있다.

다석은 한글의 기본 형태를 존재론적으로 해석한 사상가이다. 그는 아래아(ㆍ), 으(ㅡ), 이(ㅣ)를 신과 우주, 하늘과 땅, 시간과 장소의 관계를 나타내는 언어적 구조를 활용하여, 지금 여기에서 드러나는 구체적 실존을 '사이 존재'로서의 '가온찌기'('가온찍이', '가온찍기')로 규정하고, 그 수평적 관계의 무한 확장 가능성을 '으'(ㅡ)로 그 수직적 관계의 무한 확장 가능성을 '이'(ㅣ)로 해석하였다. 그는 인간을 몸, 마음, 얼로 구분하고 거기에 각각 '나'를 붙여서, '몸나' '맘나', '얼나'로 분류했는데, 몸나와 맘나를 합하여 일상적인 자기를 뜻하는 '제나'라고 불렀다. 제나는 아직 하느님과 만나지 못한, 그리고 하이데거식으로 말하자면 비본래적인 자기이다. 그와 같은 일상적 자기 개념은 하느님과 만나면서, 하느님의 얼을 받아들이게 되면서 본래적인 자기로 변화하게 된다. 거듭나게 된다는 뜻이다. 그러므로 다석의 인간론에서 가장 중요한 것은 제나에서 얼나로의 변화를 모색하는 일이다. 얼은 순수 우리말로서 정신을 뜻한다. 그리스도교적으로 바라보면 하느님의 얼은 거룩하고 온전하고 신실하신 하느님의 영(靈), 즉 성령(聖靈)이시다.

그런데 얼은 우리말에서 두 가지 모습의 사람을 나타내고 있다. '어른'과 '어린이'다. '어른'(얼은)은 '얼'이 '으'(一)의 형태에 따라서 굳어진 것이고, '어린(얼인)이'는 '이'(丨)의 형태에 따라서 굳어진 것이다. 어른은 수평적, 사회적 관계를 중시하고 자기 존재의 권력적 확장을 꾀하는 존재 방식이다. 반대로 어린이는 수직적, 영성적 관계를 중시하고 자기 존재와 하느님(부모님) 얼과의 일치를 중시하는 존재 방식이다. 성경이나 노자, 그리고 심지어는 니체조차도 어린이의 순진함과 천진난만함, 무위의 가치를 높이 평가하고 있는 것은 바로 이 때문이다. 다석은 제나에서 얼나, 어른에서 어린이, 비본래적 자기에서 본래적 자기로의 변화를 강조하고 있다.

다석은 그와 같은 인격과 품성의 변화에서 그리스도론에 대한 대한 매우 특별한 접근을 시도한다. 정통 기독교에서 '그리스도'는 하느님의 아들 예수를 가리키는 고유명사의 의미를 가지고 있다. 그리스도는 제2격의 하느님이시다. 그래서 교황 베네딕토 16세는 '예수 그리스도 하느님'이라는 표현을 사용한다. 예수 그리스도는 인간의 모습으로 우리에게 오신 하느님을 지칭한다. 그러나 다석의 생각은 다르다. 예수 그리스도는 하느님이 아니라, 하느님의 '얼'을 가진 '하느님의 아들'이다. 그가 '하느님의 아들'인 것은 그가 '하느님의 얼'을 가졌기 때문이다. 그런데 이와 같은 하느님의 얼은 사람이면 누구든지 구할 수 있고 그가 원하고 노력한다면 가질 수도 있다. 따라서 하느님의 얼을 가진 사람은 모두가 하느님의 아들이 될 수 있다.

다석에 의하면 우리가 하느님과 하나가 되는 것은 단지 예수 그리스도를 통해서가 아니라, 어떤 방식으로든지 어떤 사람이 하느님의 얼을 갖게 될 경우에 하느님과 일치에 도달할 수 있고, 그런 방식으로 하느님과 하나 되는 것이 가능하다. 따라서 다석은 예수와 성경을 통해서만이 아니라, 공자와 사서(四書), 노자와 도덕경, 붓다와 불경을 통해서도 그와 같은 하느님과의 일치에 도달할 수 있다고 본다. 따라서 '하느님의 나라'와 '니르바나'와 '도(道)의 세계'는 별도로 특정한 곳에 있는 것이 아니라 그 자체가 '하느님'이자 '하느님의 얼'인 것이다. 불교에서 말하는 니르바나도 하느님이고 하느님의 얼이라는 것이다.

그렇다고 해서 다석이 그리스도의 존재를 부정하는 것은 아니다. 그는 예수 그리스도를 가장 존경하고 경외한다고 고백하였다. 그는 그리스도가 하느님의 아들로서 증명된 사건, 즉 십자가 사건에 대한 존재론적 이해를 통하여 제나(몸나와 맘나)에서 얼나로의 변화가 어떻게 이루어지는 가를 여실히 보여주고 있다. 다석에게 예수 그리스도 사건은 단적으로 십자가 사건이다. 십자가 사건은 제나와 '어른'이 추구하는 수평적 이해관계의 무한확대와 얼나와 '어린이'가 추구하는 수직적 연대관계의 무한확장 사이의 충돌 사건으로서 그 필연적 귀결은 제나의 죽음이다. 십자가 사건은 제나의 죽음을 통하여 얼나의 세계가 도래하는 것을 뜻한다. 얼나의 세계라는 것은 모든 종교에서 말하는 이상세계로서 하느님의 얼을 가지고 사는 사람들의 공동체, 즉 하늘나라, 하느님의 나라, 니르바나, 신선세계인 것이다. 다석은 십자가 사건에 대한 새로운 해석을 통하여 얼나가 되는 것은 곧 하느님의 아들이 되는 것을 뜻하며, 유교식으로 '부자유친'(父子有親)이라고 표현하였다. 아버지와 아들이 친하다는 것은 하나라는 것, 곧 니케아-콘스탄티노플 공의회에서 확정한 하느님과 아들의 동일본질을 뜻한다. 다만 다석은 아버지 하느님과 아들 예수 그리스도의 동일본질에 그치지 않고 얼나로 탈바꿈한 모든 사람들과 하느님의 존재 역시 동일본질이라고 보는 것이다. 왜일까? 그가 하느님의 얼을 가지고 있기 때문이다. 그리스도가 하느님의 아들인 것은 그가 하느님의 얼을 가졌기 때문인 것처럼, 얼나를 가진 내가 하느님의 아들인 것 역시 같은 이유에 근거하는 것이다.

다석의 다상은 정통 그리스도교의 신앙고백에 충격을 줄 수 있다. 그러나 그가 말하는 깊은 의미를 성찰한다면 그것은 상충하는 것이 아니라 진리의 더 깊은 차원을 보여준다는 사실을 알게 될 것이다. 그리스도교의 가르침이 결국에는 하느님께 영광을 돌리고 하느님의 뜻을 이루게 하며 하느님의 나라를 서게 하는데 있다면, 그것은 모든 사람들이 하느님의 얼을 받아서 하느님과 일치하는 경우에만 가능할 것이기 때문이다. 이런 의미에서 우리는 다석의 사상을 맹목적으로 비판하기에 앞서 근본주의와 원리주의가 창궐

하는 이 시대에 현자가 던지는 금언과 권면으로 접근할 필요가 있다고 본다.

다석 류영모에 대한 책이 많이 있지만, 나는 이 책에서 그의 종교사상, 특히 신, 우주, 인간, 그리스도, 종교다원주의에 대한 철학적 접근을 시도하고자 하였다. 그의 원전인 『다석일지』와 그것에 대한 김흥호와 박영호의 풀이, 그리고 다석에 대한 여러 문헌들을 참고하여 적어도 이 네 가지 문제들에 대해서는 다양한 전거들을 직접 음미할 수 있도록 고려하였다. 마지막에는 다석과 파니카를 비교하는 글을 수록하였다. 아직은 거칠고 부족하기만 하다.

2012년 1월 15일

울산 고헌산 자락 선필마을에서

김 진

차례

1 다석의 삶과 사상

오늘날 한국 사상계는 자생적인 대사상가 다석 류영모 선생에 주목하고 있다. 그는 서양철학이 한국에 채 소개되기도 전에 기독교 사상에 대한 동양철학적 해석을 주도하면서, 동양의 고유사상적 지평 속에서 서구 기독교가 어떻게 해석될 수 있는가를 극명하게 보여주었던 선각자였다. 다석은 유교, 불교, 도교사상을 기독교적으로 해석하고자 하였으며, 특히 한글의 창조적인 구사를 통하여 최치원의 풍류사상으로부터 이어지는 한국고유사상, 즉 '한사상'을 기독교적으로 해석하고 있다. 이는 원효, 화담, 율곡의 철학적 이해 못지않게 독특하고 의미 있는 시도라고 볼 수 있으며, 한국사상의 세계화의 기틀을 마련한 셈이다.

다석 류영모는 주로 일제 강점기와 해방 초기에 활동했던 종교사상가로서 우리 고유의 사상을 바탕으로 그 자신만의 독특한 신학적 이해틀을 구축하기 위하여 고심하였던 창조적인 사상가이다. 그는 톨스토이, 간디, 우치무라 간조(內村鑑三), 그리고 노자와 공자와 석가를 기독교사상과 접목시키고자 하였다. 다석은 캔트웰 스미스, 존 힉, 라이문도 파니카를 넘어서는 매우 독보적인 종교사상가로서 최근에 이르러서야 그의 사상적 가치가 평가되기 시작하였다.

다석은 1890년 3월 13일 현재 서울 시경 근처인 남대문 수각다리 인근에서 부친 류명근(柳明根), 모친 김완전(金完全) 사이에서 맏아들로 출생하였다.[1] 다섯 살 때 부친으로부터 천자문을 배워 외웠으며, 여섯 살이던 1896년부터는 서울 홍문서골 서당에서 『통감』(通鑑)을 배웠다. 1900년(10세)에 수하동(水下桐) 소학교(3년제)에 입학하여 2년간 다닌 후에, 1902년(12세)에 자하문 밖에 차린 서당에서 3년간 『맹자』(孟子)를 배웠다.

1905년(15세)에 YMCA 한국인 초대 총무 김정식의 인도로 연동교회에 나갔으며, 경성일어학당에서 2년 동안 일본어를 배우고, 1907년(17세)에 서울 경신학교에 입학하여 2년간 공부하였다. 1909년(19세)에 정원모가 경기도 양평에 설립한 양평학교에서 한 학기 동안 교사로 일하다가, 1910년(20세)에 남강 이승훈의 초대로 평북 정주 오산학교 교사로 부임하여 2년간 봉사하였다. 다석은 이승훈에게 기독교 신앙을 전파하였다.

1910년 11월 20일, 다석은 춘원 이광수와 함께 레오 톨스토이

---

1) 다석 선생의 생애는 박영호가 작성한 '다석 류영모 연보'(박영호 편, 『다석 류영모 명상록』, 두레 2000, 630-632쪽 참조)와 박영호와 정양모가 공동으로 작성한 '다석 연보'(정양모, 『나는 다석을 이렇게 본다』, 두레 2009, 288-291쪽 참조)를 표준으로 삼았다.

(1828.9.9~1910.11.20)의 추도식에 참석하였다.2) 이 일로 인하여 다석은 1912년(22세)부터 톨스토이의 사상에 심취하게 되었으며, 결국 정통신앙을 버리고 교회에 나가지 않게 되었다. 이때부터 향후 5년간 다석은 톨스토이, 간디, 우치무라 간조의 영향 속에서 이미 종교다원주의자로서의 모습을 갖추게 되었다. 이 시기가 다석의 사상형성에 매우 결정적이었다고 볼 수 있다.3)

톨스토이는 50세 때부터 그리스도교 신앙을 갖게 되었다고 한다. 그는 러시아정교회 신앙을 거쳐서 독자적인 신앙을 정립하였으며, 51세에 저술한 『교회와 국가』를 필두로 하여 『참회록』(1882), 『나의 종교』(1884), 『인생론』(1887)을 발표하였다. 톨스토이는 『인생론』에서 삶의 궁극적 목적을 '죽음일 수 없는 불멸의 삶'과 '악일 수 없는 불변의 선'(善)을 추구하는 것이라고 보았으며, 이를 가능하게 하는 것은 바로 사랑이라고 주장하였다. 사랑은 모든 타인의 이해관계가 자신의 그것보다 낫다고 생각함으로써 인류 전체의 공동선을 우선적으로 여기고자 하는 이성의 활동이다. 톨스토이는 인류는 이와 같은 숭고한 사랑을 통하여 영원히 존속하는 모든 세계와 일치할 수 있다고 믿었다.4) 다석 역시 우리가

---

2) 박영호, 『다석 류영모의 생애와 사상』, 홍익재 1985, 59쪽.

3) 톨스토이, 간디, 우치무라 간조의 종교사상이 다석에게 미친 영향에 대해서는 강돈구의 논문 「유영모 종교사상의 계보와 종교사상사적 의의」(김흥호, 이정배 편, 『다석 유영모의 동양사상과 신학: 동양적 기독교 이해』, 솔 2002, 340-351)를 참조하라.

4) Leo Tolstoy, *A Confession and Other Religious Writings*, Penguin Classics, 2005. 톨스토이, 『예술론 참회록 인생론 신앙론 교육론』, 을유문화사 1966(1974), 5쪽 참조.

하느님의 얼나를 실현함으로써 하느님의 아들이 됨으로써 하느님과 우리 자신의 일치가 가능하다고 믿었다.

톨스토이는 1901년에 발표한 소설 『부활』로 인하여 러시아정교회로부터 파문을 당하였음에도 불구하고, 그 이듬해에 『종교란 무엇인가, 또한 그 진수는 어디에 있는가?』(1902)를 출간하는 등 활발한 저술활동을 계속하였다. 그는 기독교의 핵심교리인 삼위일체론과 원죄설, 그리고 그리스도의 동정 출생설을 부정하는 한편 성직, 기적, 경전에 대한 통속적 신앙으로부터 종교가 타락하게 된다고 주장하였다. 톨스토이는 오히려 교의학이 가르치지 않은 진실, 즉 '죽음에 의하여 파괴되지 않는 삶의 환희와 행복'을 설파하고자 하였다. 다석 역시 삼위일체설과 원죄설을 강조하는 사도신경을 인정하지 않았으며 주 그리스도가 하느님의 아들로 되는 사건을 주시하였다. 톨스토이는 신의 존재를 절대적이고 유일한 만물의 근원이며, 그것은 인간 존재에 주어져 있다고 보았다. 다석 역시 모든 사람에게 하느님의 얼이 주어져 있다고 보았으며, 그가 얼나인 한에서 하느님의 아들이 될 수 있다고 주장한 점에서 톨스토이를 적극 수용하였다(다석어록 1993, 220 참조).[5]

그러나 다석이 톨스토이를 비롯한 영지주의 사상에 영향을 받았다는 최인식의 주장에 대하여 김흥호와 이정배는 다석이 '기독교의 동양적 이해'를 가능하게 할 수 있는 동양사상의 정수를 초기

5) 다석의 톨스토이에 대한 관심은 강돈구의 논문 외에도 최인식의 「다석 유영모의 그리스도 이해: 그리스도 유일성과 다원성의 만남」[한국종교학회, 『종교연구』 11집, 1995. 김흥호, 이정배 편, 『다석 유영모의 동양사상과 신학: 동양적 기독교 이해』(솔 2002)에 재수록]을 참조하라.

부터 습득하고 있었다고 강조한다. 다시 말하면 다석은 성리학, 불교사상, 도교의 현학 등에 대한 자신의 동양적 소양을 바탕으로 성경을 직접 읽고 해석할 수 있는 '기독교의 비서구적 이해의 모형'을 구축하고 있었다는 것이다.[6)]

한편 이 때(1912년, 22세) 다석은 일본 도쿄 물리학교에서 1년간 수학하면서, 일본의 무교회주의자 우치무라 간조의 강연을 듣게 되었으며, 그로부터 교회의 성직(聖職)을 부정하는 것과 만인구원론에 영향을 받았다. 이 두 주장은 사실상 연계된 것이다. 모든 사람이 사제가 될 수 있다는 것과 신의 사랑이 무제약적이라는 것은 동일한 지평위에서 생각할 수 있기 때문이다.

> 나도 16살(만 15살)에 입교하고 23살(만22살)까지는 십자가 부르짖는 십자가 신앙이었다. 우치무라 간조라는 이는 외국 선교사에 반대하여 「사도신경」 정신에 입각한 성서 본래의 정통 신앙을 세웠다. 나는 무교회無敎會의 선생이 될 수 없다. 우치무라나 무교회는 정통이지만, 나나 톨스토이는 비정통이다.
> (다석어록 1993, 287)

또한 다석은 인도의 무저항주의자 간디(Mahatma Gandhi 1869~1948)에게서 금욕주의와 비폭력정신을 본받았다.[7)] 그는 3·1운동

---

6) 김흥호, 「유영모 - 기독교의 동양적 이해」, 『다석 선생 탄생 101주기, 서거 10주기 기념강연』(1991.3.9), 백제문화사 1992, 1쪽; 이정배, 「동서 신학 사조에서 본 다석의 얼 기독론」, 『없이 계신 하느님, 덜 없는 인간: 다석신학의 얼과 틀, 그리고 쓰임』, 모시는사람들 2009, 58쪽 이하 참조.

7) 다석일지 1957.1.30; 다석일지공부 2권, 304-305.

때 만세 부르다가 잡혀간 괴산 출신 김제환씨가 왜인이 주는 밥을 먹지 않고 93일 만에 죽었다는 재판기록에 근거하여 간디와 같은 무저항 운동이 우리에게도 있었다는 사실을 자랑스럽게 여겼다(다석일지공부 2권, 304). 다석은 간디 사상을 간략하게 외진선의론(畏眞善義論)=진리파지(眞理把持)로 규정하였는데, 그 의미는 다음과 같다(다석일지공부 2권, 305).

> 간디
> MAHATMA GANDHI 九週忌日
> 1869. 102生　28608日
> 1948. 130 卒　4087週
> 969朔
> 784歲　4/12

> 會聞하니 日政時代에 在清州監獄에 槐山人 金濟煥氏가 爲民族思想으로 排日不服이다가 斷食한지 第九十三日에 絶命하다
> (다석일지 1957.1.30)

> 3·1운동 때 만세 부르고 잡혀간 괴산 사람 김제환 씨. 왜놈이 주는 밥은 안 먹는다고 음식을 끊고 물만 마시다가 93일 만에 죽었다는 재판기록이 있다고 한다. 간디가 단식 투쟁을 했는데 우리나라에도 단식 투쟁한 이가 있다. 옥 속에서 했기 때문에 사람들이 모른다. 3·1운동은 인도의 간디의 독립운동에 자극받아 무저항의 저항을 모방한 것이다. 우리에게는 간디와 같은 큰인물이 없는 것이 불행이었다.
> (다석일지공부 2권, 304-305)

외진선의론畏眞善義論

1. 참을 무서워할 것. 하나님 외는 아무것도 무서워할 것은 없다. 육신을 죽이고 영혼을 죽일 수 없는 세상을 무서워하지 말아라. 육신과 영혼을 다 죽일 수 있는 하나님만을 무서워하라. 참=존재存在 하나님.
2. 선善은 불살생不殺生 무증오無憎惡다. 맹수 독사도 죽이지 말아라. 그것들은 사람을 위해서 있는 것이 아니다. 자연의 일부요, 신의 피조물이다. 아무도 미워하지 말아라. 다 신의 아들들이다. 죄는 미워하지만 사람은 미워하지 말아라.
3. 의義. 아무하고도 타협하지 말아라. 올라가는 길뿐이지 내려가는 것은 없다.
4. 논쟁論爭을 하지 무기를 사용하면 안 된다.

(다석일지공부 2권, 305)

진眞이란 무서운 것이 없다는 뜻이다. 선善은 불의不義를 미워하지 말라는 뜻이다. 의義란 악惡을 포섭하여 녹여 버리라는 뜻이다. 광명이 암흑을 몰아내듯이 진리는 일체를 이길 수 있다. 가장 강한 것이 진리이기에 진리를 가진 사람은 두려울 것이 없다. 무포외無怖畏다. 선은 악을 녹여 버린다. 악을 미워하지 말아라. 진리를 꼭 붙잡아라. 지강지대至剛至大한 것이 진리다. 진리가 하나다. 진리밖에 없다. (다석일지공부 2권, 306)

다석은 이러한 사상들을 직접 기독교 해석에 적용하였다. 그 결과 이 세상에는 수많은 신앙유형들(Glaubensarten)이 존재하지만, 오직 하나의 참된 종교(eine wahre Religion)만이 있다는 칸트의 주장과 동일한 경지에 도달하게 되었다. 다석 역시 예수교, 불교, 유교가 모두 다르지만 그 진리는 하나라고 보았던 것이다(다석어록

1993, 59). 따라서 그는 어떤 종교가 참된 종교인가를 비교하거나 특정종교에 대하여 편견을 갖는 태도는 바람직하지 않다고 지적함으로써 현대의 종교다원주의에의 길을 선구적으로 모색하였다(다석어록 1993, 317-318).

다석은 '색즉공'(色卽空)에 대한 메모에서 "역(易)은 명기즉도(明器卽道)하고 석(釋)은 명색즉공(明色卽空)하고 노(老)는 명유즉무(明有卽無)하니 심지유지즉무야(審知有之卽無也)니라." 라고 말한 바 있다(다석일지, 1955.5.10 화). 이 부분을 김흥호는 다음과 같이 풀이하였다.

> 주역은 형이하를 기器라 하고 형이상을 도道라고 한다. 주역은 현실세계의 뿌리가 이상세계임을 밝힌다. 태양이라는 현실이 은하계라는 이상에 속해 있다는 것이다. 낮이 밤에 속해 있다. 이 우주는 법계다. 뜻이 하늘에서 이룬 것처럼 땅에서도 이루어진다. 석가는 현상세계 색이 실재세계 공에 속해 있는 것을 밝혔다. 노자老子도 보이는 유의 세계가 보이지 않는 무의 세계에 속해 있다고 밝힌 사람이다. 살펴 알아야 한다. 유라고 하는 지구가 무라고 하는 태양을 돌고 있다는 지동설이 물리를 밝히는 일이라는 것을 알아야 한다. 『노자』는 물리를 밝히는 책이다.
>
> (다석일지공부 1권, 44)

다석에 의하면 주역과 석가와 노자는 결국 동일한 존재와 진리의 근거를 밝히고자 한 것이며, 이는 기독교에서도 마찬가지라는 생각이다. 이와 같은 다석의 견해는 폴 틸리히의 존재 신학에서 '존재의 근거'(Seinsgrund, the ground of being) 개념과 유사하다.

다석은 종교현상의 차이를 넘어서서 각각의 종교들이 드러내고자 하였던 진리의 본질을 파악하고 있었던 것이며, 이로부터 종교다원주의의 철학적 토대를 자생적으로 구축하였던 것이다.

1915년(25세)에 다석은 목포 출신의 여성 김효정(23세)과 혼인하였다. 1917년(27세)에 육당 최남선과 교우하면서 잡지 『청춘』(青春)에 '농우'(農友), '오늘' 등의 글을 기고하였다. 1918년(28세) 1월 13일, 태어난 날부터 자신이 살아온 날 수를 세기 시작하였다. 그리고 1919년에 이승훈이 기독교계로부터 모은 3·1운동 거사 자금 6천원을 맡아서 부친이 경영하는 경성피혁 상점에 보관하였다.

1921년(31세)에 고당 조만식 선생의 후임으로 정주 오산학교 교장에 취임하여 1년간 봉직하였으며, 이 때 함석헌을 제자로 삼았다. 1927년(37세)에 김교신이 『성서조선』(聖書朝鮮)의 동인이 되어 줄 것을 권유하였으나 사양하였다. 1928년(38세)에 다석은 YMCA 간사 현동완의 부탁으로 연경반(研經班)에서 성경과 고전 강의를 시작하였으며, 이 강의는 현동완이 사망한 1963년까지 35년 동안 지속되었다. 1928년부터 1935년까지 부친이 차려준 솜 공장인 경성제면소를 경영하였다.

1933년(43세) 11월 2일 다석 선생의 부친이 타계하였다. 그는 1935년(45세) 서울 적선동의 경성제면소를 처분하고 경기도 고양군 은평면 구기리 150번지로 이사하여 농사를 짓기 시작하였다. 1941년(51세)에 다석은 아우구스티누스가 회심한 것처럼 마음의 변화가 일어나서 예수 정신을 신앙의 기조로 삼았다. 그는 2월 17일부터 저녁 한 끼만을 먹는 일일(一日) 일식(一食) 생활을 시작하고,

다음 날에는 해혼(解婚)을 선언하였다. 이때부터 그는 잣나무 판자 위에서 잠자는 생활을 시작하였다. 종교적 수행 생활을 시작한 것이다. 1942년(52세) 1월 4일, 다석은 신비체험을 하였다. 이 날을 그는 '중생일'(重生日)로 기념하였다. 얼나를 체득하여 하느님의 아들이 된 것이다. 그는 이때의 경험을 기록한 「중생기」를 『성서조선』 1942년 2월호와 3월호에 기고하였다. 또한 그는 『성서조선』 사건과 연루되어 3월 30일, 종로경찰서에 구금되었으나 57일 만에 불기소 처분으로 서대문형무소에서 석방되었다. 1945년(55세) 해방을 맞은 행정 공백기에 은평면 자치위원장으로 추대되었다.

1950년(60세), YMCA 현동완 총무가 주선하여 회관에서 다석 2만2천일을 기념하였다. 1955년(65세) 4월 26일, 다석은 1년 후인 1956년 4월 26일에 죽을 것이라고 자신의 '사망 예정일'을 선포하였으며, 그날부터 1975년 1월 1일까지 『다석일지』를 썼다. 이 『다석일지』는 그의 사상을 체계적으로 접근할 수 있는 가장 중요한 원전으로 평가받고 있다.[8] 여기에는 신인합일(神人合一), 즉 '영혼과 신의 신비적 합일'을 추구하였던 에크하르트의 신비주의 사상에 심취한 기록까지 남아 있다(다석일지 1956. 12.15).

1956년(66세)부터 57년(67세)까지 김흥호는 속기사 최용식에게 1년 동안(1956.10.17~1957.9.13)의 『연경반 강의』를 기록하게 하였다.[9] 1959년(69세) 『노자』(老子)를 순 우리말로 모두 풀어냈으며,[10] 그밖의 중요한 경전들을 우리말로 옮겼다. 1960년에는 주규

8) 류영모, 『다석일지』 전7권, 김흥호 편, 솔 출판사, 서울 2001.

9) 2005년 2월 25일에 설립된 다석학회는 이 속기록을 바탕으로 『다석강의』(현암사, 서울 2006)를 편찬하였다.

식이 속기로 기록하였다. 박영호의 다석 어록집[11]은 이 두 개의 속기들에서 발췌한 것이다. 1961년(71세) 12월 21일 외손녀와 함께 현관 옥상에 올랐다가 낙상하여 서울대학병원에 28일 동안 입원하였다. 1971년(81세) 5월 종로 세운상가 중앙신학교 강당에서 열린 함석헌의 요한복음 강해 모임에 들러서 제자 함석헌이 십 수 년간 엽색행각을 했다고 공개적으로 질타하였다. 1972년(82세) 5월 1일은 그가 산 날을 셈하여 3만일이 되는 날이다. 1977년(87세) 6월 21일 가출한 지 사흘 만에 정릉 뒷산에서 발견되어 경찰에게 업혀 왔으며, 3일간 혼수상태에 있다가 깨어나기도 했다. 1880년(90세) 7월 31일 부인 김효정이 87세로 세상을 떠났다. 1981년(91세) 2월 3일 18시 30분 구기동 자택에서 둘째 아들 내외와 둘째 손녀가 지켜보는 가운데 '아바디'를 부르다가 세상을 떠났다. 그가 태어난 지 90년 10개월 21일 만이었으며, 그가 산 날은 모두 33,200일이었다. 여기에서 '아바디'란 하느님 아버지를 지칭한 것으로서, '아'는 감탄사이고, '바'는 '밝다'에서 나온 것으로 '빛의 구현'을 뜻하며, '디'는 '디딘다'에서 나온 '실천의 삶'을 의미한다.[12] 그는 예수 그리스도가 하느님 아버지를 그리워 한 것처럼 사람들 역시 하느님의 얼을 받아서 하느님의 뜻을 실천하는 삶을 살아야 하느님의 아들이 될 수 있다고 생각하였다. 예수만 하느님의 아들인 것

---

10) 박영호 편, 『노자』, 두레, 서울 1998.

11) 박영호 편, 『다석 류영모 어록』, 두레 2002, 2006.

12) 김흥호, 「유영모, 기독교의 동양적 이해: 다석 선생 탄생 101주기, 서거 10주기 기념 강연」, 김흥호, 이정배 편, 『다석 유영모의 동양사상과 신학: 동양적 기독교 이해』, 솔 2002, 12쪽 참조.

이 아니라 하느님의 얼을 갖진 사람들 모두가 하느님의 아들이라는 것이다. 다석 역시 하느님의 아들로서 아버지가 계신 곳으로 가신 것이다. 그의 묘소는 '충청남도 천안시 병천면 풍산공원묘원 매화단지 Q열 3번째'에 위치하고 있다.

2 다석학의 연구 현황

다석 사상은 그의 제자였던 함석헌, 김흥호, 박영호 등에 의하여 소개되기 시작하였으며, 김흥호는 『다석일지』를 해설하여 출판하였고, 박영호 역시 다석의 유고와 강의록 등을 쉽게 풀이하고 정리하여 『다석전집』을 간행함으로써 후대의 연구가 가능하도록 기반을 구축하였다. 2005년 2월 25일에는 다석학회가 창립되었다. 또한 다석기념사업회가 창설되어 다석사상에 대한 체계적인 연구 작업을 진행하고 있다.

2009년 한국에서 열린 세계철학자대회에서는 다석 류영모의 철학사상이 한국의 대표적인 사상가로 소개되어 전 세계 철학자들의 관심과 주목을 받기도 하였다.

지금까지 다석 류영모의 종교사상은 주로 신학자들에 의하여 연구되었다. 다석은 유불선 사상을 망라한 동양적 사유틀을 바탕으로 기독교를 독창적으로 해석하였으며, 그 때문에 기독교를 한국적, 동양적으로 접근하는 신학자들, 특히 토착화신학 연구가들에 의하여 중요하게 다루어져 왔다. 그러나 철학의 영역에서는 심도있게 다루어지지 않았다. 다석사상에 관심을 가진 철학자로서는 강돈구 교수[1]와 이기상 교수[2]가 있을 뿐이다. 강돈구 교수가 다석사상을 종교사상사적 계보를 밝히는 차원에서 정리한 반면에 이기상 교수는 다석의 사상적 풍요를 하이데거와의 비교 이해를 통하여 부각시키고자 하였다. 이 두 교수 모두 다석 류영모의 종교사상이 기독교의 동양적 해석이나 동서 형이상학의 대화라는 측면에서 상당한 의미가 있음을 간파하고 있었다.

이 책에서는 류영모의 동양적 기독교 사상의 주요 골격을 신, 우주, 인간, 그리스도의 개념을 중심으로 접근한 후에, 그것을 다시 파니카의 우주신인론 사상과 비교함으로써, 두 사상가의 사유지평에서 공통분모를 분석한 다음에, 동양에서의 기독교적 사유지평이 보다 풍요롭게 전개될 수 있는 가능성 조건을 성찰하고자 한다. 이러한 논의는 동서사상 모두에 대한 풍부한 이해를 전제하지 않고서는 의미 있게 수행할 수 없을 것이다. 그리고 이러한 논의를 성공적으로 수행하기 위해서는 우리의 고유사상에 대한 이해가 전제되지 않으면 안 된다. 예를 들면 김상일 교수는 우리가 지금까지 도외시 해 왔던 단군신앙, 원효, 수운 등 한국의 고유사상에 대

---

1) 강돈구, 「유영모 종교사상의 계보와 종교 사상사적 의의」, 『다석 유영모의 동양사상과 신학』, 솔 2002, 337-387.

2) 이기상, 「"태양을 꺼라!" 존재 중심의 사유로부터의 해방」, 「존재에서 성스러움으로!」, 『다석 유영모의 동양사상과 신학』, 솔 2002, 38-71, 388-438.

한 재해석에서 얻어낸 학문방법론을 현대 서양철학의 문제 해결에 직접 적용함으로써 우리사상의 고유성과 탁월성을 드러내는 데 기여하고 있다.3)

다석 류영모의 종교다원주의 사상에 대한 연구는 우선적으로 한국의 고유신학을 정초하려는 과정 속에서 출발하였다.4) 다석

---

3) 한국의 고유사상에 대한 논의를 가장 성공적으로 추진하고 있는 학자로서 김상일을 들 수 있다. 김상일은 우리 고유의 사상적 자취와 사유지평에 대한 철학적 논의들이 서양철학 또는 현대적 담론 틀 속에서 어떻게 수용되고 변형될 수 있는가를 밝히고자 하였다. 김상일은 평생 동안 한사상에 대한 연구에 몸바쳤으며, 그것도 서양의 유명 사상가들의 사유지평 속에서 한사상의 위상을 자리매김하고자 노력해왔다. 원효, 수운 등 한국의 고유사상이 그에 의하여 화이트헤드, 괴델, 존 캅, 켄 윌버 등과의 대비 연구를 통하여 독창적으로 해석되었던 것이다. 김상일, 『켄 윌버의 초인격 심리학적 관점에서 본 한민족 의식 전개의 역사: 한밝文明論 改題』, 지식산업사 1988; 『세계철학과 한』, 서울: 전망사, 1989; 『현대 물리학과 한국 철학』, 서울: 고려원, 1991; 『화이트헤드와 동양철학』, 서광사, 1993; 『퍼지논리와 통일철학』, 솔출판사, 1995; 『한철학』, 서울: 온누리, 1995, 『러셀 역설과 과학혁명구조』, 서울: 솔, 1997; 『동학과 신서학: 세계철학 창조를 위한 최수운, 켄 윌버, 존 캅의 대화』, 지식산업사 2000; 『수운과 화이트헤드』, 지식산업사, 2001; 『괴델의 불완전성 정리로 풀어본 원효의 판비량론』, 지식산업사, 2003; 『元曉의 判比量論 비교 연구』, 지식산업사, 2004; 『한의학과 러셀역설 해의』, 지식산업사, 2005; 『알랭바디우와 철학의 새로운 시작』 전2권, 새물결, 2008.

4) 기독교와 한국사상을 결합시키려는 다양한 시도가 있었다. 기독교사상 편집부 편, 『한국의 신학사상』(대한기독교서회 1983)은 토착화신학으로서 한국신학의 가능성에 대한 다양한 논의를 소개한다. 특히 윤성범의 '誠의 신학'이 돋보인다. 크리스챤 아카데미 편, 『열린 종교와 평화 공동체』(대화출판사 2000)는 한국에서의 종교다원주의 현상에 대한 다양한 논의들을 소개하고 있다. 유동식, 김용정, 길희성, 진월, 김춘성, 오강남, 김성기, 박광수, 이정배 등이 참여하여 종교간 대화 문제를 기독교, 불교, 동학, 원불교 등 다양한 종교의 관

류영모에 대한 선행연구로서는 김흥호, 이기상, 정양모, 심일섭, 이정배, 최인식, 오정숙, 강돈구 등의 학자들이 펴낸 『동양사상과 신학: 동양적 기독교 이해』(솔 2002)가 있으며, 다석 류영모의 동양적 또는 한국적 기독교 해석이 주류를 이루고 있으며, 종교다원주의 관점에서 접근하기도 하였다. 류영모의 제자들 가운데서 김흥호, 박영호, 함석헌의 활동이 가장 두드러진다(참고문헌 참조). 특히 김흥호의 『다석일지공부』(솔 2001)는 다석의 사상에 대한 집대성이라고 할 수 있으며, 박영호가 펴낸 『다석전집』(문화일보사, 두레 간) 역시 필수적인 자료이고, 최근에 다석학회가 펴낸 『다석강의』(현암사 2006)는 그의 대표적인 강의록이다. 다석사상은 함석헌에게 영향을 주었다. 함석헌기념사업회, 『함석헌사상을 찾아서』(삼인 2001)에서는 유동식, 안병무, 박재순, 김경재, 노명식, 지명관, 김영호, 김진(신학자) 등이 참여하여 함석헌의 생명, 씨올, 역사, 평화 사상을 논하고 있다. 이 책에 실린 글 중에서도 특히 김영호의 「함석헌과 인도사상」, 노명식의 「토인비와 함석헌의 비교는 가능한가」가 돋보인다. 또한 동 사업회가 펴낸 『민족의 큰 사상가 함석헌 선생』(한길사 2001)에서 김성수의 「서구 기독교와 동양사상의 융합」이 참고할 만하다.

다석이 개척한 한국적, 동양적 관점에서의 기독교 해석은 윤성범, 유동식, 변선환, 김경재 등의 신학자에게 영향을 끼쳤다.

윤성범은 한국사상사의 맥락에서 기독교 신학을 감론, 솜씨론, 멋론을 통하여 이해하려고 시도하였다.[5] 감론은 옷감에서 보듯이

점에서 다루고 있다.

소재와 형상을 뜻하며, 한국적 신 개념에 대한 이해로부터 토착화 신학을 가능하게 한다. 주어진 '씨'로서의 복음과 이를 받아들이는 '자리'로서의 한국의 문화적 아프리오리에 대한 논의를 담고 있다. 솜씨론은 복음과 자리, 형식과 내용의 관계론으로서 이 두 계기가 유기적으로 결합될 수 있도록 손질하는 문제이다. 멋론은 신학에서의 구속사에 해당되며, 한국의 역사적 상황에서 기독교 복음이 생명의 약동을 어떤 방식으로 불러일으키는 가를 다루고 있다. 이처럼 윤성범의 독특한 한국 신학 방법론은 우리의 고유사상과 기독교 신앙의 만남이 전제되어 있다.

유동식은 풍류사상을 한국신학에 접목시킨 신학자이자 종교학자이다. 화랑사상과 풍류도에서 비롯되는 한국인의 고유한 영성체험에서부터 원효, 율곡, 수운의 고유사상을 거쳐서 현대 한국의 다원주의 종교사상에 이르기까지 체계적인 이해를 제공하고 있다.[6]

변선환은 기독교와 불교의 대화에 많은 공을 들였던 신학자였다. 불교와 힌두교 등 아시아 종교사상과 기독교 사이의 대화를 시도하는 다수의 논문들, 그리고 신과 그리스도에 대한 다문화적 이해에 대한 다양한 논문을 발표하였다. 그의 제자들 역시 변선환의 신학사상에 대한 다양한 평가를 시도하고 있다. 변선환의 제자 박종천은 제2세대 토착화 신학으로서 상생의 신학을 제안하면서 그에 따른 신학방법론과 신학원리를 모색하고 있으며, 특히 단군신

---

5) 윤성범, 『기독교와 한국사상』, 대한기독교서회 1964; 『한국인 종교의 흐름』, 대한기독교교육협회 1992; 『효란 무엇인가』, 삼일서적 1994.

6) 유동식, 『한국종교와 기독교』, 대한기독교서회 1965; 『풍류도와 한국의 종교사상』, 연세대학교출판부 1997; 『한국신학의 광맥』, 다산글방 2000.

화의 상생이념에 대한 신학적 해석이 돋보인다.7)

김경재는 이스라엘, 그리스도교, 이슬람교에서의 유일신 신앙의 의미와 한민족의 하느님 신앙 및 유일신 신앙을 다루면서 종교다원화 사회에서의 해석학적 이론틀을 마련하고 있다. 특히 테이야르 드 샤르댕, 폴 틸리히, 켄 윌버의 사상을 바탕으로 종파적 유일신 신앙에서 우주적 생명신학으로의 이행을 추구하고 있다.8) 또한 그가 주도하고 있는 한국문화신학회는 『한국종교문화와 그리스도』(한들 1996)을 펴냈는데, 이 중에서도 특히 김광식의 「토착화 신학」, 김경재의 「폴 틸리히의 문화신학」, 김광원의 「대화와 해방의 실천(예수와 보디사트바를 중심으로)」, 이은선의 「유교적 기독론」, 박일영의 「무교와 그리스도교 신앙」, 심일섭의 「다석 유영모의 동양적 기독교 연구」 등의 논문들이 성과라고 할 수 있다. 동 학회가 펴낸 『한국종교문화와 문화신학』(한들 1998) 역시 같은 연구 분위기 속에서 나온 것이다.

이처럼 지금까지 다석에 대한 연구는 주로 신학자, 종교학자들에 의하여 수행되었으며, 이들의 연구 열풍은 최근까지도 계속 이어지고 있다. 박재순은 다석 류영모를 한사상의 텃밭 위에서 기독교 유교 불교 도교의 회통사상가로서의 면모를 부각시킴으로써 동서 정신문화를 융합하여 새로운 창조성의 신학 원리를 도출해낸 위대한 종교사상가로 자리매김하고 있다.9) 다석학회 회장을

---

7) 박종천, 『상생의 신학』, 한국신학연구소 1991; 『기어가시는 하느님』, 감신 1995; 『하느님과 함께 기어라 성령안에서 춤추라』, 대한기독교서회 1998.

8) 김경재, 『문화신학담론』, 대한기독교서회 1997; 『이름없는 하느님』, 삼인 2002; 『울타리를 넘어서: 대승적 기독교론 서설』, 2005.

맡고 있는 정양모는 다석의 신론, 그리스도론, 인간론에 대한 이해를 제공하는 동시에 그가 남긴 다양한 종교사상에 대한 단편들을 소개하고 있다.[10)]

토착화신학의 선구자이자 한국문화학회 회장을 지낸 이정배[11)]는 다석 류영모의 신학사상을 가장 체계적으로 깊이 있게 서술하고 있다. 그는 다석사상을 한국 종교사상뿐만 아니라 세계신학적 관점이라는 쌍방향적 기술을 통하여 입체적으로 조망하고 있으며, 변선환 이후의 토착화신학에서 다석의 비중을 의미 있게 기술하고 있다. 그는 특히 다석의 신학적 중요성을 토착화와 세계화의 통합뿐만 아니라 '역사적 예수'의 문제와 그리스도의 십자가 사건에 대한 다석의 특별한 해석이 갖는 신학적 위치에 관심을 기울이고 있다. 더 나아가서 이정배는 현대의 에코페미니즘이나 윌슨의 통섭적 진화론을 다석과 비교함으로써 그를 한국적인 통섭사상가로서 자리매김하고자 시도하였다.

이와 같은 논의를 바탕으로 우리는 다석사상을 종교철학적, 동서비교철학적 관점에서 새롭게 조망하고자 한다. 이미 이기상 교수가 시도한 것처럼 다석사상은 하이데거의 후기사상과 깊은 연관을 맺고 있으며, 필자(김진 요셉바오로, 울산대 교수)뿐만 아니

9) 박재순, 『다석 유영모: 동서 사상을 아우른 창조적 생명철학자』, 현암사 2008.

10) 정양모, 『나는 다석을 이렇게 본다』, 두레 2009; 정양모 외, 『하루를 일생처럼: 다석 류영모 선생 귀천 30주기 추모 문집』, 두레 2011.

11) 이정배, 『없이 계신 하느님, 덜 없는 인간』, 모시는사람들 2009; 『빈탕한데 맞혀놀이: 다석으로 세상을 읽다』, 동연(와이미디어) 2011.

라 필자와 동명이인인 신학자 김진이 밝힌 것처럼 하이데거의 직접적인 영향을 받은 라이문도 파니카의 종교철학과 보다 긴밀한 관계가 있다는 사실을 간파할 수 있다. 비록 그 두 사상가의 유사성이 직접적인 상호교류의 산물은 아니지만, 동서사상의 융합을 통하여 합일과 조화점을 추구하려는 현대철학자들의 노력과 요청을 감안할 때, 이 책은 동서사상의 상호이해에 유익한 결과를 가져다 줄 것이라고 믿어 의심하지 않는다.

또한 우리는 다석 류영모와 파니카의 문제 발굴 및 논의 방식 등을 중점적으로 비교 분석함으로써 우리의 고유사상을 주제로 하는 철학적 사유도 중요한 의미를 가질 수 있다는 사실을 환기시키고자 한다. 이런 사실에서 이 책은 우리의 사상적 기초자료들을 세계적 차원에서의 논의 차원으로 이끌어 내는 데 일조할 수 있다고 본다.

3 다석의 신론

다석은 신을 여러 가지 이름으로 불렀다. 어떻게 보면 그에게 신은 이름이 없으며, 없는 것이나 마찬가지의 존재였기에, 하느님을 찾는 사람들의 여러 마음에 따라서 다양한 형태로 지칭될 수 있다고 생각했는지도 모른다.

그는 신을 '하느님', '한웋님', '아버지', '아바디', '로고스', '태극', '니르바나', '도'(道), '무'(無), '공'(空), '빔', '빈탕한데', '태극이무극'(太極而無極), '없있', '없이 계신 하느님' 등으로 불렀다. 1956년 9월 10일부터 다석은 '한웋님'이라는 표현을 즐겨썼으며, 1959년 6월 16일에서 25일까지의 일지에서는 '없이 계신 아바'라는 표현이 나타나고 있다.[1)]

다석의 하느님 이름은 '한웋님' '아바디' '태극'처럼 존재적인 측면에서 붙여지기도 했지만, '무' '공' '빈탕한데' '무극'처럼 비

1) 정양모, 『나는 다석을 이렇게 본다』, 두레 2009, 23, 29쪽.

존재적인 측면에서 지칭되기도 하였다. 따라서 정양모가 다석의 신명(神名)들을 긍정신학과 부정신학의 차원에서 접근하려고 시도한 것은 나름대로의 의미가 있다.[2)]

1) '한옿님'

다석은 최고 존재자, 절대자로서의 신의 관념을 우리 전통에서 발굴하여 조심스럽게 언어화하고자 하였다. 단군 때부터 우리 조상들은 신 존재를 '한울님', '하느님', '하누님', '하나님', 'ᄒᆞᆫᄋᆞ님'으로 불러왔으며, 이를 바탕으로 만년의 다석은 신을 'ᄒᆞᆫ옿님'으로 표기하였다. 하느님에 대한 대한 다양한 이름들은 이스라엘 사람들의 '야훼'나 '엘로힘'과는 뚜렷이 구별할 수 있는 순수 한국적인 개념이다.

다석은 1955년에 "한옿님만(惟皇上帝)이 계시어 모든 산 이의 머리되심을 느낌"이라는 메모를 남겼다.[3)] 이는 "몸이 있으면 몸을 주관하는 내가 있는 것처럼, 우주가 있으니 우주를 주관하는 하나님이 계시다는 것을 믿으며, 그 하나님이 모든 생물에게 신비한 힘을 주셔서 살게 하심을 느낀다."(다석일지공부 1권, 43)는 의미이다. 박영호는 다석이 하느님을 'ᄒᆞᆫ옿님'으로 부르는 이유를 다음

---

2) 정양모, 「다석은 하느님을 어떻게 이해했나」, 『나는 다석을 이렇게 본다』, 두레 2009, 29-36쪽 참조.

3) 다석일지 1955.05.09; 박명우에 의하면 다석은 1956년 9월 10일부터 '한옿님'이라는 표현을 일관되게 사용했다고 한다. 「한국적 지역 기독교 신학의 구상: 유영모 신학의 비평적 분석」, 『종교간의 대화』, 현암사 2009, 386쪽; 정양모, 『나는 다석을 이렇게 본다』, 두레 2009, 23쪽.

과 같이 설명하고 있다.

> **'흔'**: 크다는 뜻이다. 계시는 것은 하느님 한 분밖에 안 계시고 전체가 하느님이시다. 하느님밖에는 없고 모든 것이 하느님의 속물이니 속물의 개체인 사람은 하느님을 크다고밖에 말할 수 없다. 아버지는 전체이고 나는 무속된 개체라 "아버지는 나보다 크시다"(요한 14:28)라고 했다.
>
> **'옹'**: "너희(제나)는 아래에서 왔지만 나(얼나)는 우에서 왔다"(요한 8:23)고 했다. 류영모는 제나(自我)로는 상대세계에 떨어졌기 때문에 얼나로 솟나 저 우(하느님, 절대세계)로 오르자는 것이다. 저 우(하느님)를 '옹'로 나타내어 하느님의 절대성을 뚜렷이 나타내고자 했다.
>
> **'님'**: 우리의 머리에 받들고 일 임(님)이라는 뜻이다. 한자의 임(任)과는 아무런 관계가 없다. 함경도에서 머리에 이는 짐을 임을 인다고 한다. 하느님은 살아서나 죽어서나 우리 머리 위에 받들 님이다. 사람이 짐승과는 달리 머리를 하늘로 향한 것도 하느님을 받들어 이겠다는 것이라고 말했다. (다석어록 2002, 8-9)

다석의 '하느님' 사상은 매우 독특하다. 하느님 또는 하나님은 나와 우주의 근원이 되는 절대자에 대한 호칭이다. 하느님은 크신 분이시다(흔). 하느님은 홀로 위에 계시는 분이시다(옹). 하느님은 우리 인간들이 머리 위에 받들고 그리워하는 분이시다(님). 물론 그런 이름조차도 붙이지 않아야 하지만, 우리들 인간이 알아듣기 위해서 요구되는 최소한의 약속 정도에 불과하다. 따라서 하느님은 예수의 아버지는 물론이고 부처와 노자, 공자의 아버지, 그 어떤 것도 될 수 있다. 말년의 다석은 신을 '흔옹님'이라고 하고, 우주(宇宙)는 '둥구렁'으로 표기하였다.

그렇다면 왜 '한웋님'인가? 'ᄒᆞᆫ'은 '크다'는 뜻이다. 다석은 하느님 한 분밖에 안 계시고 전체가 하느님이시라고 보았다. 유일신론과 범신론적 사고가 교차하고 있다. "아버지는 나보다 크시다"(요한 14:28). 그러나 그 아버지는 나 자신이기도 하다. 정양모는 다석의 한웋님 개념이 부처와 중생이 하나라는 것을 가장 잘 보여주는 비로자나불을 연상하게 한다고 하였다.

> 불자가 다석의 '웋' 자를 대하면 자연스레 비로자나불의 지권인을 떠올릴 것이다. 비로자나불의 손모양새지권인는 독특하다. 두 주먹을 위 아래로 포개 놓은 모양인데, 아랫 주먹중생계은 집게 손가락을 치켜세우고, 윗 주먹불계은 그 집게손가락의 첫째 마디를 감싸는 모습이다. 그 뜻인즉 부처님과 중생은 한통속이라는 것이요, 부처님이 중생을 각별히 보살피신다는 것이다. 비로자나불만이 이 수인을 하므로 이 수인손모양을 한 상은 곧 비로자나불이다. 그런즉 통일신라 말기에 빚은 보림사 · 동화사 · 도피안사 비로자나불의 뜻깊은 손모양새를 연상하게 될 것이다.[4)]

또한 다석은 '한'이라는 말마디에서 '한'(行) 것이라는 행위 작용을 강조하고 있다. 그러나 우리말의 '한'이 '하나'(一者 = das Eine)를 뜻하는 고대 그리스어의 '헨'(ἕν)과 음과 훈이 같다는 사실을 알았더라면 더욱 전율했을 것이다. '웋'자는 '위', '저 우'(하느님, 절대세계)를 뜻한다. 이 글자는 위에서 보나 아래에서 보나 그 모양이 똑 같다. 그래서 언제나 위에 존재한다는 초월성을 의미하

---

4) 정양모, 『나는 다석을 이렇게 본다』, 두레 2009, 24쪽.

고 있다. '님'은 우리의 머리에 받드는 것을 뜻한다. 함경도 사람들이 머리에 짐을 이고 가는 것을 '임을 인다'고 말한 데서 착안한 것이다. 그러므로 '한옿님'은 하늘 위에 존재하는 크신 이가 행한 것을 받들어 이어가는 것을 뜻하는 말이다. 우리는 다석이 1971년에 남긴 '한옿'이라는 메모에서 그의 신 개념에 접근할 수 있다.

한옿
大大大中古吾心 대대대중고오심
곈 으 리 님
小小小心故悟人 소소소심고오인
기 김 님 꼐
(다석일지 1971.12.9)

아무리 살펴보아도 이해할 수 없고 도무지 해독할 수 없을 것처럼 보이는 이 메모를 김흥호는 다음과 같이 풀이하였다. 다석 선생의 암호는 그의 강의에 익숙한 사람들만이 해독할 수 있다. 이것은 그의 수하에서 직접 강의를 듣었던 김흥호, 박영호 같은 분들에게만 주어진 특권이기도 하다.

> 한, 하나님은 옿, 위에 계시다. 하나님은 하늘 위에 계시다. 그곳은 무無다. 무는 유有를 내포하는 공간이 한없이 크다. 크고 크고 크다. 큰 것은 공간이다. 그런데 공간은 공간만이 아니다. 고古, 시간이다. 무한대는 또 영원장이다. 대大와 고古가 곱해져서 중中이 된다. 중中은 시간, 즉 공간의 사차원이다. 그것이 나요 마음이다. 크다니 오래다니가 모두 내마음에서 일어난 생각이다. 이런 생각이 어디서 왔을까. 하나님께로부터 왔다. 하나님은 크

시고 오래기 때문이다. 젠 하늘계는 으으으 올라가고 터지고 커져서 우리 머리의 임이 된다. 젠 우리 임 하나님이 계시고 그곳에서부터 우리 생각이 온다. 하나님께 대하여 나는 작고 작고 작다. 소소소小小小다. 그러나 아무리 작아도 내 속에는 마음이 있다. 마음이 있어서 고故, 생각하고 연구하고 오悟, 깨닫는다. 왜. 마음이 있기 때문이다. 기는 그리스도, 김님은 성령, 껴는 하나님. 기는 그리워 생각하고 이는 위로 올라가면 김이 되고 머리의 임이 되고 종당은 꼐가 된다. 하나님과 나는 부자일치다.
(다석일지공부 6권, 553-554)

김흥호의 설명을 바탕으로 다석의 '한웋' 메모를 풀어보자. '한'은 하느님이고, '웋'은 '위에 계시다'는 것을 뜻한다. 하느님은 하늘 위에 계시는 분이시다. 하느님이 계시는 곳은 모든 존재[有]를 포괄하는 무(無) 그 자체로서 한없이 큰 공간을 생각하게 한다. 동시에 하느님이 계시는 곳은 한 없이 큰 공간뿐만 아니라 시간[古]을 생각하게 한다. 이로부터 무한한 크기의 공간과 영원한 길이의 시간이 확보된다. 그리고 이 두 요소, 즉 대(大)와 고(古)가 화학반응을 일으켜서 중(中)을 만들게 된다. 중(中)은 공간과 시간으로 된 사차원의 세계이다. 그 세계의 주인은 나 자신이고 나의 마음이다.[5] 공간적 크기와 시간적 길이 개념 자체는 모두가 마음에서 일

5) "한아는 무한대, 가온은 마음, 무한대 가운데 있는 것이 나다. 심즉시불心卽是佛, 무극이태극無極而太極, 흔도 하늘 땅 가온, 아도 무한대 가온, 근도 하늘 땅 가온, 나는 우주의 일점영명一點靈明이다. 우주宇宙는 내몸이다. 우주의 주인主人이 나다. 죽삶, 죽어서 사는 것, 우주와 하나가 되어 사는 것, 참쉼, 그것이 참 쉬는 것이요 천국이요 안식이다. 산, 땅에서 산다는 것은 죽음이나 마찬가지다." (다석일지공부 6권, 567)

어난 생각에 지나지 않는다. 그리고 그런 생각들은 오직 하느님으로부터 온 것이다. 하느님은 위대하시고 영원으로부터 계시는 분이시다. 우리들이 그분을 생각할 수 있는 것은 오직 그분께서 우리에게 그분의 존재를 알려주셨기 때문이다. 이 부분에서 다석은 안셀무스와 데카르트의 신 존재 증명을 모두 자기 자신의 것으로 용해하고 있다. '겐'이라는 것은 '하늘 세계'를 뜻한다. 그것은 'ㅇ ㅇ ㅇ 올라가고 터지고 커져서' 우리 머리로 받드는 그런 존재 세계이다. 그런 하늘 세계에 계시는 하느님으로부터 우리의 생각이 오는 것이다. 이런 사실을 인식하게 되면 하느님의 존재에 비할 때 나 자신의 존재는 아주 극미한 존재임을 깨닫게 된다. 그래서 나는 작고 작고 또 작은 것(小小小)이다. 그러나 그렇게 보잘것없을 정도로 작은 나의 한 가운데는 마음이 존재한다. 그 마음이 존재하기 때문에 '고'(故), 생각하고 연구하며, 오(悟), 깨닫는 것이다. '기'는 '그리스도', '김님'은 '성령', '꼐'는 '하느님'을 뜻하는 언표들이다. '기'는 그리워 생각하고 이는 위로 올라가면 '김'이 되고 머리의 '임'이 되고 종당은 '꼐'가 된다. 이로써 다석은 나의 존재와 마음이 하느님으로 오며, 그런 한에서 나는 하느님과 일체를 이루는 존재, 즉 부자일치의 유교적인 언사로써 신인 관계의 해석을 시도하고 있는 것이다. 그리고 이것은 나와 하느님과의 일치를 지향하는 신비주의가 그의 신관에 자리잡고 있다는 것을 말해준다.[6)]

"한아는 하나님의 아들로 깨어나는 것, 그리하여 죽어서 사는 것, 깸은 죽어서 사는 것, 소아에 죽고 대아에 사는 것이다." (다석일지공부 6권, 568)

6) 다석 류영모의 신비주의는 1961년의 메모 '견신'(見神)에서 찾아볼 수 있다(다석일지 1961.6.19). "하나님과 나는 통해 있다. 신도 통하고 기도 통해

1971년의 '한웋님' 메모는 계속 이어진다. 다석의 메모와 그에 대한 김흥호의 풀이는 다음과 같다.

한웋님

大大大中古吾心 小小小心故悟人
鬱 울월
文 글월
光 빛월
須 모름직
彰 글월 나타낸
章 글월
化 됨
(다석일지 1971.12.9)

한웋님은 한없이 위에 있는 임이다. 크고 크신 크고 큰 것 가운데서 가장 작은 것이 내 마음이다. 내 마음은 한 점이니까. 그러나 작고 작고 작은 그 마음 때문에 나는 깨달은 사람이 되어 한없이 크고 크고 큰 사람이 되는 것 아닌가. 그렇다면 마음처럼 소중한 것이 없다. 그래서 이 마음을 하나님의 아들이라고 한다. 울鬱, 울월은 영문화靈文化, 천문화天文化다. 글월은 글문화文化, 빛월은 광문화光文化다. 모름지기 꼭 될 수 있으면 글월 나타낸, 글월 문화를 초월한 문화, 천문화天文化를 이루고 싶다. 한국은 이 세상에 있는 문화나 빛내자는 나라가 아니다. 한국은 하늘 문화를 빛내자는 문화다. 그러기 위해서는 세상 문화를 초월해서 깨끗한

있다. 영원한 능력과 신성이 통해 있고 생명과 호흡이 통해 있다. 우리는 내 속에서 하나님을 볼 수 있고 하나님을 섬길 수 있고 하나님과 같이 살 수 있다. 정직正直하게 살면 언제나 하나님께서 같이하신다." (다석일지공부 4권, 141)

문화, 죄罪 없는 문화, 사랑의 문화, 거룩한 문화를 창조하는 문화가 되어야겠다. 그러기 위해서는 하나님 나라를 사는, 일식일좌一食一坐하는 하나님의 아들들이 나와야 한다.

(다석일지공부 6권, 561- 562)

여기에서 다석은 '한웋님'을 모시는 삶의 모습을 서술하고 있다. 하느님과 소통하는 우리의 마음으로부터 생겨나는 삶의 문화를 구체적으로 보여주고 있는 것이다. '한웋님'은 한없이 높은 곳에 계시는 그리고 언제나 우리의 머리 위에 계시는 임이시다. 그 가장 위대한 존재와 그 가장 왜소한 나의 마음이 소통함으로써 나는 우주 속에서 가장 위대한 존재가 되는 것이다. 파스칼이 말하지 않았던가? 인간은 한갓 갈대보다 미약한 존재라는 사실을. 그러나 그렇게 미약한 존재는 생각하는 힘을 가지고 있으며, 그런 생각의 힘은 하느님으로부터 온 것이기 때문에 인간 존재는 우주에서 가장 위대한 존재가 될 수 있는 것이다.[7] 그러므로 우리의 마음은 곧 하

---

7) 하느님과 인간의 관계에 대하여 다석은 '한웋님'이라는 메모에서 다음과 같이 말한다.

난손요 님계실걸요 만 아바지 되실걸요

그러나 먹을거알거시 예뵈믄 계절못뵙

몬몸속 ᄆᆞᆷ빙이솟나 빙웋에서 한웋님

(다석일지 1961.2.17)

이 텍스트를 김흥호는 다음과 같이 풀이하였다: "나는 손이요 손님이다. 하나님은 존재요 머리요 주인이다. 하나님은 하늘이요 나는 땅이다. 천존지비만 하나님은 있고 나는 없다. 이것만은 진리眞理다. 하나님은 아버지, 나는 아들 되실걸요. 이것은 절대다. 그러나 먹을 거, 이것을 알아야 한다. 나도 먹지만 나는 또 먹힐 것이라는 것, 이 땅에서 나타나고 영광榮光을 받으면 계 하나님 나라에 가서 자기를 뵐 수가 없다. 만물 육체肉体 속에 마음이 있는데 이 마음

느님의 마음이고, 우리는 바로 그 때문에 소중하고 위대한 존재가 되는 것이다. 그런 존재가 추구하는 삶의 문화는 자명하다. 울(鬱)은 막힐 정도로 수풀이 무성하고 우거진 상태를 뜻한다. 놀라울 정도의 번영과 크게 장성한 상태를 가리키고 있는 것이다. 그러나 이것은 물질적인 번영보다는 영적인 것과 하늘세계를 지향하는 문화를 말하고 있다. 그리하여 김흥호는 울월을 영문화(靈文化), 천문화(天文化)라고 이해하였다. 글(文)은 글문화(文化), 빛(光)은 광문화(光文化)를 지향하며, 모름지기(須) 이 두 문화를 넘어서서 글(文)과 글(章)로써 보다 세상을 뚜렷하게 밝힐 수 있는 천문화(天文化)를 이루어내야 한다. 다석은 다른 곳에서 울월을 하느님, 글월을 그리스도, 빛월을 성령으로 비유하였다.[8] 한국은 이 세상에 있는 문화를 빛내는 것으로 만족해하는 나라가 아니다. 한국은 하늘 문화를 빛내야 하는 사명감을 가져야 한다. 그것은 세상 문화를 초월해서 깨끗한 문화, 죄(罪) 없는 문화, 사랑의 문화, 거룩한 문화를 창조해 나갈 때 비로소 가능하게 될 것이다. 이를 위하여 우리 자신들은 하느님 나라를 사는, 일식일좌(一食一坐)하는 하느님의 아들들로 거듭나야 하는 것이다.

그렇다면 어떻게 영문화(靈文化)와 천문화(天文化)가 가능한 것

은 언제나 무욕이 되고 비우고 언제나 세상을 초월하고 하늘로 올라가 공상에서 계시는 하나님을 만나기 위하여 나는 무無가 되어야 한다. 여기서 진심盡心, 진성盡性, 쓸 것 다 쓰고 아무것도 남김없이 무無가 되어 하늘에 올라야 지어명至於命이다." (다석일지공부 4권, 42-43)

8) "하나님은 울월이고 그리스도는 글월이고 성령은 빛월이다." (다석일지공부 6권, 555)

으로 생각될 수 있을까? 그것은 나와 하느님의 일치라는 신비주의 사상을 통해서이다. 에크하르트를 정점으로 하는 신비주의는 신과 인간의 일치를 강조한다. 다석은 '신비학설의 대의(大意)'와 독일의 신비주의 사상가 '에크하르트'(1260~1329)의 신비설(神秘說)에 대한 여러 편의 한시(漢詩)를 남겨 놓았다(다석일지 1956.12. 15). 그는 하나님으로부터 만물이 산출되고, 영혼과 신의 신비적 합일을 추구하였다. 김흥호는 다석의 에크하르트 이해를 짐작할 수 있는 다양한 자료를 다음과 같이 제시하고 있다.

萬物太原超絶想　만물태원초절상
卽以無字外無狀　즉이무자외무상
神性忽起自認識　신성홀기자인식
自識作用實在況　자식작용실재황

만물의 근원이신 하나님은 생각을 초월한다. 무라고 할 수밖에 표현할 길이 없다. 신의 활동은 자기인식이다. 자기인식이 자기 실재다. 사유 즉 실재다.
(다석일지공부 2권, 212)

認之言之能主觀　인지언지능주관
所言客觀父子相　소언객관부자상
申之報之反復道　신지보지반복도
一如不二靈活恒　일여불이령활항

자기인식 즉 생각은 말이 되고, 말은 주관과 객관을 가르고, 주관과 객관은 아버지와 아들을 만나게 한다. 서로 묻고 대답하며 말은 계속된다. 이것이 창조다. 부자는 하나이면서 성령의 말씀은 영원히 살아서 움직인다. 삼위일체다.
(다석일지공부 2권, 213)

造化作用不外神　조화작용불외신
神外別無存在藏　신외별무존재장
微一神無有存者　미일신무유존자
萬物唯神保金剛　만물유신보금강

창조는 하나님의 자기인식이다. 하나님의 자기인식을 떠나서 존재는 있을 수 없다. 하나님이 없으면 만물도 없다. 만물은 오직 하나님 안에 보호될 때 금강석처럼 고귀할 수가 있다.
(다석일지공부 2권, 214)

區別之者唯個我　구별지자유개아
眼轉差異入神疆　안전차이입신강
吾人見神被神見　오인견신피신견
吾人知得神自詳　오인지득신자상

모든 만물이 나누어지는 것은 나 때문이다. 내가 없으면 하나님이다. 내가 하나님을 보는 것은 하나님께 보여지는 것이다. 내가 만물을 안다는 것은 하나님이 자기를 아는 것이다.
(다석일지공부 2권, 216)

神以自愛愛吾人　신이자애애오인
蓋吾被愛神自枉　개오피애신자왕
唯知唯神唯愛神　유지유신유애신
始竟於是乎安康　시경어시호안강

하나님은 자기를 사랑하기 위하여 우리를 사랑한다. 우리는 하나님을 사랑함으로 나를 사랑한다. 나를 아는 것이 하나님을 아는 것이요, 나를 사랑하는 것이 하나님을 사랑하는 것이다. 신인합일이 될 때 비로소 평안하고 건강하다.

(다석일지공부 2권, 217)

神居吾靈神降衷　신거오령신강충
如斯可名神同行　여사가명신동행
但銘個性與責任　단명개성여책임
不可混同信和狂　불가혼동신화광

하나님은 나와 같이 계시고 내 속에 계신다. 이것이 신과 동행하는 것이다. 하나님은 내게 개성과 책임을 지워 주셨다. 내가 할 일을 하는 것이 믿음이요, 책임을 피하면 그것은 미친 짓이다.

(다석일지공부 2권, 218)

에크하르트는 '존재의 하느님', 즉 '하느님과 존재'는 동일하다고 생각하였다. 존재하는 모든 것은 오직 존재로부터 자신의 존재를 부여받아야 한다. 하느님 역시 존재하는 것이므로 그 역시 존재로부터 그 존재를 부여받아야 할 것이다. 만일 존재가 하느님과 다른 것이라면 모든 것은 하느님이 아닌 어떤 것으로부터 그 자신의 존재를 부여받게 된다. 그 어떤 것도 존재에 선행하지 않는다. 존재를 부여하는 것은 창조이고, 그것은 오직 창조자에 의해서만 이루어질 수 있다. 창조하는 것은 무로부터 존재를 부여한다. 따라서 하느님이 존재와 동일하지 않다면 그는 창조자일 수도 없고 하느님일 수도 없다(다석일지공부 2권, 214-215 참조).

또한 에크하르트는 하느님과 신성의 차이를 언급하였다. 하느님은 어떤 것으로 나타나지만, 신성은 결코 다다를 수 없는 절대적인 무를 뜻한다. 신성은 모든 사물을 생기게 하는 존재의 바탕이지만, 하느님의 특징은 존재이다. 우리의 삶은 존재이어야 한다. 우리의 삶이 존재인 한에서 그것은 하느님 안에 있다. 존재의 결핍은 결함이다. 하느님 안에 있는 가장 보잘것없는 것조차도 우주보다 더 완전하며, 하느님 안에 있는 가장 비천한 것도 천사의 지식보다 더 훌륭하다. 하느님은 나와 같이 계시고 내 속에 계시며, 그런 방식으로 나는 신과 동행하는 것이다. 나를 아는 것은 하느님을 아는 것이며, 나를 사랑하는 것은 하느님을 사랑하는 것이다. 그것이 바로 신인합일이다. 이처럼 우주의 근원인 하느님과 일치하는 순간에 나는 우주의 주인이 된다. 1965년에 다석은 이와 같은 신비주의 사상을 동양사상의 지평 위에 펼치고자 하였다.

> 얻듬　누려　돼　쟁였
> 봄　여름　실림　드름
> 元　亨　利　貞
> 春　夏　秋　冬
> (다석일지 1965.5.25)

텅 빈 맨 꼭대기, 그곳이 우주의 근원이고 내 마음속의 한 중심점이 나인 것을 안다. 언제나 한없이 높은 큰 사람을 생각하고 겸허하고 자중하게 내가 종이라는 것으로 만족한다.

하늘의 별들은 다 하늘의 눈동자요, 휘황한 세상 풍경은 회진에 불과하다. 태양 같은 지각태허知覺太虛가 하나님이고 속이 비고 만물을 살리시는 이가 큰 길이신 그리스도다. 양암諒闇은 선제붕어先帝崩御한 후 거상중居喪中을 말하는데 그리스도가 간 후 성령이 존심存心 양성養性하고 허령지각虛靈知覺, 촛불 한 자루가 곧이곧은 나 자신이다. [...] 생각하여야 나를 알고 나를 알아야 하나님을 안다. 생각은 사람의 신비요, 하느님은 하늘의 생각이다. [...] 언제나 생각하고 나를 길러 가는 것이 하나님을 사랑하는 길이다. (다석일지공부 5권, 56-57)

다석은 신과 인간의 일치뿐만 아니라 하늘나라 역시 인간과 하늘의 일치를 통해서만 가능하다고 주장하였다. 하늘나라는 우리와 분리되어 우리와 관계없이 저 멀리에 초월적으로 존재하는 세계가 아니다. 다석은 예수를 아는 것만으로 하느님을 아는 것이 아니라고 말한다. 이는 예수가 나를 본 자는 하느님을 본 것이나 마찬가지라고 말한 것과는 다르다. 그에게 하느님을 안다는 것은 형이상학에 관한 모든 자연을 알아야 한다는 것을 뜻한다. 스피노자와 에머슨의 자연은 하느님 그 자체이다. 사람도 "하느님이라는 자연 전체의 일부"에 속한다. 전체 자연의 하느님을 알아야 그 전체의 부분으로 있는 사람의 자리를 정할 수 있으며, 그 둘 사이의 관계를 밝혀주는 것이 바로 종교라는 것이다(다석어록 2002, 144).

하늘나라는 또한 칸트가 기술한 것처럼 지상에서 하느님 나라를 무한하게 확장하려는 인간의 노력 가운데서 그 구체적인 모습을 드러내게 된다. 이에 대하여 다석은 '하늘나라'에 대한 다음과 같은 암호문을 남겨 놓았다.

한늘나라
나라되길
나타내리다
오늘오늘 누리 온틈
우리우리 오늘 새람
할옿 할옿
일볼 할옿
일봐 일업
닐러 말업
(다석일지 1971.12.16)

이 텍스트에 대한 김흥호의 독해는 다음과 같다.

하늘나라는 하늘과 내가 하나가 될 때 이루어진다. 하나님의 통치가 이루어져야 나라가 되고 인간의 본성이 나타나야 나타나리다. 오늘은 오 영원이요 누리 이 세상은 온 전체가 텅 빈 틈, 공空이다. 영원과 무한, 이것이 하늘나라다. 우리는 위에 속한 우리요, 오늘은 새처럼 새롭고 자유로운 존재存在다. 하루하루가 하늘나라요 하늘을 나는 자유가 우리의 일이다. 오늘 하루도 자유를 찾아서 도道를 닦는 것이 우리의 일이다. 일봐 도를 닦아라. 자유를 얻으면 일이 없어진다. 자유를 얻으면 일러줄 말이 없다. 자유를 얻으라는 것이 하나님의 말씀이다. 인간의 본질은 자유다. 자유를 나타내는 것이 사람이다. 하늘나라는 도요 허공이다. 날아다닐 수 있는 곳이 하늘나라다. 하늘나라는 평등이요 인간의 본질은 자유다. 하늘은 온 틈 어디나 공간空間이요 사람은 누구나 새다. 하늘은 허공이요 도道고 인간은 새요 자유다. 자유가 있는 곳이 나요 도가 있는 곳이 하늘이다. 하늘은 하늘에 있는 것이 아니라 도에 있고 자유는 새에 있는 것이 아니라 노력에 있다.

법이 있고 법을 극복하는 노력이 있을 때 그곳에 자유가 있고 하늘나라가 있다. (다석일지공부 6권, 580)

다석의 신관은 1959년 1월 14일에 지은 그의 한시(漢詩)에 잘 드러나 있는 김흥호는 이 시의 제목을 '공전'(空前)으로 뽑았고, 박영호는 '하느님 太一'로 뽑았다.

空前空後今閃生 공전공후금섬생
(앞에도 없었고 뒤에도 없을 이제 번쩍 하는 삶)[9]
唯心唯物史斷論 유심유물사단론
(유심 유물의 사관을 함부로 잘라 말하누나)
死生不關我自在 사생불관아자재
(죽고 삶에 관계없는 참나는 스스로 있어라)
物心不二太一存 물심불이태일존
(몬·맘은 둘이 아니고 하느님만이 계시니라)
(다석일지, 1959.1.14)

이 우주의 많은 별들이 어떻게 생겼을까. 생기기 전도 무한대의 허공이고, 이 우주가 끝난 후에도 무한대의 허공일 것인데, 그 사이에 반짝하고 빛난 것이 천체요 만물일 것이다. 이 우주는 물질에서 나온 것인가, 정신에서 나온 것인가. 아무도 모른다. 역사가 판단할 날을 기다릴 수밖에 없다. 그러나 죽고 사는 것에 관계없이 나는 자유자재로 살고 있는 것만은 확실하다. 그것은 물심物心을 초월해서 무엇인가 큰 하나가 있기 때문이 아닌가. 하나님이 계시다는 것, 내가 있다는 것, 부자유친父子有親이다.
(다석일지공부 3권, 165-166)

9) 괄호 안의 한글 풀이는 박영호의 것이다(다석명상록, 333).

박영호는 다석의 이 시를 '하느님'(太一)이라는 제목을 붙이고, 다석과 마하트마 간디의 하느님에 대한 사상이 매우 유사하다는 점을 보여주고 있다. 간디 역시 하느님의 이름이 수없이 많다고 여겼으며, 그 중에서도 '사트'(Sat) 또는 '사탸'(Satya), '참(진리)'을 가장 진실한 이름이라고 생각하였다(다석명상록, 333). 다석은 이 시에서 하느님의 이름을 '태일'(太一), 즉 '절대(絶對)의 하나'라고 불렀다. 박영호에 의하면 '하나'는 '전체'이면서 '절대'인 것을 나타낸다. 그것은 동시에 '유일존재'(唯一存在)를 뜻하는 말이다. 그런데 그런 하느님의 존재는 동시에 '태공'(太空)이나 '태허'(太虛) 이기도 하다. 하느님은 절대 유일의 존재이지만, 그 존재는 '없이 있는 허공(虛空)'에 다름 아니기 때문이다(다석명상록, 334). 그 절대적인 허공 안에 존재하는 모든 상대적 존재는 '앞에서도 없었고 뒤에도 없을 것이 전광석화(電光石火)처럼 나타나서는 그대로 없어'지는 것들에 불과하다. 다석은 1890년에 나서 1981년까지 살다 간 존재로서 '80만 시간'을 지속했지만, 절대적인 영원의 시간에서 보면 한낱 '섬광'에 지나지 않는다. 이처럼 상대적인 존재는 '있어도 없는' 것들이지만, 하느님은 '없이 계시는 분'이시다. 여기에서 있는 것과 없는 것의 구분은 무의미하게 된다.

박영호의 풀이에 의하면 하느님은 '있는 모든 것', 즉 '전체'이다. 하느님은 '무한(無限) 허공에 많은 별(天體)들이 고기떼처럼 유영(遊泳)하는 것'이다(다석명상록, 337). 그 모든 것은 '얼과 빔의 하느님'이 변한 것이다. 그 모든 것은 '없'(無)에서 나온 '있'(有)이다. 그러므로 근본이신 하느님은 물심(物心)과 유무(有無)의 경계를 넘나드는 '얼(靈)의 무'이고 '얼의 공(空)'이며, 그 모든 것을 품으면서도 초월하는 '태일'(太一)인 것이다(다석명상록, 338).

2) '로고스'와 '태극'

다석은 그리스도교의 하느님을 유교의 하느님, 즉 태극(太極)과 동일한 하느님으로 인식하였다. 다석은 「요한복음」의 로고스 하느님을 태극으로 규정하였다.

> 태초에 말씀이 계시니라. 이 말씀이 하나님과 함께 계셨으니 이 말씀은 곧 하나님이시니라. 그가 태초에 하나님과 함께 계셨고 만물이 그로 말미암아 지은 바 되었으니 지은 것이 하나도 그가 없이는 된 것이 없느니라. 그 안에 생명이 있었으니 이 생명은 사람들의 빛이라. 빛이 어둠에 비치되 어둠이 깨닫지 못하더라. 하나님께로부터 보내심을 받은 사람이 있으니 그의 이름은 요한이라. 그가 증언하러 왔으니 곧 빛에 대하여 증언하고 모든 사람이 자기로 말미암아 믿게 하려 함이라. 그는 이 빛이 아니요 이 빛에 대하여 증언하러 온 자라. 참 빛 곧 세상에 와서 각 사람에게 비추는 빛이 있었나니 그가 세상에 계셨으며 세상은 그로 말미암아 지은 바 되었으되 세상이 그를 알지 못하였고 자기 땅에 오매 자기 백성이 영접하지 아니하였으나 영접하는 자 곧 그 이름을 믿는 자들에게는 하나님의 자녀가 되는 권세를 주셨으니 이는 혈통으로나 육정으로나 사람의 뜻으로 나지 아니하고 오직 하나님께로부터 난 자들이니라. 말씀이 육신이 되어 우리 가운데 거하시매 우리가 그의 영광을 보니 아버지의 독생자의 영광이요 은혜와 진리가 충만하더라.
>
> (개역개정판 「요한복음」 1:1-14)

「요한복음」 1장 1절의 '말씀'은 '로고스', 즉 제2격의 하느님 예수 그리스도이다. 다석은 그리스도 로고스를 태극(太極)으로 지칭한 것이다. 그렇게 함으로써 다석은 로고스 태극이 결국에는 '여호와' 하느님을 지칭하는 것으로 접근한 것이다.

> **Logos 태극**
> 요한복음 1장의 Logos思想이 韓國에서 '말씀'으로, 중국에서 '道'로, 日本에서 'Kotoba'로 英語에서 'Word'로 번역되었다. 나는 이것을 "太初에 말씀(太極 또는 Logos)이 계시니라"고 修正되기를 要望하고 싶다. 만일 이것이 拒否된다면 요한복음은 Logos 思想도 拒否하고 차라리 "太初에 여호와 계시니"하고 永有自有(出 3-13)의 純粹 히브리主義로 도라가는 兩者擇一을 主張하고 싶다. 그 까닭은 太極思想이 Logos思想에게 寶座를 讓步하기에는 너무도 優秀하기 때문이다. 도대체 '福音'을 異質的인 헬나哲學의 衣裳으로 表現한 게 실수가 아니였든가. 聖書純化論
> (다석일지 1963.12.23)

다석은 하나, 절대, 태극을 '우주 만물의 밑둥'(根本)으로 이해하였다. 우리들 인간으로서는 그와 같은 하나의 태극이 왜 어떻게 있는지 알 수 없으나, 그렇다고 해서 하느님이 존재하지 않는다고 할 수도 없다. 하느님이 언제부터 있고 어디에 있다면 그것은 이미 하느님이 아니기 때문이다. 다석은 상대적인 세계에서 우리들이 하나(절대)를 말한다면 그것은 하느님을 지칭하는 것으로 보았다. 유와 무를 다 합친 전체는 하나뿐이기 때문이다. 하나뿐이기에 절대이며, 그 절대이자 전체인 하나가 바로 하느님이라는 것이다(다석어록 2002, 50). 김흥호 선생은 태극사상의 개요를 다음과 같이 기술하고 있다.

> 천天은 음양오행陰陽五行으로 만물萬物을 화생化生하여 기氣는 형形이 되고 이理는 그 속에 부여되었다. 대저 하늘말이 도고 도는 틀림이 없다. 형체形體는 천天이고 성정性情은 건乾이고 주재主宰는 상제上帝다.
>
> 태극太極이 갈리어 양의兩儀가 되고 양의는 천지天地의 도道요 만물萬物의 강기綱紀며 변화變化의 부모요 생살生殺의 시작이요 신명神明의 부府다. 물物이 생生함을 화化라 하고 물物이 극極함을 변變이라 하고 음양불측陰陽不測을 신神이라고 한다.
>
> 이理가 있은 후에 기氣가 있고 이기理氣는 하나며 둘이고 둘이며 하나다. 하나이기에 만물의 근본根本이고 둘이기에 만물의 무궁無窮이다. 천지만물은 다 하나의 이기理氣요, 천하 만사萬事는 이기理氣의 영원한 싸움이다. 기氣가 쌓이면 천天이요, 이理의 주재主宰가 상제上帝다.
>
> 역易은 상수리기신象數理氣神의 총명聽名이다. 하나가 상象이요, 둘이 수數요, 난 것이 기氣요, 나게 하는 까닭은 이理다. 이理의 헤아릴 수 없는 것이 신神이다. 성盛이 있으면 쇠衰가 있고, 극極이 있으면 반反이 있는 것이 역易의 길이다.
>
> 내 길은 하나로 꿰뚫렸다.
>
> 현대는 유대 사상과 희랍 사상과의 싸움인데 바울은 희생犧牲을 강조한다.
>
> 무극無極은 만유萬有의 근본根本인데, 현상現象은 질서정연하게 돌아간다. 명기命氣를 섭리燮理하시는 이가 신神이고, 음양陰陽은 깊은 뜻을 펴내는 편지다. 낯마주 보입건, 상대세계가 벌어진 것은 얼어이 알맞잡, 절대 세계를 붙잡자는 것이다. 정신이 성

숙하여 상대 세계의 배후에 있는 절대세계의 말씀을 듣자는 것이다. (다석일지공부 4권, 506-507)

김흥호는 절대무와 무한대를 동일시한다. 무한대가 움직여서 양(陽)이 되고, 그 움직임이 극한에 가서 고요해지면 음(陰)이 보인다. 고요가 극한(極限)에 가면 다시 움직여서 서로의 근거를 바꿈으로써 그늘과 햇볕이 갈라서는 음양동정(陰陽動靜)의 이치가 나타난다. 음양이 합하여 수화목금토(水火木金土)가 나오고, 흙의 기운(土氣)은 중앙, 나무의 기운(木氣)은 동(東), 쇠의 기운(金氣)은 서(西), 불의 기운(火氣)은 남(南), 물의 기운(水氣)은 북(北)에 펼쳐짐으로써 춘하추동(春夏秋冬)이 돌아간다. 오행(五行)은 음양의 합이고, 음양은 태극의 동정(動靜)이고, 태극의 근본은 무극이다. 오행으로부터 특이성이 나오고 무극의 참과 이오(二五)의 정(精)이 묘하게 엉키면서 하늘길은 남성적이고 땅의 길은 여성적이 되어 하늘, 땅의 기운이 서로 만나 만물이 생겨나고 만물의 변화를 무궁하게 하는 이치가 바로 끝이 없는 무극이다. 이로써 우리는 공간의 무한대와 시간의 영원성을 느끼게 된다.

이것이 바로 우주 만물의 무한 영원의 생성을 말한 것이다. 그 가운데서도 사람의 지위는 매우 특별하다. 인간은 가장 우수하고 가장 영특한 존재이다. 형체, 정신, 지각이 생기고, 인의예지신(仁義禮智信)의 오성(五性)이 발육하고 선악을 구별하며 만사를 행하게 되는 것이다. 성인(聖人)은 모든 사람 가운데서 인자(仁慈)와 정의(正義)를 가지고 고요하게 중심을 잡고 사람들의 중심이 된다. 성인은 하늘, 땅과 그 공로가 같고 해, 달과 같은 지혜를 가지고 사시(四時)와 같은 예절을 가지고 귀신과 같은 길흉을 지배한다. 군자(君子)는 도를 닦아서 길하게 되고 소인(小人)은 도를 거슬러서 흉하게 된다. 그러므로 음양은 하늘의 성질이고 강유(剛柔)는 땅의 성질이며, 인의(仁義)는 사람의 성질이다. 원인을 알면 결과를 지배할 수 있으며, 죽음을 알면 삶을 지배할 수 있다. 인간의 한계는 죽음뿐이지만, 인간은 그 죽음을 통하여 한없이 커질 수 있다. 죽음은 무한대이고 사랑 인(仁)이다(다석일지공부 3권, 782-783).

생명은 하느님의 '숨어 쉼'이다. 나무가 태양의 숨어 쉼인 것과 같다. '숨어 쉼'은 음양의 도(一陰一陽之謂道)이다. 가을이 되고 봄이 되는 것은 태양의 숨쉼이다. 그러나 사람의 숨쉼이 동물의 숨쉼과는 다른 것은 그 속에 하느님의 숨쉼이 겹쳐 있기 때문이다. 하느님의 숨쉼은 말숨 쉼이자, 문화 문명의 창조이다. 하느님은 우주를 창조하고 사람은 문화를 창조한다. 이것이 곧 사람이 하나님의 아들이라는 징표인 것이다(다석일지공부 2권, 227).

> 풀과 나무는 태양에서 왔고 우주만물은 하나님께로부터 왔다. 하나님이 없으면 우주도 없다. 우주가 하나님의 계심을 증거한다. 하나님은 쉬지 않는다. 지성무식이다. 하나님이 우주를 창조하고 계시기 때문이다. 이 우주는 하늘과 땅과 생명이다. 하늘은 만물을 덮고, 땅은 만물을 싣고, 생명은 만물을 완성해간다. 하늘은 높고 밝고, 땅은 넓고 두텁고, 생명은 깊고 오래간다.
> (다석일지공부 2권, 229)

다석은 주역의 이치가 하느님의 존재를 잘 설명하고 있다고 생각하였다. 주역에서는 태극의 존재 원리가 우주 자연에 펼쳐지는 모습을 설명하고 있다. 그것은 하느님으로부터 이 세상이 유출된다는 플로티노스의 이론이나 그렇게 작용하신 하느님과 그 결과로서의 자연이 결국 동일한 존재라는 스피노자의 범신론 사상과도 상통한다. 다석은 존재형이상학을 신학과 동일한 차원에서 설명하고 있는 것이다. 태극은 음양 양의와 팔괘를 거쳐서 우주 만물의 출현에 직접 개입하고 있다. 다석은 팔괘를 건(乾 하늘 맘), 곤(坤 땅 몸), 진(震 우레 울), 감(坎 물 물), 간(艮 산 임), 손(巽 바람 발), 이(離 불 불), 태(兌 연못 눈)로 순 우리말로 풀이하였다(다석일지 1956.11.30). 김흥호의 설명을 들어보자.

> 하늘은 마음이라고, 땅은 몸이라고, 그리고 바람은 발이라고. 땅을 스치고 지나간다고 발인가. 바람과 발이 비슷한 발음인가. 바라는 곳으로 바람이 불고 발이 간다는 뜻인가. 연못을 눈이라고 했다. 하늘이 비치는 눈인가. 땅의 거울인가. 산을 임이라고 했다. 하늘을 인다고 이마인가. 우레를 울이라고 했으니 하늘이 울린다고 울인가. 하나님의 말씀이라고 울인가. 물은 그대로 물이라고 하고, 불은 그대로 불이라고 했다. 바람은 발, 호수는 백두산 천지라고나 할까. 산은 이마. 우레는 울림. 불은 불. 물은 물. 하늘은 마음. 땅은 몸. 이것이 8괘의 번역이다. 하늘은 아버지요 땅은 어머니다. 그리고 우레는 맏아들이요, 물은 가운데 아들, 그리고 산은 작은 아들이다. 하늘 아버지에서 맏아들 우레가 울리고 물비가 오고 산에 떨어져 강물이 되는지 모르겠다. 땅은 어머니요, 바람이 맏딸이다. 천 리를 불어가는 딸이다. 그래서 발이라고 한다. 그리고 가운데 딸이 불이다. 땅에서 불이 터져 나오며, 모든 만물이 다 불의 화신이다. 작은 딸이 땅의 호수다. 하늘을 비추는 눈이요, 기쁨이다. 하늘에는 우레와 물과 이마가 있고, 땅

에는 바람과 불과 눈이 있다. 마음에는 울 물 임이, 몸에는 발 불 눈이 있다. 마음은 정신이다. 정신은 깨기까지 울어야 하고 물어야 하고 책임을 져야 한다. 그리스도 세상을 위하여 울고, 하늘 아버지에게 묻고, 인류의 죄를 책임진다. 울물임이다. 땅은 발로 디디고, 불처럼 급하게 나가고, 똑바로 영원을 보고, 아버지를 보는 눈이어야 한다. 마음은 울고 묻고, 책임을 이마에 이고, 몸은 발로 땅을 디디고, 불처럼 문화를 발전시키고 세상을 꿰뚫어보는 눈을 가져야 한다. 마음은 책임, 몸은 눈을 가져야 한다. 사물을 꿰뚫어보고, 책임을 질 수 있는 이마를 가진 것이 그리스도요, 하나님의 아들이다. (다석일지공부 2권, 172-173)

이처럼 다석의 팔괘를 김흥호는 하늘과 땅이 협력하는 것처럼 아버지 하느님과 아들인 그리스도가 합력하여 선을 이루는 것에 비유하였다. 그것은 결국 신과 우주와 인간이 서로 분리된 존재가 아니라 유기적으로 연결되어 있는 존재라는 사실을 보여준다.

그런데 다석은 이에 앞서 1956년에 태극을 하느님이라고 밝히면서도, 태극이 음양으로 분리된다는 주역의 논리를 비판한 바 있다. "태극(太極)은 하나(一)로 하느님이시다. 그런데 태극이 쪼개져 음양(陰陽)이 되었다는 것은 말이 안 된다. 하느님인 태극은 하나(절대)이다. 태극은 엄연히 하나요 영원히 하나다. 하나(一)가 쪼개지거나 벌어졌다면 그것은 하나가 아니다. 하나(태극) 속에 이뤄진 음양으로 된 상대세계는 좋은 것 같으나 싫은 것이 상대세계다. 우리는 어떻게든지 이 상대세계를 벗어나 하나의 나라, 절대의 나라, 얼의 나라로 돌아가는 것이다." (다석어록 2002, 51) 이 텍스트에 의하면 다석은 태극이란 어디까지나 태극이라는 사실을 강조하고 있다. 태극은 음양과 오행으로 분열되는 것이 아니다. 분열되는 것은 하느님이 아니다. 여럿은 단지 상대 세계의 관찰일 뿐이다. 이 점에서 다석은 플로티노스와 스피노자의 신관과 차별화된다. 태극은 언제나 하나일 뿐이고, 그 절대의 하나는 동시에 무극일 뿐이다. 반면에 상대적인 것은 어디까지나 하느님 안에서 섬광처럼 나타났다가 사라지는 것들에 불과하다. 영원히 존재하는 태극이자 무극인 것이다. 없이 계시는 하느님만이 홀로 영원히 계신다. 이와 같은 전회를 통하여 '태극이무극'(太極而無極)이고 '무극이태극'(無極而太極), 즉 태극과 무극, 존재와 무의 일치가 가능하게 된다.

3) '무극'과 '빈탕한데'

다석은 하느님의 여러 가지 방식으로 붙여 놓고서도 하느님은 이름이 없다고 하였다. 이는 노자 『도덕경』의 제1장에서도 언급하고 있는 것처럼 이름을 붙일 수 있는 도는 상도가 아니라는(道可道非常道) 데서도 알 수 있다. 유대인들은 자신들이 섬기는 하느님의 이름을 부르는 것이 불경하다고 생각하여 그저 '주님'이라고만 불렀다. 이름이 없는 분, 이름을 붙일 수 없는 분이 바로 하느님이시다. 다석의 신관은 바로 이 사실에서부터 출발한다.

> 신神이라는 것은 우리가 다 아는 것인데 이름을 붙이는 것이 좀 이상하다. 한아님의 이름은 없다. 모세가 백성에게 어떠한 신이라 말하리리까 라고 하자 "나는 나다"라고 하였다. '엘리'니

'여호와'니 하지 않았다. 이름없는 것이 신이다. [...]

신이라는 것은 어디 있다면 신이 아니다. 언제부터 있었다고 하면 신이 아니다. 언제부터 어디서 어떻게 생겨 무슨 이름으로 불려지는 것은 신이 아니다. 상대 세계에서 하나라면 신을 말하는 것이다. 절대의 하나는 신이다. 그래서 유신론이라고 떠드는 그 소리가 무엇인지 모르겠다. (다석어록 1993, 98)

다석은 하느님이 존재하는가라는 물음에 '없다'라고 대답한다. 그는 하느님을 아느냐는 물음에 대해서도 '모른다'고 대답한다. 그러나 다석은 하느님의 존재를 믿는다. "사람이 머리를 하늘에 두고 산다는 이 사실을 알기 때문에 또 사람의 마음이 하나(절대)를 그린다는 이 사실을 알기 때문"이다. 다석은 자신의 몸속에 선천적인 본능인 육욕(肉慾)이 이성(異性)이 존재한다는 증거인 것처럼, 자신의 마음속에 "하나(절대)를 그리는 성욕性慾이 있는 것은 하느님이 계시기 때문"이라고 믿었다. 사람들이 바라고 그리는 '전체의 거룩한 님'을 다석은 하느님이라고 불렀다(다석어록 2002, 38). 존재하지도 않고 우리가 알지도 못하는 하느님은 다만 우리 마음 속의 공경의 대상일 뿐이다. 그와 같은 하느님은 몸으로서 물질로서 존재하는 것이 아니라, 마음으로서 그리고 얼(靈)로서 존재할 뿐이다.

다석은 태극을 '무한한 공간'이자 '영원한 시간'으로 규정하면서, 하느님의 겉모습을 '빈탕한데'(虛空)로 이해하였다(다석어록, 54). 그렇다면 다석은 태극과 무극, 태허를 모두 동등한 개념으로 이해한 것이다. 이는 불교의 무아와 니르바나 개념으로까지 이어진다.

나는 없(無)을 말하고자 한다. 수십 년 전부터 내가 말하고 싶었는데 말머리가 맘대로 트이지 않았다. 나는 없이 계시는 하느님께로 가자는 것이다. 없이 계시는 데까지 가야 크다. 태극太極에서 무극無極에로 가자는 것이다. 이것이 내 철학의 결론이다. 그래서 내가 태극도설太極圖說을 말한 것이다. 이걸 주렴계가 썼거나 예수가 썼거나 석가가 썼거나 누가 썼던 문제가 안 된다. 이게 내 속에 있는 것이다.(1960) (다석어록 1993, 73)

서양 사람은 없을(無)을 몰라요 있(有)만 가지고 제법 효과를 보지만 원대한 것을 모르고 그래 보았자 갑갑하기만 하지요. 서양 문명은 벽돌담 안에서 한 일이에요. 없는 것은 가장 있는 것, 무극이태극無極而太極 태극이무극太極而無極의 오묘는 여기 있어요. 시작과 끝점은 둘이 아니고 하나입니다. 성경에는 허공에 대한 이야기가 없어요. 아버지 맘이 허공이에요. 참(眞)은 없(無)에 가야 있습니다. 허공보다 큰 것은 없습니다. 허공관감자만족虛空觀感自滿足입니다.10)

다석은 서양철학에서는 무(無)를 알지 못하여 유(有)만을 집착했다고 지적한다. 존재는 알지만 순수존재로서의 무는 알지 못하며, 태극은 알지만 무극은 모른다는 것이다. 다석은 순수존재가 바로 무이고 무가 모든 존재의 근거라는 사실을 보여주고자 한다. 그와 같은 이치는 태극이 무극이고 무극이 태극이라는 사실에서 가장 분명하게 드러난다. 하느님은 존재하지만 존재하지 않으며, 존재하지 않지만 존재하는 것이다. 그러나 무이면서도 존재인 것의 존재, 즉 없이 있는 존재의 존재는 어떻게 가능한가? 이와 같은 사

---

10) 박영호, 『다석 류영모의 생애와 사상』 하, 문화일보사 1996, 307쪽.

유 도식은 그리스도인에게는 매우 낯선 것이 분명하다. 그러나 불교와 도교에서 쉽게 접할 수 있는 것들이다. 그리하여 다석은 유불도를 그리스도교적으로 해석하면서, 우리에게는 매우 일상적이지만 서구인들에게는 매우 낯선 것을 태연하게 기술하고 있는 것이다. 그리하여 로고스와 태극의 하느님은 무와 무극, 그리고 니르바나의 하느님과 일치함으로써 '없이 있는 이', 곧 '없이 계시는 하느님'의 존재를 확정하게 되는 것이다.

우리는 앞에서 다석이 생각하는 태극의 하느님이 동시에 무극의 하느님이라는 사실을 살펴본 적이 있다. 다석은 유교의 성리학과 주역의 한계 안에서 태극과 무극의 일치를 말하는데 그치지 않고 불교과 도교의 차원으로까지 들어가서 태극과 니르바나 공(空)과의 일치, 태극과 태허의 일치를 말한다. 태극(커극것)은 원일(元一)이지만, 원일물(元一物)로서의 하느님은 있음(有)이 아니고 불이즉무(不二卽無)로서의 없음(無)인 동시에 유・무(有無)를 넘어선 절대무(絶對無)의 허공으로서 니르바나이다. 그리하여 절대이자 하나인 하느님의 개념은 태극을 넘어서서 무극을 향해 나간다. 하느님은 '무극이태극'(無極而太極)인 것이다(다석어록 1992, 58, 62, 64). 다석은 무극('없극것')에 대하여 이렇게 말한다.

> **없극것**
> 나 있다 예있다 예나와서있다
> 나는 있다 - 다른거는 몰라도 -
> 나는 들릴내다 요한三12
> 들려갈거들아 들에들었지? 나올게어대있나?

예있없 참아니 참은 뭐가
도 모르지 도도 모도다 모르지
알라나로알더니 몰라나를 다시봄
없다가있 있다거 없 외롭호롭작아아있없
자라다가 자기 커지다가 지기
ㅣ미 나슨김이니 기껏그까지
다 그만 둘계(兩間有界) 이땅
다 들려 ㄹ 한웋
들려크자 다시업시 크지
커극겆 없극겆
(다석일지 1960.11.11)

무극은 무한대다. 한없이 크면 무극이 되고 무가 된다. 내가 있다. 무한소다. 여기 있다. 흙덩이 같은 나요 예 나와 서 있다. 풀 같은 나다. 나는 있다. 작은 나다. 다른 거는 몰라도 작은 것은 사실이다. 요한 3장 12절. [...] 여기 있는 것은 없어질 것들이다. 그것은 영원히 참이 아니다. 참은 무엇인가. 참이 무엇인지 모른다. 무엇인지도 무엇인지도 모두 다 모른다. 알라 나는 있는 것이라고 알더니 몰라 나는 없는 것으로 다시 본다. 없다가 있고 있다가 없는 고독한 나는 작은 나요, 있다가 없을 나다. 작은 나는 자라다가 자게 되고 커지다가 지게 되는 작은 존재다. 그러나 이미 시작한 김에 자라다가 깨고 커지다가 솟자. 기껏 그이 계신 데까지 솟아 올라가자. 이 세상은 다 그만 끝내야 되는 상대 세계의 땅이다. 다 하늘 높이 들려서 하늘로 돌아가도록 들려서 크고 다시없이 크자. 크고 크자. 끝없이 크자. 없어지도록 크자. 한없이 큰 것, 무극이 태극이다. 없어진 것이 아니다. 커진 것이다. 몸이 없어지고 마음이 된 것이다. 육을 따라 살지 않고 영을 따라 사는 것이다. (다석일지공부 3권, 786-787)

다석은 하느님 아버지를 '빔'으로, 그리고 하느님의 아들 그리스도를 '빈탕한데'(虛空)로 인식하면서, 아들과 아버지의 일치, 즉 '부자유친'의 진리를 추구하였다. 아버지와 아들이 일치한다는 것은 바로 동일본성을 뜻하는 것이다. 부자유친은 아버지와 아들이 동일한 존재라는 사실을 의미한다. 그러므로 '없이 계시는 하느님'은 곧 '빈탕한데'와 같은 말인 것이다. 다석이 말하는 '없이 계시는 하느님'은 이제 '태극이무극', '니르바나', '빈탕한데'와 동의어로 쓰이고 있는 것을 알 수 있다.

> 하늘나라, 빈탕 한데 나라, 한나라이니라.
> 이 생각을 주신 얼이 한웋님이시오,
> 이 생각을 힘차게 쉬여 나타내신 이
> 그리스도 사름, 얼사름이시라.
> 할 밖엔 다른 말슴은 없느니라.
> 나는 참사름 참말사름 생각사름
> 몸놓고 죽는 사름 몸깨워 사는 사름이니라.
> 덜 되지 안한 나는 그리스도 사름,
> 얼사람인 나밖엔 된게 없다 본다.
> (다석일지 1956.9.22)

나는 빈탕 한데 무극이태극無極而太極이다. 빈탕은 무無 공空 영靈이고, 한데는 외지外地, 우주, 하나 통째로 뭉쳐 있는데, 한데 어울린 충만充滿, 빈탕 한데는 허심실복虛心實腹, 빈탕은 천天, 한데는 지地, 천지天地가 나다. 머리는 비고, 발은 차고, 마음은 비고, 몸은 차고, 허공은 비고, 충만充滿한 것이 허공이다. 빈탕 비고 한데 차고, 영靈은 비고 찬 것이다. 나는 얼이다. 얼은 어른, 어

> 른은 어머니(母)요, 어머니는 자기는 없고 자식만 있는 것이다. 빈탕 한데는 없이 있음, 나는 없고 남만 있는 생생지위역生生之謂易이 하나님이다.
>
> 나는 없고 남만 있는 것이 하나님이요, 아버지요, 그리스도요, 숨님니다. 비고 차고가 숨이요, 비고 차고가 공간空間이요, 모순矛盾의 자기통일自己統一이 어른이다. 죽고 사는 것이 영체靈體요, 없이 있는 것이 본체本體다. [...] 빈탕 한데, 허무통일虛無統一, 무유無有없이 계심이 신神이다. 빈탕 한데가 신神이요 나다.
>
> (다석일지공부 2권, 49-50)

나와 그리스도와 하느님이 하나가 되는 것은 얼에 의해서이다. 하느님의 얼이 들어서는 곳은 모두가 하느님의 나라가 된다. 하느님의 나라는 빈탕한데에만 들어설 수 있기 때문이다. 그러므로 김흥호는 '븬탕한대'를 "빈 하늘, 한 땅, 빈 마음, 한 몸, 허심실복, 없이 계신 하나님이다. 한가온, 하나님 가온, 우주의 가온, 진리의 가온, 내마음 가온 언제나 가온찌기, 핵심을 믿어야 한다. 꼭대기, 최고, 하늘에 꼭 갖다 대는 것, 하나님 나라에 도착하는 것, 그리고 꽁무니, 꼭 문을 닫는 것, 식색食色의 문을 닫는 것"이라고 풀었다(다석일지공부 5권, 513).

존재의 중심, 우주의 한 가운데, 진리의 핵심은 모두 '빔'이다. 비어 있다는 것이야말로 모든 존재 사태의 비밀이고 신비이다. 사람은 우주와 마음 모두의 동심원이다. 우주의 한 가운데와 내 마음의 한 가운데는 무극의 중심이기 때문이다. 그리하여 다석은 "참속은 한데(絶大地)니라"(다석일지 1956.9.25)라고 말하였다. '참속'이란 얼이 가득 찬 내 마음 속일 것이다. "참속은 중심점, 한데는 무한대원無限大圓, 원圓은 기대무외其大無外다. 우주宇宙가 한데다. 나라는 중심점과 원주圓周가 합쳐진 원圓이 나라다. 우주가 한데, 그 한데가 내 나라다. [...] 진리의 마음은 아무것도 없는 무심無心 한데(絶大地) 하늘 같은 마음이요, 허공虛空이 내 마음이다." (다석일지공부 2권, 52) 그러므로 태극과 무극, 우주의 중심과 참속의 일치는 하느님과 나의 일치를 뜻한다. 없이 계시는 하느님은 하느님의 얼로 가득 차 있는 내 마음 이외의 다른 것이 아니다.

4) '없이 계신 하느님'

다석에 의하면 하느님은 존재하지 않으면서도 존재하는 분이시다. 윤정현은 다석의 '없이 계시는 하느님', 곧 '존재하지 않으면서 존재하는 하느님'을 'The Non-Existent Existing God'라고 번역하였다.[11] 하느님은 '없이 계심'의 방식으로 존재하는 무(無)의 현존이다. 없이 계시는 하느님의 존재는 결국 무이기 때문이다. 그러나 그것은 아무것도 존재하지 않는다는 의미에서의 무 그 자체에 그치는 것도 아니다. 어떤 지칭도 적합하지 않기 때문이다.

> 하느님이 없다면 어때, 하느님은 없이 계신다. 그래서 하느님은 언제나 시원하다. 하느님은 몸이 아니다. 얼(靈)이다. 얼은 없이 계신다. 절대 큰 것을 우리는 못 본다. 아직 더 할 수 없이 온전하고 끝없이 큰 것을 무無라고 한다. 나는 없는 것을 믿는다. 인생

11) Jeong-hyun Youn, *The Non-Existent Existing God. An East Asian Perspective with Specific Reference to the Thought of Ryu Young-mo*, University of Birmingham 2002.

의 구경究竟은 없이 계시는 하느님 아버지를 모시자는 것이다.[12)]

하느님은 '없있', 즉 '없이 계시는 이', '없시계신 둥글암'이다. "하느님은 없이 계시는 이다. 하느님은 없으면서도 계신다. 사람은 있으면서 없다. 있긴 있는데 업신여긴다. 그래서 우리는 이게 슬퍼서 어떻게 우리 아버지처럼 없이 있어볼까 하고 힘쓰는 것이다(1961)." (다석어록 2002, 75)

우리일을 받할 고디곧있

없있 동글암 이제예있거니 ㅣ 나속긋과
없시계신 둥글암 한늘삶 곧있시신 압
우이로 우리머리님 아래 둘발 몬땅딛
(다석일지 1963.12.23)

없있, 없이 계신 하나님은 동글암, 원圓이요 무無다. 머리다. 이제, 이 시간時間에 예, 이 공간空間에 있는 존재存在가 우뚝 서 있는 막대기 나다. 이 나는 속긋이다. 一点靈明이다. 없시계신 둥글암, 아버지는 하늘이다. 한, 하나요 전체全體요 늘, 영원永遠하고 삶, 생명이다. 하나님은 곧있, 신적 존재神的存在요 아버지다. 사람은 위로 머리님을 이고 아래로 두 발로 몬땅을 디디고 곧장 서 있다. 하나님도 곧이고 사람도 곧이다. 정직正直, 우리가 완성해야 할 소질은 정직뿐이다. 정직 존재, 나무처럼 하늘과 땅을 꿰뚫은 정직 존재가 사람이다. (다석일지공부 4권, 510)

이처럼 다석의 신 개념은 한웋님 개념, '없이 계신 하나님' 개념

---

12) 박영호, 『다석 류영모의 생애와 사상』 하권, 문화일보사 1996, 321쪽.

에서 결정적이다. 전자는 긍정신학적인 접근 방식이고 후자는 부정신학적인 접근 방식이다. '없이 계신 하나님'은 아우구스티누스가 "하나님은 내 깊은 속보다 더 깊이 계신다"(Deus intimior intimo meo)라고 말한 것을 지향한다. 다석은 하느님의 존재에 대하여 확정적으로 단언하는 것을 기피한다. 오히려 하느님은 존재나 인식의 측면에서 확정할 수 없는 존재이다. 신은 우리가 생각하는 바대로 존재하는 것은 아니지만 그렇다고 해서 존재하지 않는다고 말할 수도 없다. 그것은 마치 칸트가 신의 존재는 이론적인 지식으로 확정할 수 없으나 그 존재를 부정할 수도 없는 존재라고 규정한 것과 매우 유사하다. 그러나 그것은 칸트의 '선험적 이념'(transzendentale Idee)이나 실천이성의 '요청'(Postulat)으로만 존재하는 것이 아니다. 다석의 하느님은 이념이면서도 현실적 실재이고, 내면의 깊이인 동시에 초월적 실재이고, 하느님의 얼을 매개로 하는 부자유친의 관계 존재이기도 하다. 따라서 로고스와 태극의 하느님이 무극과 니르바나의 하느님과 일치하는 '없이 계신 하느님'의 자리에서는 그리스도교와 유교와 도교와 불교의 구분이 무의미하게 된다. 이 모든 종교가 하나가 되고, 하나의 하느님을 말하고 있는 것이다. 그리하여 다석은 '없이 계신 하느님'에 대하여 이렇게 말한다.

> 태극太極이 무극無極까지 가면 유교도 불교나 노자와 다른 게 없다. (다석어록 1993, 318)

다석의 신 개념 '없이 계신 하느님'은 태극이 무극이고 니르바나와 같은 것이라고 주장하는 사실에서 유불선과 그리스도교의 구획을 무너뜨리고 있다. 이 점에서 다석은 수많은 신앙유형에도 불구하고 참된 종교는 하나라는 칸트의 생각과 일치한다. 칸트가 종교를 도덕으로 접근한 것과는 달리 다석은 '얼'의 일치로 다가선 것이 다를 뿐이다. 특히 하느님의 작용을 노자의 도와 비견하여 풀이한 것은 매우 흥미롭다.

> 蓋上天之載는 無聲無臭니 其體則謂之易이요 其理則謂之道요 其用則謂之神이라 其命于人則謂之性이요 率性則謂之道요 修道則謂之敎라. (다석일지 1966.4.14)

> 하느님은 보이지도 않고 들리지도 않지만 하나님의 몸은 우주에 가득 차 있다. 하나님의 이치는 도라 하고 하나님의 작용은 신이라고 한다. 사람이 하늘에서 받은 사명을 성性이라고 하고 성을 좇아감을 도道라고 하고 도를 닦어감을 교敎라고 한다.
> (다석일지공부 5권, 225)

하상공은 도(道)가 가물가물하게 나타나는 모습을 '현'(玄)이라 하여 도덕경 14장을 '찬현'(贊玄: '가물함을 기림')이라고 이름 붙였다.[13] 노자는 '보려 해도 보지 못하는' 도(道)의 특성을 '이'(夷)라고 했는데, 이는 '색이 없는 것'을 가리키는 말이다. 노자는 '들으려 해도 듣지 못하는' 도의 특성을 '희'(希)라고 했는데, 이는 '소리가 없는 것'을 가리키는 말이다. 또한 노자는 '잡으려 해도 잡지

---

13) 『노자도덕경하상공장구』(老子道德經河上公章句), 이석명 역, 소명출판 2005, 112쪽.

못하는’ 도의 특성을 ‘미’(微)라고 했는데, 이는 ‘형체가 없는 것’을 가리키는 말이다. 노자는 보이지 않고(夷) 들리지 않고(希) 잡히지 않는(微) 이 세 가지 특성을 공유한 것을 ‘하나’(一)라고 불렀다. 그 ‘하나’는 (하늘) 위에 있어도 밝지 않고, 그 아래 있어도 어둡지 않으며, 끝없이 이어져서 물질이 없는 상태(無物)로 되돌아가지만 이름을 지을 수 없는 것이다. 그래서 노자는 그 ‘하나’야말로 ‘홀황’(忽恍)하다고 하였다. 노자가 기술하고 있는 ‘하나’의 모습은 바로 도(道)의 모습이자 다석이 말하고자 하는 하느님의 모습이기도 하다. 그것은 비록 우리에게 잡히지 않는 비어있는 것이지만 모든 존재의 근거인 동시에 우리들 자신의 생명의 근원이다.

다석에 의하면 우리가 영생한다는 것은 우리의 생명이 피어 한없이 넓어져서 ‘빔’(空)이라는 절대에 다다르는 것을 뜻한다. ‘빔’이야말로 ‘맨 처음 생명의 근원’이고, ‘일체의 근원’이신 ‘한아님’이다. 그것은 존재와 비존재, 즉 ‘잇없’(有無)을 초월한 하느님으로서, ‘없이 계신 이’다(1960). (다석어록 1993, 285)

하느님은 나다. 이 놀라운 사실은 다석 신학의 정수(精髓)이기도 하다. 하느님은 ‘빈탕’이다. 나도 ‘빈탕’이다. 하느님의 빈탕은 무극이자 태극이지만, 나의 빈탕은 찰나적인 섬광처럼 사라지는 상대적인 것이다. 그러나 하느님과 나는 ‘하느님의 얼’을 매개로 하여 ‘아버지’와 ‘아들’로 결속된다. 부자유친(父子有親)인 것이다. 빈탕한대로서의 하느님, 즉 ‘없이 계신 하나님’과 ‘있지만 없는’ 빈탕한대로서의 나는 그 절대적인 ‘하나’ 속에 있는 ‘영원한 존재’(The Eternal Being)인 것이다. 하느님의 얼을 가진 사람은 성인(聖人)이다.

發微不可見之謂神이요
充周不可窮之謂神이라
性焉之謂聖이요
安焉之謂聖이라
復焉之謂賢이요
執焉之謂賢이라
幾는 動之微니 善惡之所由分也니라
誠은 無爲니라.
(다석일지 1966.4.11)

나타나도 보이지 않는 것이 신神이고 가득 차 있지만 붙잡을 수 없는 것이 신神이다. 하늘의 별이 된 사람이 성인聖人이고 하늘에서 사는 사람이 성인이다. 자기가 별인 것을 회복하고자 하는 사람이 현인賢人이요, 하늘나라를 붙잡은 사람이 현인이다. 기幾 조금 터 나온 싹이다. 그것을 보면 선악善惡을 가려낼 수 있다. 성誠은 완성되어 더할 것이 없는 지어지선至於至善이다.
(다석일지공부 5권, 221)

다석에 의하면 "한아님의 사랑에서 터져나온 것이 하늘과 땅이다." 이 우주는 이루 말할 수 없는 하느님의 사랑을 통하여 생겨난 것이다. 하느님의 사랑은 부부, 형제, 친구들 사이의 사랑을 초월하여 언설로 표현할 수 없는 어떤 것이다. 그 하느님의 사랑에 사람이 참여할 수 있는 것이다. 어떻게? 얼을 통하여! 사람이 어떻게 하느님의 사랑에 참여할 수 있는가? "사람은 한아님의 긋(아들)이기 때문에 긋이 근원인 절대자를, 아들은 아버지인 한아님을 찾게 되는 것은 어쩔 수 없다.(1956)" (다석어록 1993, 49) 하느님을 찾는 사람은 하느님의 향기인 신비를 느껴야 한다. 이 신비를 느끼기 위해서는 자신의 무지(無知)와 부지(不知)를 알아야 한다. 우리 스스로가 아무것도 모르는 무지막지한 소자(小子)라는 사실을 깨달아야 한다. 소크라테스, 칸트, 하이데거가 강조했던 그 철학의 비밀은 우리가 부족하다는 것이다. "하나(一)는 아무것도 알 수가 없는 영원한 신비다." 그런데 다석은 그 '하나'(一)를 '님'으로 그리워하고 사랑하는 것이야말로 참된 그리스도인의 자세라고 강조하고 있다.(1956) (다석어록 1993, 51) 하느님은 없이 계신다. 그러므로 하느님의 이름을 함부로 불러서는 안 된다. "나는 나이다." 라는 그리스도교에서의 하느님은 스스로 존재하는 하느님의 모습을 드러내고 있다. 비록 그리스도교의 성경에는 하느님의 이름이 있지만 그것을 함부로 불러서는 안 된다. 그래서 '야훼'와 '엘로힘'이라는 하느님의 이름 대신에 '주님'이라고 불렀던 것이다. 힌두교에서도 사정은 마찬가지이다. 그러나 붓다와 노자에 이르게 되면서 그 이름마저 희미해져 버리게 된다. 노자의 하느님은 그렇게 우리에게서 희미한 존재로 멀어져 가고, 붓다의 경우에는 그마저 없는 것으로 시야에서 멀어져 버렸다. 그런데 다석은 우리에게 알려 준다. 하느님은 없이 계시는 분이시고, 우리는 그분의 아들이라는 사실을 알려주고 있는 것이다.

> 한아님이란 종당엔 '나'다. 참나(眞我)다. 내가 있으니 한아님도 계시다는 생각을 해야 한다. 나는 참나의 그림자와 같기 때문이다. 참나가 없으면 이 나가 있을 수 없다. 그런데 우리는 '큰나'를 버리고 '좀나' 노릇을 하니 '큰나'가 멀게 생각된다.(1960)
> (다석어록 1993, 269)

다석의 하느님은 한웋님이면서 없이 계시는 하느님이시고, 로고스 태극이면서 무극이신 하느님이시다. 없이 계시는 하느님은 우주의 가온찌기인 우리 자신들의 아버지이며, 우리와 하느님은 동일한 본성을 가진 존재라는 사실을 선포하고 있는 것이다. 다석은 하느님은 언제나 하느님일 뿐이고 예수가 하느님이라는 그리스도교의 신앙고백을 경계하고 물리친다. 그러면서도 다석은 예수뿐만 아니라 우리들 자신까지도 하느님의 얼을 매개로 하느님의 아들이 될 수 있으며, 부자유친의 원리에 의하여 하느님과 동일한 본성을 가진 존재가 될 수 있다는 희망을 선포하고 있다.

4 다석의 한사상과 천부경 풀이

다석의 하느님 이해는 근본적으로 한사상의 틀 안에 있다. '큰 하나'이면서 '모든 것'을 뜻하기도 하고, 그 각각의 존재에서 드러나는 다양한 측면을 보이기도 하는 것이 바로 한사상에서의 '한' 개념이기 때문이다. 하나와 여럿이 모두 '한'에서 비롯된다.

대종교의 경전 『한단고기』(桓檀古記)는 한인 7대가 통치한 한(환)국시대와 한웅 18대가 통치한 신시배달국 시대의 역사를 기술한 「삼성기」(三聖記), 단군 47대까지 이어지는 단군조선 시대의 역사를 다룬 「단군세기」(檀君世記), 그리고 「북부여기」(北夫餘記)와 한인 7대부터 고려시대까지의 모든 역사를 총괄적으로 다루고 있는 「태백일사」(太白逸史), 이 네 권의 책을 한데 편찬한 것인데, 천부경은 그 마지막 책인 「태백일사」에 그 전문(全文)이 수록되어 있다.

「태백일사」에 의하면 천부경은 거의 1만년 전의 고대 한국에서 구전되다가 6천년 전의 신시배달국 때에 사슴 발자국 모양을 딴 녹도문자로 기록되었다. 그리고 다시 4천4백 년 전의 단군조선시대에 전서(篆書)로 옮겨졌다가, 고운 최치원이 오늘날의 한문 텍스트로 옮긴 것이다. 천부경은 『한단고기』의 「태백일사」와 최치원의 『최문창후전집』에 그 전문이 실려 있으며, 『삼국유사』, 『단기고사』, 『신단실기』, 『정신철학통편』, 『제왕운기』, 『신단민사』 등에는 그 단편이 실려 있다.

조선 명종 조의 예언가 남사고는 그의 『격암유록』에서 천부경을 '무궁한 조화가 출현하는 진경(眞經)'이라고 평가하고 있다. 일지 이승헌은 "모든 것은 하나에서 시작하여 하나로 돌아가되 그 하나는 시작도 끝도 없다."고 하면서, "시작 없는 시작, 끝 아닌 끝, 비어있으며 꽉 찬 무(無)에서, 한 마음을 일으키니, 무의 자리에 중심을 두고 마음을 쓰는 것"을 일러 창조라고 하였다.[1] 다석의 풀이를 소개하기 전에 한사상을 마음으로 따르고 있는 단체에서 천부경을 어떻게 이해하고 있는지를 살펴볼 필요가 있다.

> 一始無始
> 모든 것은 하나에서 시작하나 그 하나는 시작이 없고
> 一析三極無盡本
> 하나가 나뉘어 셋이 되지만 그 다함이 없는 근본은 그대로이다.
> 天一一地一二人一三
> 셋 중 하늘이 첫 번째로 나온 하나이고, 땅이 두 번째로, 사람

---

1) 한문화, 『천부경 익힘노트』, 한문화멀티미디어 2004, 13쪽.

이 세 번째로 나온 하나이다.

(하늘은 우주의 근본 원리를 의미하고, 땅은 질료를 의미하며, 사람은 원리와 질료를 조화시켜 만물을 생성해는 생명에너지를 의미한다.)

一積十鉅無匱化三

하나가 모여 열이 되고, 우주의 기틀이 갖추어지되 모두 셋으로 이루어져 있으니,

天二三地二三人二三

하늘이 둘을 얻어 셋이 되고, 땅이 둘을 얻어 셋이 되고, 사람이 둘을 얻어 셋이 된다.

大三合六生七八九運

크게 셋이 합하여 여섯이 되고, 여섯이 일곱과 여덟을 만들며 아홉에서 순환한다.

(하늘도 하늘 땅 사람의 세 가지 차원을 가지고 있고, 땅도 사람도 모두 그러하여 전체 존재계는 지지地地에서 천천天天까지 모두 아홉 개의 차원을 갖는다 [...].)

(하늘 땅 사람이 합쳐져서 온갖 사물을 형성하고 진화하고 발전하고 완성에 이른다.)

三四成環五七一

셋과 넷이 어울려 고리를 만들고, 다섯과 일곱이 어울려 일체가 된다. (수직적 차원인 3원[천 · 지 · 인, 위 · 아래 · 가운데]에 수평적 차원의 사방四方이 생겨 큰 울타리[우주]가 만들어지고, 그 속에서 수기水氣와 화기火氣가 교류하고 순환하여 살아 움직이는 질서를 만든다)

妙衍万往万來用變不動本

만물이 이와 같은 질서 속에 오묘히 오고 가며 온갖 모양과 쓰임을 지어 내지만, 그 근본에 있어서는 변함이 없다.

本心本太陽昻明

본 마음은 태양과 같아서 오직 빛을 바라니

(본래의 마음에는 밝고 밝은 신성의 빛이 있어서 스스로 밝음을 구하니)

人中天地一

사람 안에 하늘과 땅이 있어 셋이 일체를 이룬다.

(이렇듯 스스로의 밝은 시체를 깨닫고 보면 자신 안에 하늘과 땅과 사람이 모두 하나로 들어와 있음을 안다.)

一終無終一

모든 것이 하나로 끝나되 그 하나는 끝이 없다.

(하나에서 시작하여 생성과 진화의 과정을 거쳐 다시 하나로 돌아가지만 근본된 하나는 변함이 없다. 이 이치를 알고 그 근본된 하나와 일체가 되는 것이 완성의 의미이다.)[2]

다석은 대종교의 경전인 『삼일신고』에 대하여 다음과 같은 글을 남기고 있다.

三一神誥

한얼은 우이 업는 첫 자리에 계시사 큰 고이와 큰 슬기와 큰 힘을 가시사 한울을 내시고 셈업는 누리를 차지하시고 만코만흔 몬을 맨드셧나니 ㅅ듸글만치도 ㅅ바짐 업스며 밝고도 영하야 구태어 이름하며 헤아림할 수 없다. 바탈로부터 씨를 차지라 너의 머리골에 나려 계시나니라.

(다석일지 1955.5.10)

하나님은 맨 꼭대기에 계시다. 하나님은 사랑과 지혜와 용기를 가지고 계시다. 하나님은 우주를 창조하시고 한없이 많은 세

2) 한문화, 『천부경 익힘노트』, 한문화멀티미디어 2004, 9-10쪽.

계를 주관하시고 한없이 많은 생물을 창조하셨지만, 아무리 작은 것이라도 하나도 빠짐없이 돌보신다. 하나님은 밝고 영특하여 이름과 수량으로는 형용할 수 없다. 소리를 지르고 기운을 다하여 소원하고 빌어도 절대 직접 만나볼 수는 없다. 만나볼 수 있는 길은 너 자신의 바탈을 통해서 하나님의 아들을 만나는 것이다. 하나님의 아들은 너의 뇌 속에 내려와 계시다.

하나님의 성령이 우리의 생각 속에 내려와 계시다. 생각을 통해서 하나님을 만나는 것밖에 길이 없다. 마음이 깨끗한 자는 복이 있나니 저가 하나님을 볼 것이다. 깨끗한 마음이란 생각이요, 생각이란 인간의 바탈이요, 하나님이 우리에게 주신 특성이다. 이 특성을 통해서 우리는 성령을 만날 수 있다.

(다석일지공부 1권, 524)

김흥호 선생의 풀이에 의하면 다석은 하느님을 맨 꼭대기에 계시는 존재이면서 동시에 그가 창조한 만물 속에 계시는 이로 받아들인다. 초월론과 만유재신론을 동시에 포용하는 것이다. 하느님은 한없이 많은 세계를 주관하시고 수많은 생물을 창조하셨지만, 아무리 작은 것 하나라도 빠짐없이 돌보신다. 극대(極大)와 극미(極微)를 동시에 감찰하시는 존재이시다. 그런 하느님을 만날 수 있는 유일한 가능성을 다석은 바로 모든 이들의 바탈(마음・생각)에서 찾는다. 우리는 생각과 마음속에서 하느님의 아들을 만나는 것이다. 하느님의 아들과 성령은 우리의 생각 속에 거하신다. 깨끗한 마음은 생각이고, 그런 생각이 바로 인간의 바탈이다. 그것은 하느님이 우리에게 부여한 존재 특성이다. 우리 안에서 하느님이 살아 있으며, 생육하시고 번성하신다. 그리하여 마태오는 마음이 깨끗한 자는 복이 있으며, 그가 하느님을 볼 것이라고 말했다. 사람이 사람일 수 있는 것은 그가 하느님을 알 수 있기 때문이다. 하느님을 아는 자만이 자신의 본래성을 찾을 수 있고, 하느님을 모르면 참나를 발견할 수 없게 된다.

> 하나님을 모르면 사람은 사람이 아니다. [...] 하나님을 생각하는 것만이 참나다. 하나님을 모르면 참나를 찾을 수가 없다.
> (다석일지공부 1권, 566-567)

다석의 천부경 풀이는 그의 1962년과 1963년의 일지에서 발견할 수 있다. 1962년 4월 6일의 일지에 "씨"라는 제목의 글에서 다석은 하늘과 땅과 인간이라는 천지인(天地人) 삼재(三才)가 일체를 이루고 있는 사실에 대하여 설명하고 있다.

> **씨**
> 하늘 따나—나라니나니—잘몬과나는 하나
> 이미하나돼 또뭐 말하나랬으니 엇 말! 엇ㅈ?
> 하나와 말이 둘되고 둘과 하나 셋이됨
> 이러케 간다면 책역을 낸이도 못얻을데
> 없서 있 가다 셋된데 하믈며 있서 있가단
> 갈데가 어대라찾냐ㅣ 곧 씬가할다름
> (다석일지 1962.4.6)

하늘과 땅과 나, 천지인 삼재天地人三才 나란히 나니 만물과 나는 일체다. 이미 일체一体라고 했으니 그것이면 족하지 아무 문제가 없다. 그런데 일체라느니 하나라느니 말을 해놓았으니 어찌 말이 그것으로 끝이 나겠는가. 하나와 말이 둘이 되고 둘과 하나가 셋이 되어 끝없이 계속하겠으니 그렇게 가다가는 달력을 낸 사람도 다 적을 수가 없겠다. 없어서 있이 나와도 말과 셋이 되는데 있어서 있이 나오다가는 끝없이 늘어갈 터이니 그 끝은 무한無限하니 찾을 수가 없을 것이다. 이것이 곧 씨가 아닐까. 종자種子에서 우주宇宙가 나왔다면 잘못일까. 종자에서 어떻게 우주가 나왔는지 신비라고 할밖에 없다. 말씀에서 어떻게 우주가 나왔는지 신비라고 할밖에 없다. 말씀이나 씨나 모두 신비하다.
(다석일지공부 4권, 224)

또한 다석은 1963년 12월 23일과 25일의 일지에 천부경 텍스트에 대한 다음의 풀이를 적어 놓았다.

天符經

一始無始一
析三極 無盡本
天一一地一二人一三
一積十鉅 无匱化三
天二三 地二三 人二三
大三合六 生七八九
運三四成環 五七一妙衍
万往万來用變不動本
本心本太陽昂明
人中天地一
一終無終一

— 하늘天 어음찍符 월經

한비롯 一始 없는비롯 無始 하나 一
셋풀자니 析三 가장다못함極無盡 밑둥 本
하늘하나한(皇) 天一一 따하나마주(兩) 地一二
사람하나세웃(參) 人一三
하나그득 一積 밑되썰되 十鉅
다된단 없시 無極化 세워있다 三
하늘맞서 天二三 땅맞서 地二三 사람맞서 人二三
한셋 大三 맞이어섯스니 合六
일곱여덟아홉생기다 六之生七八九
옴기어셋 運三 네모처이루니 四成環
다섯이룸하나 五七一 고히노니름 妙衍
잘가고 잘온데 万往万來 갈되어쓰이나 用變
꿈쩍않는 밑둥 不動本
밑둥맘 本心 밑둥해 本太陽 뚜렷밝아 昂明
사람속에 人中 하늘땅하나 天地一
한마침 一終 없는마침 無終 하나 一
一九六三・一二・二五날

허공 속의 만물이 변화 무상이나 허공은 부동, 따라서 마음도 부동. (다석일지 1963.12.23)

천부경天符經은 환웅천왕桓雄天王이 교화를 베풀 때 가르친 것을 신지혁덕이 기록하였다. 단군왕검檀君王儉은 천부天符는 만세의 강전綱典이요 지존至尊이 소재하니 범할 수가 없다. 최고운치원崔孤雲致遠이 전고비篆古碑를 보고 갱복작첩更復作帖하여 세상에 전한 것이다. 천부경天符經은 81자로 구성되었고 서론 11자와 결론 6자를 빼고 나머지가 본론이다. 본론 64자는 생성론生成論,

우주론宇宙論, 인간론人間論으로 나누어져 있다(김상일 한철학 전망사).

천부경天符經은 서론에서 A. 일시무一始無, 1은 0에서 나왔다고 한다. 무無에서 유有가 나왔다. 허공 속에 만유가 있다는 것이다.

B. 始一析三極, 처음 하나를 쪼개니 셋이라. 하나는 셋으로 천지인 삼재天地人三才, 몸은 머리・가슴・배, 집은 부엌・안방・사랑, 환인桓因・환웅桓雄・환검桓儉, 모든 생각은 언제나 셋을 낳는다. 셋이 하나다. 기체・액체・고체, 삼위일체三位一體, 생각은 세는(算) 거고 세어야 선(立)다. 세 발이라야 한 몸이 선다.

C. 무진본無盡本, 근본은 다함이 없다. 본本은 무無요 무는 무한無限・무궁無窮・무진無盡이다. 절대계絶對界는 언제나 그대로 있다. 하나는 무無에서 시작되었고 과거過去・현재現在 하나는 셋으로 나타나 있고 미래未來 하나는 영원무한永遠無限할 것이다.

본론本論의 생성론生成論 A. 천일일지일이인일삼天一一地一二人一三, 하늘 하나가 첫째요 땅 하나가 둘째요 사람 하나가 셋째다. 여기서 하나를 천지인 삼재로 나눈다. 세상에서 가장 위대한 것이 천지인天地人이다. 사람을 천지와 같이 놓는다는 것이 인간의 가치를 최고로 생각하는 것이다.

B. 일적십거一積十鉅, 하나가 쌓여 열로 커진다. 십진법十進法이다. 하나는 커져서 종당 열이 되고 백이 되고 억만이 된다. 우주의 생성이다.

C. 무궤화삼無匱化三, 본은 하나고 현상은 셋이다. 물은 하나지만 나타나기는 기체・액체・고체, 셋으로 나타난다. 그런데 본도 다함이 없지만 현상계도 다함이 없다. 궤匱자도 진盡자나 마찬가지로 다 없어지는 것이다. 다 없어지는 것이 없다. 영원하다.

생성론 A. 천이삼天二三 지이삼地二三 인이삼人二三, 여기서 2는 현상現象이다. 하늘도 땅도 사람도 다 셋으로 나타난다. 하늘은 해 · 달 · 별, 땅은 산 · 평야 · 바다, 사람은 성인 · 현인 · 범인.

B. 대삼합육생大三合六生 칠팔구운七八九運 삼사성三四成 환오環五, 큰 3이 합하여 6을 낳고 7, 8, 9로 굴러 3, 4를 이루고 5로 돌아온다. 1에서 4가 생수生數, 6에서 9가 성수成數, 5가 중심, 10은 완성. 절대 1과 상대 2가 합하여 3이 되고 3이 합하여 6과 9가 되는데, 태음太陰은 6, 소양小陽 7, 소음小陰 8, 태양太陽 9로 돌아가 춘하추동春夏秋冬이 된다. 천 3, 지 4의 하늘 · 땅을 이루고 5행이 그 가운데로 펼쳐져 금목수화토金木水火土가 된다.

C. 칠일묘연七一妙衍, 7은 하늘과 땅을 합한 완전수, 1은 근원수根源數, 묘妙는 하나, 연衍은 일곱. 하나가 일곱이 되고 일곱이 하나가 된다.

우주론宇宙論 A. 만왕만래万往萬來, B. 용변부동用變不動, 이것은 천부경天符經의 우주론宇宙論인데 만 번 가고 만 번 오고 변화무궁이나 그 근본은 부동이다.

人間論 A. 본본심本本心, B. 본태양本太陽, C. 앙명인중천지昂明人中天地, 인간론인데 인간의 근본은 본심本心이고 우주의 근본은 태양太陽이다. 사람 속에 천지天地가 있고 천지 속에 사람이 있는 것을 높이 밝혀야 한다. 천지여아동근天地與我同根이다.

결론結論은 A. 일一, 하나다. 만물일체지인萬物一體之仁이다. 우주와 인생은 하나다.

B. 일종무一終無, 하나가 무에서 끝난다. 하나는 무에서 나와 무로 돌아간다.

C. 종일終一, 1에서 끝난다. 천부경은 하나에서 시작해서 하나로 끝난다. 하나가 2, 3, 4, 5, 6, 7, 8, 9, 10으로 열렸다가 10, 9, 8, 7, 6, 5, 4, 3, 2, 하나로 돌아온다. 하나가 많음이 되고 많음이 하나가 된다. 류선생님은 천부경을 이렇게 풀이하였다.

하늘天어음찍符월經

하실一나너始없無비롯始
한一푸리析셋三가장極
못无다할盡밑둥本
하늘天하나一한一
따地하나一맞둘二
사람人하나一세웃三
하나一그득積밑되十썰되鉅
다함없시無櫃권化세임三
하늘天맞二섯三땅地맞二섯三사람人맞二섯三
한大셋三맞둔合여섯스니六
일곱七여둘八없한아홉九옴기어運셋三
네모를처四이룬成고리環
다섯五이름七하나一고히妙노니름衍
잘万가고往잘万온來갈리어쓰이나用變
꿈쩍않는不動밑둥本밑둥本마음心밑둥本해太陽뚜렷昻밝아明
사람人속에中하늘天땅地하나一(사람하늘따에드려맞흘하나)
한一마침終없無끝마침終하나一하실
(다석일지공부 4권, 498-501)

김흥호 선생은 다석의 천부경 풀이를 다음과 같이 설명하고 있다. 천부경 서론에서는 모든 것이 없음에서 나왔으며, 그것이 분화되어도 다함이 없다는 근본존재의 원리를 밝히고 있다. 첫째로, 일시무(一始無), 즉 1은 0에서 나왔으며, 무(無)에서 유(有)가 나오고, 허공 속에 만유가 있다는 사실이 선포된다는 것이다. 둘째로, 시일석삼극(始一析三極)은 처음 하나를 셋으로 쪼개는 것이다. 이로부터 하나가 곧 셋이라는 천지인(天地人) 삼재(三才)의 사상이 나온다. 몸은 머리 · 가슴 · 배로 구성되어 있고, 집은 부엌 · 안방 · 사랑이며, 환인(桓因) · 환웅(桓雄) · 환검(桓儉)이 하나의 신을 이룬다. 이처럼 모든 생각은 언제나 셋을 낳으며, 그 셋이 모여 온전한 하나를 이룬다. 물체는 기체 · 액체 · 고체로 존재하며, 하느님 역시 성부 성자 성령의 삼위일체(三位一體)로 존재한다. 생각은 세는(算) 것이고, 세어야 설(立) 수 있다. 세 발이라야 한 몸을 서게 하는 것이다. 셋째로, 무진본(無盡本)은 다함이 없는 근본을 말한다. 본(本)은 무(無)이고, 무는 무한(無限) · 무궁(無窮) · 무진(無盡)이므로 절대계(絶對界)는 언제나 그대로 존재하고 있다. 하나가 무(無)에서 시작되었고, 과거(過去) · 현재(現在) · 미래(未來)의 하나가 셋으로 나타나지만, 그 하나의 근본은 절대로 다함이 없는 영원무한(永遠無限)으로부터 오는 것이다.

천부경의 본론(本論)에는 생성(生成), 우주(宇宙), 인간(人間)에 대한 설명이 전개된다. 우선 생성론을 살펴본다. 우선 천일일지일이인일삼(天一一地一二人一三)은 하늘 하나가 첫째이고 땅 하나가 둘째이며, 사람 하나가 셋째임을 천명한다. 다시 말하면 하나가 천지인 삼재로 나뉜 것이다. 세상에서 가장 위대한 것은 바로 천지인(天地人)이다. 사람을 천지와 같이 놓는다는 것은 그만큼 인간의 가치가 가장 중하고 귀하다는 것을 뜻한다. 둘째로, 일적십거(一積十鉅), 즉 하나가 쌓여 열로 커진다는 것은 십진법(十進法)을 나타낸다. 우리 민족이 이미 오래 전부터 십진법적 사유를 했다는 것은 한사상의 독창성을 보여주는 것이다. 하나가 커져서 열이 되고 백이 되고 억만이 됨으로써 우주가 생성하는 것이다. 셋째로, 무궤화삼(無匱化三)은 본이 하나고 현상은 셋이라는 사실을 나타낸다. 물은 기체 · 액체 · 고체라는 세 가지 현상으로 나타나며, 이 경우에 그 본체도 다함이 없지만 현상계 역시 다함이 없다. 궤(匱)자도 진(盡)자나 마찬가지로 다 없어지는 것이다. 다 없어지는 것이 없다는 것은 바로 영원하다는 것을 뜻한다. 천이삼(天二三) 지이삼(地二三) 인이삼(人二三)에서 2는 현상(現象)을 뜻한다. 천지인 모두가 세 가지 현상으로 나타난다. 하늘은 해 · 달 · 별, 땅은 산 · 평야 · 바다, 그리고 사람은 성인 · 현인 · 범인으로 나타난다. 대삼합육생(大三合六生) 칠팔구운(七八九運) 삼사성(三四成) 환오(環五), 즉 큰 3이 합하여 6을 낳고 7, 8, 9로 굴러 3, 4를 이루고 5로 돌아온다는 것은 이른바, 1에서 4가 생수(生數)이고, 6에서 9가 성수(成數)이며, 5가 중심이고, 10이 완성이라고 할 때, 절대 1과 상대 2가 합하여 3이 되고, 다시 3을 합하여 6과 9가 되는데, 태음(太陰) 6, 소양(小陽) 7, 소음(小陰) 8, 태양(太陽) 9로 돌아가면서 춘하추동(春夏秋冬)이 성립하는 것을 말하는 것이다. 천 3, 지 4의 하늘 · 땅을 이루고 5행이 그 가운데로 펼쳐져 금목수화토(金木水火土)가 된다. 칠일묘연(七一妙衍), 즉 7은 하늘과 땅을 합한 완전수, 1은 근원수(根源數), 묘(妙)는 하나, 연(衍)은 일곱으로써, 하나가 일곱이 되고 일곱이 다시 하나가 된다.

천부경의 우주론(宇宙論)은 만왕만래(万往萬來), 용변부동(用變不動)이라는 표현에 나타나 있다. 이는 만 번을 오고 감으로써 그 쓰임이 변화무쌍하지만 그 근본은 전혀 움직이지 않는다는 뜻이다.

천부경의 인간론(人間論)은 본본심(本本心), 본태양(本太陽), 앙명인중천지(昻明人中天地)에 나타나 있다. 인간의 근본은 본 마음(本心)이고 우주의 근본은 태양(太陽)이다. 사람 속에 천지(天地)가 있고 천지 속에 사람이 있는 것이다. 그리하여 천지여아동근(天地與我同根), 천지와 나는 궁극적으로 같은 뿌리를 가지고 있는 것이다.

천부경의 결론 역시 서론과 마찬가지로 귀결된다. 일(一)은 무시와 무종의 일이며, 다함이 없는 근본으로서, 만물일체지인(萬物一體之仁), 즉 우주와 인생도 결국 하나인 것이다. 일종무(一終無)란 하나가 무에서 끝나며, 하나가 무에서 나와 무로 돌아간다는 사실을 보여준다. 종일(終一), 즉 하나에서 끝나는 것이다. 천부경은 하나에서 시작해서 하나로 끝난다. 무시무종의 일(一)에서 2, 3, 4, 5, 6, 7, 8, 9, 10으로 열렸다가, 다시금 9, 8, 7, 6, 5, 4, 3, 2, 1로 돌아오는 것이다. 하나가 많음이 되고 많음이 하나가 된다.

하나의 생명이 나누어져서 둘이 되는 것이 시작이다. 그런데 여기에서 '시'(始)는 여자와 남자를 합한 글자이다. 사람은 하나이지만 남녀로 나뉘는 것이다. 그 하나의 근본은 무이다. 그 하나는 셋으로 쪼개어지지만 무진장(無盡藏)의 저력을 가지고 있다. 그리하여 0(空), 1(壹), 2(貳)가 나타나며, 이처럼 하나는 흩어져서 셋으로 존재하는 경우에 가장 안정적이다. 셋 가운데서 그 첫째는 하늘이고 그 둘째는 땅이고 그 셋째는 사람이다. 하늘 하나는 힘으로 가득 차고 땅 둘은 음양(陰陽)으로 밀물과 썰물이 되고, 사람 셋은 만족할 줄 모르고 우주를 계획하고 문화를 창조해 나간다. 천지인은 모두 상대적인 것들이다. 셋에 셋을 더하여 여섯이 되고, 여섯에 하나를 더하면 일곱이 되고, 둘을 더하면 여덟이 되고 셋을 더하면 아홉이 된다. 하늘은 움직여 상중하로 셋이 되고, 땅은 동서남북으로 네모지어, 결국 하늘과 땅은 일곱 고리를 이루고, 하늘과 땅 사이의 사람은 다섯과 일곱으로 완성을 이루고자 한다.

만물은 수없이 오고가지만 무의 근본은 불변적이다. 무는 바로 사람의 마음이자 자연의 태양으로서 언제나 밝게 비추고 있다. 사람에게는 하늘과 땅이 들어갈 수 있는 마음이 있다. 하나는 무시무종의 하나이다. 그와 마찬가지로 하느님의 창조 사역 역시 끝없이 진행하고 있다. 천부경의 하느님은 만물의 진화를 이루어내시는 하느님이고, 그 스스로 다함이 없는 하느님이다. 천부경 사상의 핵심은 하늘과 땅과 인간이 결국 하나라는 생각이다. "사람의 마음은 하늘 땅도 집어넣을 수가 있다. 천지인天地人 삼재三才가 가장 소중하고 하늘 땅이 사람의 집으로 일곱이 되고 그 가운데 다섯이 사람의 이름이다. 하늘은 3, 땅은 4, 사람은 5가 되어야 7 완성이 된다. 5는 오悟로 깨달아야 일어설 수 있다. 오吾는 나를 표시한다. 1은 생명의 실로 하실 이요 하실 이는 하나님이요 하나님의 하실은 창조요 생명이다. 무無는 영靈이요 힘이요 모든 것의 근본이다. 하나 둘 셋은 형상이요 무無가 질료처럼 생각했는지도 모른다. 천부경은 천지 창조의 태극도설과 비슷한 것이었는지 모른다." (다석 일지공부 5권, 486-488)

흥미있는 사실은 이정배 교수가 다석의 천부경 풀이를 바탕으로 동학과 기독교의 접목을 시도하고 있는 점이다.[3)] 그는 81자로

---

3) 이정배, 「천부경을 통해서 본 동학과 다석의 기독교 이해」, 『신학사상』 143, 2008; 『없이 계신 하느님, 덜 없는 인간: 다석신학의 얼과 틀 그리고 쓰임』,

이루어진 천부경을 천리(天理)를 다루는 상경(上經), 우주자연의 변화를 설명한 중경(中經), 그리고 인간 존재를 다루는 하경(下經)으로 구분하여, 무시무종의 일이 삼극으로 갈라지면서 나타난 하늘, 땅, 사람의 삼재(三才)가 결국 하나로 돌아간다는 회삼귀일(會三歸一)의 사상을 강조하고 있다. 여기에서 그는 다시 천지인, 즉 하느님과 우주와 인간에 대한 존재론적 일치를 발견한다. 다석의 신 개념은 '절대 하나'와 '없이 계신 분'을 동시에 그리고 동일한 차원에서 지칭하고 있다. 우리가 살고 있는 우주는 "그분[sc. 절대 하나] 없으면 어떤 것도 존재할 수 없는 '빈탕'(太虛), '절대 공'(絶對空), 곧 절대존재로서의 우주 생명"이다. 그리고 '하느님의 영'(바탈)을 그 자신 속에 품고 있는 '얼나'의 존재론적 구도가 확연하게 드러난다. 그리하여 이정배는 신령(神靈)과 기화(氣化)와 인간 본성이 결국 절대적 하나의 드러남이라는 천지인 삼태극에 대한 동학의 설명과 동질적인 것이라고 평가하고 있다.

다석은 모든 상대적 존재의 근원인 '전체 하나(一)'가 '얼'로서 '없이 계심'을 느낀다고 술회하였다(다석어록 2002, 163). 모든 상대적 존재는 이 하나 속에 들어 있으며, 그에 대한 증거는 개인적인 느낌과 체험에 의해서만 얻을 수 있다고 보았다. 나의 안에 들어와 사명을 주시는 이는 바로 절대자인 하나이다. 그것을 받아야만 '하나의 아들'이 되는 것이고, 예수도 이와 같은 방식으로 '하나의 아들' 노릇을 했다는 것이다. 다석에 의하면, "하나는 가장 큰나(大我)요 참나(眞我)이다. 바로 하나인 하느님이시다.(1957)" (다석

모시는사람들, 2009, 129-169쪽.

어록 2002, 164). 예수는 "나를 믿는 사람은 내가 하는 일을 할 뿐 아니라 그보다 더 큰 일도 하게 될 것이다."(요한 14:12)라고 말했는데, 다석은 예수를 계승하는 "후대의 사람들이 더 큰 일을 할 수 있다는 뜻"으로 받아들였는데, 이는 곧 "예수가 가까이 한 '하나'의 님을 후대(後代)가 마침내 더 가깝게 보고 듣는 견지(見地)에 까지 갈 것이라는 말"과 같은 의미이다.[4] 이와 같은 다석의 하느님과 예수 그리스도 사상은 '한', '하나'라는 천부경의 의미지평과 잇닿아 있다.

> 나는 가끔 문제가 별로 없다고 말하는데 그것은 다만 '하나'(절대)만을 문제問題로 삼고 있기 때문이다. 따라서 결국 말씀도 하나(一)밖에 없다. 모든 문제도 하나(절대)에 연결되었을 뿐이다. 문제는 언제나 하나(절대)인데 하나(一)로 참 사는 것이다.
> 사람이 이 세상을 평생을 지나가는데 마침내 하나(一)를 찾아서로 '사랑'하는 것으로 끝을 맺게 될 것이다.
> (다석어록 1993, 39-40)

> 그 하나 그대로 영원永遠한 하나이다. 하나가 님(主)이요, 님(主)은 하나이다. 주일主一이다. (다석어록 1993, 45)

> 우리가 알 것이 있다면 바로 '하나'이지 둘이 아니다.
> (다석어록 1993, 46)

---

4) 다석어록 2002, 164. 다석은 그러나 무함마드가 한 손에 코란을 들고 한 손에 칼을 들고서 "나에게 오라. 내가 말하는 신조만이 여러분을 구원하고 여러분의 사는 길일 것이다." 라는 태도는 하느님의 자리까지 빼앗아 앉겠다는 무엄한 의도가 깃들어 있다고 비판하였다. (다석어록 2002, 165)

> 대동은 온통 하나가 되는 지혜이다.
>
> 하늘에 들어간다는 것은 이길 것을 이기고 하나가 된다는 말이다. (다석어록 1993, 76-77)

> 불이不二면 즉무卽無다. 상대가 없으면 절대다. 절대는 무無다. 상대적 유有, 상대적 무無도 아닌 것이 불이 不二다. ... 우리가 참으로 불이즉무不二卽無하면 상대 세계의 종노릇을 벗어날 수 있다.
>
> (다석어록 1993, 168)

이처럼 다석의 하느님과 우주, 그리고 인간에 대한 이해는 근본적으로 한사상에 연루되어 있다. 우리가 궁극적으로 추구하는 것은 하나, 즉 절대로서의 무이다. 그것은 무시무종(無始無終)의 일(一)로서 시작도 없고 끝도 없는 무로서 모든 시작의 근원이 되고 모든 것이 그곳에 돌아가는 마지막 귀결점으로서의 하나인 것이다. 다석은 그런 존재의 특성을 '없있', '없이 계시는 하느님', '무극이태극', '니르바나', '공'(空), '빔', '태허'(太虛), '무'(無)라고 불렀다. 그리고 그것을 다시 '한', '하나'로 이해한 것이다.

5 다석의 우주론

우주란 무엇인가? 우주는 사람이 살고 있는 삶의 공간이다. 사람이 우주 안에 살고 있는 것이다. 그러나 이와 반대로 "우주의 신비와 사람의 영성(靈性)은 한없이 깊은 곳에, 한없이 신비한 곳", 즉 사람의 본체 속에 담겨져 있다(1956). (다석어록 2002, 195) 우주가 사람 안에 담겨 있는 것이다. 사람은 땅에서 태어났다가 죽으면 다시 땅속으로 돌아간다. 사람은 우주 안에서 살지만, 그 사람 자신이 바로 우주인 것이다. 우주(宇宙)는 한웋님이 거하시고 자리를 펴시는 존재의 터전, 즉 '둥구렁'이다. 우주는 모든 존재가 나서 사라져버리는 무화(無化)의 터전으로서 '빈탕한데'이지만, 그것은 동시에 하느님의 사랑이 드러난 자리, 즉 '원인'(元仁)이기도 하다. '몸'의 입장에서 보면 하느님과 우주는 하나일 수 있다. 그러나 '얼'의 입장에서 보면 하느님과 우주는 판이하게 다르다. 사람의 '몸'은 우주에 속하지만, 사람의 '얼'은 하느님에 속한다.

1) '가온찍기': 우주 안에서 인간의 위치

인간은 우주 속에 존재한다. 이 우주 안에서는 모든 것이 시시각각 변화하지만, 자연은 언제나 '제 가운데' 있다. 사람이 거하는 곳이 바로 '이제 여기'(now and here)라는 한 점이다.[1] 그 한 점은 영원이라는 미래를 향하고 있다. 그리고 그 한 점은 우주의 중심이다. 다석은 이 가운데(中)를 '가온'(「·」)이라고 표현하였다. 모든 것은 모순된 것과 못된 것을 다 버리고 돌아가면 마침내 '가온'(「·」)으로 돌아간다(다석어록 2002, 196). 나의 존재, 실존, 현존재는 우주 안에서의 '가온찍기(「·」)'이다. "이 무한 우주의 테두리가 이 내 속에 있는 한 점(얼)과 같다. 이 무한 우주의 중심이 내 속에 있는 한 점이다. 남의 것이 아니라 바로 내것이다. 이 한 점이 바로 된 데가 본 내 자리다.(1960)" (다석어록 2002, 210) 그것은 "이 점이 나가는 것의 원점(原點)이며 나라는 것의 원점이다.(1956)"

---

1) "사실 우리의 몸이 머무르는 것 같지만, 우리의 혈액은 자꾸 돌고 있으며 우리의 호흡으로 태울 것을 죄다 태우고 있다. 그리고 우리 몸을 실은 지구 또한 굉장한 속도로 태양의 주위를 돌고 있다. 우리의 어제와 오늘은 허공(우주 공간)에서 보면 엄청난 차이를 나타낸다. 우리는 순간순간 지나쳐 간다. 도대체 머무르는 곳이 어디에 있는가. 영원한 미래와 영원한 과거 사이에서 '이제 여기'라는 것이 접촉하고 있을 뿐이다. 지나가는 그 한 점이 그것이 '이제 여기'인 것이다. 그 한 점이 영원이라는 미래를 향해간다.

이렇게 보면 산다는 것은 '이제 여기'에 있는 것이라고 해야 할 것이다. 다른 것은 몰라도 '나는 여기 있다'는 것은 대단히 훌륭한 발견이라고 볼 수 있다. 이것은 참말이다. 그러니까 아무리 넓은 세상이라도 '여기'이고 아무리 긴 세상이라도 '이제'이다. 가온찍기(ᄀᆞᄂ)이다. 이 점이 나가는 것의 원점이며 나라는 것의 원점이다." (다석어록 1993, 41-42)

나라는 것의 무한한 가치를 자각하고 날아가는 새를 화살로 쏘아 맞히듯이 곧이 곧고 신성하고 영특한 영원한 나의 한복판을 정확하게 명중시켜 진리의 나를 깨닫는 것이 가온찍기(ㄹ)이다. 나의 마음 속에 영원한 생명의 긋이 나타난 것이다. 기역(ㄱ)은 니은(ㄴ)을, 그리고 니은(ㄴ)은 기역(ㄱ)을 높이는데 그 가운데 한 점을 찍는다. ㄹ : 기역과 아오(·)라는 한 점과 합치면 '가'가 되어 가고 영원히 간다. 아오(·)의 오와 ㄴ이 합치면 온이 된다. 가고 가고 영원히 가고, 오고 오고 영원히 오는 그 한복판을 탁 찍는 가온찍기(ㄹ)야말로 진리를 깨닫는 순간이다. 찰나 속에 영원을 만나는 순간이다. 그래서 생각하고 또 생각하고 하늘을 그리워하고 또 그리워하며 곧이 곧 가온찍기(ㄹ)가 인생의 핵심이다. 그러나 깨닫는 가온찍기로 끝나는 것은 아니다. 끝끝내내 표현해보고 또 표현해보고 나타내보고 나타내 보여야 한다. 내가 내 속알을 그려보고 내가 참나를 만나보는 것이 끝끝내내이다. (다석어록 1993, 31)

우리가 거하는 우주공간은 우리의 주소이지만, 가온찍기라는 존재 방식에서 보면 사실상 '거주'(居住)가 아니라 '무주'(無住)이다. "산다는 것은 자꾸 움직여 나가는 것이다.(1956)" (다석어록 2002, 197) 그래서 우리들로서는 우주와 천지가 본래 있는 것인지 없는 것인지를 알 수가 없다. 우리의 존재조차도 있다고 해야 할지 없다고 해야 할지 막막하기는 마찬가지이다. 지금 보면 나의 존재는 분명 있지만, 내가 태어나기 전에 존재했는지, 그리고 내가 죽은 후에도 존재할 것인지를 도무지 알 수가 없다. 이런 이율배반(Antinomie)의 구조 속에서 다석은 '본래 없는(本無) 이것'을 있다고 하고, '본래 없는 것만이 참 있는 것'이라고 생각하게 되는데,

그와 같은 다석의 요청 개념이 바로 '없이 계시는 하느님'이다(다석어록 2002, 216). 그분에게로 돌아가는 것이 해탈이고 구원이다.

> 기독교인들은 유일신만을 생각하는 나머지 우주 만물을 하나의 죽은 물질로만 취급하는 사람이 많은데 나는 우주가 단순히 죽은 물질이라고 푸대접할 수는 없다. 내 몸의 살알(세포) 하나 하나가 살은 것처럼 우주 만물은 하나하나가 산 것이며 이 우주에는 절대 의식, 절대 인격이 있는 것처럼 느껴진다. 한아님을 섬기라는 것은 만물을 무시하라는 뜻은 아닐 것이다.
> (다석어록 1993, 47)

항상 변화하고 있기 때문에 이 세상에는 '제일'이란 것이 없다. 다 그게 그것이다. 독수리, 연, 비행기는 나는 것이라는 점에서 그게 그것이다. 이 지구도, 우주도 마찬가지이다. 그러므로 이 우주도 정말 좋은 것은 아니다. 장난이다.(1960) (다석어록 2002, 209) 우주는 존재가 소멸하는 곳이기도 하다. 우주에는 물론 빛이 존재할 수 있다. 그러나 우주의 본질 자체는 어두움이다. 빛이 아무리 밝아도 어두움은 여전히 존재하고 있다.

예수는 '빛'으로 왔지만(요한 12:46), 사람들은 여전히 '어두움' 속에서 헤매고 있다. 우리가 본 적이 없는 '하느님의 얼빛'은 사람들로 하여금 "하늘을 쳐다보며 우주에서 생명의 고동을 느끼면서" 살라고 이르면서 하느님께 영광을 돌리게 하고 있다.

> 참은 일점영명一點靈明 하나님의 빛이 진짜 빛이다. 이 빛이 가온찍이의 성령의 빛이다. 나는 빛이다. 이 빛이 참빛이다. 이 빛

이 말씀의 빛이요, 각의 빛이다. (다석일지공부 2권, 116)

다석에 의하면, 저 하늘의 무한한 공간에 있는 천지의 자연은 모두가 다 '하느님이 주신 글월'이다. 우리가 그것을 읽게 하는 것은 하느님께서 우리들에게 짐승의 탈을 벗어버리게 하자는 데 있다 (다석어록 2002, 76). "하늘 땅 사이에 벌려놓은 물건이나 벌어지는 일들도 생각해보면 모든 것이 다 하느님께서 우리에게 보내신 편지다. 반가운 일이나 싫은 일이나 다 내게 온 편지다. 모든 것이 다 하느님께서 우리에게 하느님 당신 생각을 좀 해보라는 것이다.(1960)" (다석어록 2002, 91)

> 우리의 숨줄은 하늘에서 내려온 나다. 성령의 나다. 그래서 제일 중요한 것이 있다면 우리의 숨줄인 영원한 생명줄을 붙잡는 것이다. 붙잡은 생명줄이 '긋'이다. 긋은 숨줄 긋이다. 이 숨줄 긋을 붙잡는 것이 가온찍기(ㄱ̇ㄴ)이다. (다석어록 1993, 36)

사람은 나면서부터 식색(食色)을 밝히고자 한다. 그것만을 보면 우리는 짐승과 다를 바가 없다. 그래서 다석은 "식사(食事)는 장사(葬事)다." 라고 했다(다석어록 2002, 209). 밥을 먹는 일은 살리는 일이 아니라 죽이는 일이라는 것이다. 그러나 사람의 숨줄은 하늘로부터 온 것이다. 사람의 생명은 하느님에 의하여 부여된 것이다. 그래서 우리는 생명이 붙어 있는 한에서 그 생명줄의 근원에 대하여 알고자 한다. 우주의 신비는 우리에게 하느님을 찾게 하는 것이다. 다석은 하느님과 우주와 인간이 그리스도 안에서 하나 되는 길을 우리에게 밝혀주고 있다. 내가 성령을 모시는 것은 내 안에 하느님의 씨를 키우는 것이다. 다석의 말씀은 야스퍼스(Jaspers)가 우리들로 하여금 초월자의 암호 해독을 통하여 하느님과 사귀도록 소통(Kommunikation)에 이르게 권고하는 것을 연상케 한다. 우주의 중심이 바로 '가온찍기'로서의 인간이라는 사실은 하느님의 신비에 다가설 수 있는 가장 소중한 자산이다.

2) '빈탕한데'

다석은 우주, 허공, '단 하나밖에 없는 하나'를 '빈탕한데'라고 불렀다. 그것은 인자(人子)들이 염원해마지 않은 하느님 아버지의 품이다(다석어록 2002, 212-213). '빈탕한데'는 본래 석가와 장자가 제시한 개념이다. 다석은 근기(根器)가 낮은 사람들이 빈탕한데를 옳게 이해하지 못하고 이단시하였으나, 빈탕한데를 모르면 모두가 거짓일 뿐이라고 일축한다(다석어록 2002, 214).

> 아주 빈 것(절대공絶代空)을 사모한다. 죽으면 어떻게 되나. 아무것도 없다. 아무것도 없는 허공이라야 참이 될 수 있다. 무서운 것은 허공이다. 이것이 참이다. 이것이 하느님이다. 허공 없이 진실이고 실존이고 어디 있는가. 우주가 허공 없이 어떻게 존재할 수 있는가. 허공 없이 존재하는 것은 없다. 물건과 물건 사이, 질과 질 사이, 세포와 세포 사이, 분자와 분자 사이, 원자와 원자 사이, 전자와 전자 사이, 이 모든 것의 간격은 허공의 일부이다. 허공이 있기 때문에 존재한다. (다석어록 1993, 161)

다석은 태극(太極)을 하느님으로 이해한다. 그리고 우주를 무한한 공간과 영원한 시간으로 본다. 그 '하나(절대)가 늘이라 하여 한늘'이라고 지칭하였다.[2] 빔(허공)과 몬(물체)는 하나이다(空色一如). 빔에서 몬이 나오고 나온 몬은 다시 빔으로 돌아가기 때문이다(다석어록 2002, 215). 빔의 관점에서 보면 하느님은 '없는 하나 오직 하나'(無一唯一)이다. 아무 것도 없는 하나(無一)만이 전체인 오직 하나(唯一)이다. 그리하여 '없이 계시는 빈탕한데(허공)의 하느님'이라고 부른다. 얼나인 하느님 아들은 그와 같은 유일하고 영원 절대의 하느님을 찾는 것이다.(1957) (다석어록 2002, 215)

---

2) "오늘(奧常) ᄒᆞᆯ우(舞臺) 알들(知庭) 살들(生庭), 이틀(此機)"

거슬러 맨 첨으로 도라가라

닐(頂載)지 길(匍匐)지 모르고 사을 나을 밀면 닷새(盡漏)[(ㄹ徵)候]고 만다 [五日=一候, 三候=一節, 一年=二十四節=七十二候]

ᄒᆞᆯ우(舞臺) 밀림이 열을(開幕) 믈림

(다석일지 1956.4.14)

오늘 하루(舞臺) 알뜰하고 살뜰하게 이 세상을 거슬러 올라가서 맨 처음 태초로 돌아가자. 알뜰은 지혜롭게 살뜰은 사랑으로 세상 죄악에 빠지지 말고, 태초의 다된 세계로 돌아가야 한다. 다된 세계가 법계法界요 이상세계요, 하나님 나라요, 하늘 우(위)요 하루다. 이 하루는 영원한 세계요, 늘의 세계다. 늘의 세계는 한없이 신비한 세계요, 절대의 세계다. 이것이 하나다. 그런데 둘은 하늘 땅에서 시작한다. 하늘을 일 줄도 모르고 땅을 길 줄도 모르고 무턱대고 살려고만 하고 남보다 나아지려고만 하면 무리하게 밀게 되고 하나는 깨져서 다 새고 허무가 되고 만다. 사흘은 3이고 나흘은 4이고, 닷새는 5이다. 5일을 1후一候라 하고, 3후 15일이 한 절기고, 1년은 24절기다. 그리고 5일식은 72후다.

하루가 지체하면 열흘이 후퇴한다. 하루는 무대 같고 열흘은 개막 같다. 하나가 잘못되면 열이 잘못된다. [...] 오늘이 영원의 끝이요, 하루가 하나님 앞이다. (다석일지공부 1권, 448)

단 하나밖에 없는 웬통 하나는 허공虛空이다. 색계는 물질계이다. 환상계의 물질은 죄다가 색계다. 물질이란 말이다. 단일單一 허공이라고 이 사람은 확실히 느끼는데 하느님의 맘이 있다면 하느님의 맘이라고 느껴진다. 우주가 내 몸뚱이다. 우리 아버지가 가지신 허공에 아버지의 아들로서 들어가야만 이 몸뚱이는 만족한 것이다. 이것이 그대로 허공이 우리 몸뚱이가 될 수 있다. 단일 허공에 색계가 눈에 티검지와 같이 섞여 있다. (다석어록 1993, 154)

절대자 하느님, 무한대의 허공 그리고 얼의 맘은 왔다가 가거나, 났다가 죽거나, 있다가 없어지는 상대적 존재가 아니라는 것을 이 사람은 인정한다. 꽃은 보는 데 보통 꽃 테두리 안의 꽃만 보지 꽃 테두리 겉인 변두리의 허공에는 눈길조차 주려고 않는다. 꽃을 있게 하는 것은 허공이다. 이 사람은 요새 와서는 허공이야말로 가장 다정한 것으로 느껴진다. 허공을 모르고 하는 것은 모두가 거짓이다. 허공은 참이다.[3]

다석의 우주론은 모든 것을 상대적인 시각에서 관찰한 것이다. 우주는 몸의 차원에서 보면 나 자신과 하느님까지 포괄할 수 있다. 그러나 나의 몸, 즉 몸나와 우주 몸은 아직 하느님이 아니다. 거기에는 아직 '얼'이 존재하지 않는다. 얼이 없는 모든 것은 상대적 차원에 머무를 뿐이다. 우리의 몸이 우주 몸에 비하면 찰나적이지만, 우주 몸 그 자체도 절대 허공, 즉 '무극이태극'으로서의 영원한 절대의 차원에서 보면 마찬가지로 찰나적이다. 그 허공이 몸의 차원의 한계를 적나라하게 보여주는 것이다.

---

3) 박영호, 『다석 류영모의 생애와 사상』 하권, 문화일보 1996, 66쪽.

맨 처음에 없(無)이 있었을 것 같다. '없(無)'하면 참으로 엄숙한 것(하느님)이다. '없(無)'은 나도 안다하고 지내버릴 수 없다.(1960) (다석어록 2002, 220)

대우주는 너무 크고 멀어서 새카만 동굴 같은 밤하늘이다. 하늘 위에 또 하늘이 있고 우주 위에 또 우주가 있어서 수없이 많은 우주의 집들이 겹겹이 겹쳐서 흑동천을 이루고 있다.
(다석일지공부 2권, 114)

이 무한한 우주 속에는 수많은 발광체들이 있지만, 우주 그 자체는 '호대(浩大)한 암흑'이다(다석어록 2002, 201).[4] 대우주(大宇宙), 대전체(大全體)는 장자(莊子)가 말한 큰 덩어리, 즉 '대괴'(大塊)이지만, 그것은 매 순간 '자기가 아니면서 자기'이기를 반복한다(다석어록 2002, 203). 항상 변화하고 있다는 말이다. 우주는 비어있다. 빈탕이다. 그 속에서 빈탕인 우리들이 살아가고 있는 것이다. 빈탕한데 우주를 가득 채울 수 있는 것은 하느님의 얼이다.

3) '둥구렁'

우주 자체는 자연이다. 그러므로 우주 그 자체를 고치는 것은 어렵다. 우주혁명 또는 우주재건은 오직 인간혁명 또는 인간재건을

4) "하느님이 계시다면 우주의 그 호대浩大한 흑암黑闇을 음미한 가운데 하느님은 계시고 광명 속에서는 하느님을 찾아볼 수 없다. 광명은 허영이요, 이 허영 속에서 하느님을 찾을 수 없다. 우주의 흑암을 음미하는 가운데 우리는 하느님을 찾을 수 있다. 그래서 나는 광명에서 신을 찾는다고 하는 것을 뒤집어서 흑암에서 신을 본다." (다석어록 1993, 156)

통하여 달성할 수 있다. 인간혁명은 얼나가 되는 것, 하느님의 아들이라고 자각하는 것에 의하여 성취할 수 있다. 하느님 아들이나 불성(Dharma)은 얼나이고, 얼나가 뚜렷함으로써 인간혁명이 가능하게 된다(1961). (다석어록 2002, 211)

> 우주가 한집이요, 나라가 한몸이다. 몸 마음 부모 천지 신명 모두 하나님께로부터 받았다. 불가불 꼭 정성을 다하여 하나님을 공경하는 것이 효의 근본이다. (다석일지공부 1권, 36)

> 모든 만물은 주체되는 하나님께로부터 왔다. 광물에서 생물이 나오고, 생물에서 의식이 나오고, 의식에서 정신이 나오고, 정신에서 신이 나오는 것 같지만, 주체는 신이다. 신체는 사람이 어떻게 할 수 없는 절대적인 것이다. 그것은 버려도 안 되고 잊어도 안 된다. 언제나 하나님과 하나가 되어야 한다. 신은 어떤 때는 숨기도 하고 어떤 때는 나타나기도 한다. 돌아가면 귀鬼요, 다시 오면 신神인데, 이 우주는 신의 음양의 소식이다. 이 신의 영체를 체득한 사람이 성인이요 부처다. 신과 같이 사는 사람들이 체물體物이다. 대자연과 한통이 되어 사는 것이다. 하나님을 믿고 하나님과 하나가 되어 같이 사는 것이다.
> (다석일지공부 2권, 115)

다석의 신론과 우주론은 연접 관계에 있다. 우주만물은 하느님의 창조물인 동시에 우주와 하느님은 일체를 이루고 있다. 자연이 곧 신이고 신 그 자체가 자연인 것이다. 우주는 신의 몸이고, 하느님의 우주의 기운이다.

한웋님(神), 둥구렁(宇宙)

억억만년 있는 이 터전이 둥그렇게 넓은 터전이지요. 우주라고 해요. 맨둥그렁(天體)이가 겹겹이 있어요. 이 둥구렁이가 가만히 있지 않고 자꾸만 가요. 가는 것이 한글의 'ㄹ'자로 가는데, 참 있는 자리는, 많이 있는 모든 것은 다 아니예요, 그 없는 데의 자리는 무얼까요? 잘 모르기 때문에 한울이라, 한웋님이라 하는 거예요. 있는 것에 만족을 못하니 없는 하나님을 찾는 거지요, 그래서 하나님은 없이 계십니다.[5]

잇는 게 업는 거요 업는 게 잇는 거니
잇는 게 없는 거와 다르지 안코 업는 게 잇는 거와 다르지 안타
땅을 땅땅 잇다 보고 하늘은 하늘하늘 업다고 보려는
「나」여
하늘이 큰 거 땅이 적은 거라
「한아」 큰 데서 「하」나 나오니
요 적고 저근 「나」 하나 도라 ᄀᆞᆫ
큰한아 드르미, 고ᄃᆞᆸ, ᄋᆞᆷ, ᄋᆞᆸ
업는 게 업다 = 잇슬 건 다 잇지(速斷)
잇는 게 잇다 = 업는 게 만하(아직)
(다석일지 1956.10.14)

있다는 현상세계는 무지개처럼 가짜요, 없는 것이요, 없는 실재계가 참으로 반석같이 있는 것이니, 있다는 것이 허무와 다를 것이 없으니 그것에 집착하지 말고, 없다는 것이 실재와 다를 것이 없으니 그것을 사랑하여야 한다. 땅을 굳은 땅이라, 이것 있는 것이다 하고 생각하고, 수억만 밤하늘은 하늘 하늘 나뭇잎처럼

5) 다석 추모문집, 『동방의 성인 다석 유영모』, 무애 1993, 291쪽.

없는 것처럼 보이는 껍데기 나요, 네 속 나를 가지고 하늘이 정말 큰 것 실재고, 땅은 정말 작은 현상이라는 것을 알고, 하나 전체 큰 별하늘에서 떨어져 나온 것이 작은 땅이요, 작은 하나임을 알아야 한다. 그와 똑같이 나도 땅처럼 작은 하나다. 요 작은 하나는 큰 하나에 속해 있고, 큰 하나로 돌아가고, 큰 하나에 바치고 감사함이 참을 아는 것이고, 아버지를 아는 것이다.

(다석일지공부 2권, 82-83)

'둥구렁'으로서의 우주는 상대적인 차원에서의 존재 세계를 기술하고 있다. 절대 존재이신 하느님으로부터 빚어진 세상이 둥구렁이다. 따라서 전통신학자들은 우주의 관찰을 통하여 하느님의 존재를 유추하고 심지어는 증명할 수 있다고 생각하였다. 우주론적 신 존재증명이 바로 그런 시도일 것이다. 나의 존재를 알고 우주의 존재를 아는 사람은 하느님의 존재를 생각할 수 있다. 어떤 사람들은 우주를 보면서 하느님의 은총을 느끼기도 한다. 우주는 우리들의 몸나가 거주할 수 있는 고향이다.

4) '원인'(元仁)

우주의 존재는 우리에게 하느님의 사랑을 보여준다. 우주는 지극하신 하느님 사랑의 표현인 것이다. 이를 일러서 다석은 '으뜸 사랑', 즉 '원인'(元仁)이라고 하였다.

하느님이 없다면 우주도 존재하지 않는다. 우주가 있다는 것은 바로 하느님이 존재한다는 것을 의미한다. 하느님으로부터 우주가 비롯되었기 때문이다. 유학에서 '이'(理)는 '원리적 하나'이지만, '기'(氣)는 수 만 가지 우주 속에 퍼져 있다. '이'가 원리라면 '기'는 특수성이다.

> 行在
> 理一分殊生 이일분수생
> 天命在性我 천명재성아
> 性其理所居 성기이소거
> 才玆氣分家 재자기분가
> (다석일지 1961.3.6)

> 이理는 하나고 기氣는 만 가지가 우주다. 내 속에 천명天命이 있는 것이 나의 바탈이다. 성性은 이理가 사는 곳으로 이理는 올라가고 옳게 사는 소질素質이다. 재才는 기氣로, 만물萬物로 갈라진 특수성特殊性이요 질료質料의 세계世界다. 이理는 기氣 속에 있다. (다석일지공부 4권, 59-60)

다석은 이기(理氣)의 근원을 연구하면서 화담(花潭) 선생의 '원리기'(原理氣)에 대한 텍스트를 메모해 둔 적이 있었다(다석일지 1967.5.31). 서화담은 공간과 시간을 초월하고 어떻게 생겼는지 알길이 없고 형용할 수 없는 태허(太虛)야말로 '기의 근원'이자 '형이상'(形而上)이라고 보았다. 이는 '빈탕한데'와 '태극이무극'(太極而無極)으로서, 도덕경 14장에서 보이지 않고(夷) 들리지 않고(希) 잡히지 않는(微) '하나'(一)에 대하여 노자가 '홀황'(忽恍)이라고 언표한 것과 같은 맥락이다. "기는 어느 곳이나 가득 차 있으며 기가 없는 빈틈이 있을 수 없다. 한계가 없이 먼 데까지 널리 가득 차 있고 꽉 차고 충실하여 빈자리가 없으므로 한 털끝을 넣을 틈도 없다. 그러나 이것을 움켜잡으면 비어 있고 이것을 붙잡으면 없다. 꺽 차도 잡을 수 없으니 이것을 무라고 한다. 이 경지에 이르면 들을 수 있는 소리도 없고 맡을 수 있는 냄새도 없다"(다석일지 공부 5권, 346). 화담선생은 주역의 '적연부동'(寂然不動)과 중용의 '성자자성'(誠者自成)이라는 말에서 그 '깨끗한 본체', 즉 '일기'(一氣)와 그 혼연한 전체인 '태일'(太一)이 비로소 드러날 수 있다고 보았다. 일기(一氣)는 '음양의 시원'이고 '수화(水化)의 본체'로서 맑은 상태로 있는 하나이다. 그것은 주렴계가 '무극이태극'이라고 지칭했던 것이기도 하다.

그것이 바로 기이하고 오묘한 선천(先天)이고, 그 상태에서 이(理)가 발휘되면서 갑자기 뛰고 느닷없이 열리는 것이다. 이처럼 이(理)가 스스로 그렇게 할 수 있고 또한 스스로 그렇게 하지 않을 수 없는 것을 일러서 '감이수통'(感而遂通; 周易), '도자도'(道自道; 中庸), '태극동이생양자'(太極動而生陽者; 주렴계)라고 하였다. 이처럼 '동정'(動靜)과 '합벽'(闔闢)의 상대 세계가 저절로 열린다는 것이다. 일기(一氣)이므로 하나 속에 둘이 있고, 태일(太一)이므로 둘 속에 하나가 있는 것이다. 따라서 그 안에서 상생(相生)은 상극(相克)이 되고, 상극이 상생이 되면서, 기의 미세한 부분에서 그 진동에 이르기까지 생극(生克)이 모든 것에 관여하는 것이다(다석일지공부 5권, 347). 일기(一氣)에서 터져 나온 둘이 바로 음양(陰陽), 동정(動靜), 수화(水火)이다. 거기에서 양(陽)이 뭉쳐서 하늘이 되고 음(陰)이 뭉쳐서 땅이 되는데, 하늘과 땅의 정(精)인 태양과 달,

그리고 그 밖의 별들과 땅의 물불이 생겨난다. 이를 일러서 후천(後天), 만물(萬物)이라고 한다. 하나를 주축主軸으로 기가 움직여서 하늘이 쉬지 않고 돌아가고, 하나를 중심으로 하여 물질이 엉키므로 땅은 고요하고 움직이지 않는다. 기(氣)는 가벼우므로 위로 올라가고 형(形)은 무거우므로 아래로 떨어진다. 기와 형이 균형을 이루면 허공에 걸려있게 된다. 소자(邵子)가 하늘이 형(形)에 의지하고 땅이 기(氣)에 의지하여 서로 붙어 있는 '의부지기'(依附之機)가 참으로 오묘하다고 말한 것은 바로 이런 현상을 가리킨 것이다(다석일지공부 5권, 348).

다석은 이 우주적 기운의 으뜸(一氣, 太一)을 하늘의 관점에서 부면 '원'(元)이지만 사람의 관점에서 보면 '인'(仁)이라고 하였다. 원(元)은 우주의 기운이 시작되는 곳이다. 그러나 그것은 결코 형용할 수 없다. 그래서 인간으로서는 알 수가 없다. 그러나 사람들에게 나타나는 '인'(仁)은 헤아릴 수 있는 사랑이다. 그리하여 이처럼 '형용할 수 없는 하느님의 사랑'을 다석은 '원인'(元仁)이라고 불렀다.

元仁

不卽不離宿食客　부즉불리숙식객
(붙지 않고 떨어지지도 않고 자고 먹는 나그네)[6]
消息安否交好隣　소식안부교호린
(소식 듣고 안부 물으며 좋은 이웃과 사귀리)

6) 괄호 안의 한글 풀이는 박영호의 것이다(다석명상록, 497).

不捨晝夜與水逝　불사주야여수서
(물처럼 밤낮으로 그치잖고 흘러만 가는데)
應無所住心主人　응무소주심주인
(당연히 머물 곳 없는 [얼이] 맘의 임자라)

任重道遠弘毅志　임중도원홍의지
(맡은 짐 무겁고 길 멀으니 뜻 크고도 굳세게)
博施濟衆信義仁　박시제중신의인
(널리 베풀어 무리 건지니 믿음 · 옳음 · 어짐)
心身出入一往來　심신출입일왕래
(맘 · 몸의 [제나] 나고 들긴 한 번만 오고 감)
不可思議最原因　불가사의최원인
(가장 맨 처음은 생각할 수도 없는 신비)
(다석일지 1960.6.14)

우주 자연, 삼라만상과 우리의 존재가 모두 하느님의 사랑이다. 인간이 하느님처럼 되는 것도 역시 하느님이 보내주신 얼을 바탕으로 가능하다. 그래서 하느님 아버지와 아들인 우리는 둘이 아니다(父子不二). 예수가 아버지 하느님을 그리워한 것처럼, 우리 사람들 역시 하느님 아버지를 그리워한다. 그래서 아버지와 아들은 하나이다. 부자유친(父子有親)이다. 그렇듯 하느님의 사랑은 그 '가장 맨 처음을 생각할 수도 없는 신비'인 것이다.

다석이 하느님의 존재를 알 수 없다고 한 것은 바로 그런 규정 불가능성을 뜻한다. 태극은 우리가 결코 규정할 수 없는 것이기에 무극이다. 인(仁)은 대덕(大德)이 나오는 근원(根源)이다. 그리고 사람의 속에 있는 천명(天命)이 '바탈'이다. 이(理)에서 음양과 오행이 나오는 것은 이(理)보다는 기(氣)의 역할과 기능 때문일 것이다.

> 元은 气之始요 大德之所以生이니 在天元하고 在人仁이니라 气는 包大地하고 人呼吸(生之元)하며 万物生成根源이니 元地現象이니 (風雨寒暑)와 期節과 人體勢力과 意志感情이니라 仁은 理之原이요 行之綜이니 一心之德이요 万事之善이니라 元气는 精神活動 气力이라. (다석일지 1966.2.26)

> 원元은 기气의 시작이고 대덕大德이 나오는 근원根源이다. 하늘에서는 원元이라하고 사람에게서는 인仁이라고 한다. 기气는 대지大地를 싸고 있고 사람이 호흡하며 만물이 생성하는 근원이다. 원래 땅의 현상, 풍우한서風雨寒暑를 말하고 기절을 말하고 인체의 세력, 의지, 감정을 기气라고 한다. 인仁은 이理의 근원이고 행行의 종합이다. 심心의 덕德이요, 만사의 지선이다. 원기元气는 정신 활동, 기력을 말한다. (다석일지공부 5권, 213)

김흥호의 풀이에 의하면 횡거(橫渠)는 인간의 본질을 '만물일체지인'(萬物一体之仁)이라고 생각하였으며, 그 인의 근원은 효(孝)에 있다고 보았다(다석일지공부 4권, 32). 효행을 아는 사람이 형제를 사랑할 수 있고, 하늘 아버지에 대한 효에서 만물에 대한 사랑(仁)이 나올 수 있다는 것이다. 하늘과 땅에 비하여 사람의 몸은 비록 작지만, 그 정신은 하느님 아버지와 땅 어머니를 따를 수 있을 만큼 크고, 그 마음 역시 하늘과 땅을 품을 수 있을 만큼 크다. 김흥호는 사람이 하늘과 땅을 자기 몸처럼 사랑할 수 있고 하늘과 땅의 정신을 자기 정신으로 삼을 수 있다고 보았다. 특히 사람은 하느님의 아들로서 그 형제인 우주 만물을 서로 돕는 친구라고 보았다. 왕은 하느님의 맏아들이라면, 대신들은 우주의 일꾼들이라는 것이다(다석일지공부 4권, 33). 그런 의미에서 우주는 하느님을 우주적 기운의 차원에서 접근한 것이다. 하느님의 사랑이 곧 우주인 것이다.

> 옛 옛날
> 예 옌 할웋
> 보름 바람 바름 보람
> 한아 아홉 가온대
> 간감 그믐
> 꾸움 자암
> (다석일지 1972.8.19)

> 옛 옌날은 우주宇宙의 시작始作이요, 예옌 할웋는 인생人生의 완성完成이다. 보름을 바라는 것이 우주의 희망希望이요, 정의正義로 만족滿足하는 것이 인생의 사랑이다. 하나는 아홉 가운데 있고 아홉은 하나 가운데 있다. 힘 속에 빛이 있고 빛 속에 힘이 있다. 우주는 가고 가서 하나님의 그늘 속에 들어가고 인생의 꾸는 꿈은 꾸고 꾸어 자기를 아는 잠을 자고 깨어난다. 우주는 힘으로 돌아가고 인생은 빛을 드러낸다. 우주와 인생은 하나다. 우주는 인생안에 있고 인생은 우주 속에 있다. 모두 하나님의 사랑이다. 하나 아홉 가운데다. (다석일지공부 7권, 209).

다석에 의하면 우리가 태어나고 묻히는 땅은 지구이고, 상대세계로서 하늘과 마주하고 있지만, 하늘과 땅은 그대로 하늘 땅일 뿐이고 우주에는 그런 구별조차 무의미하다. 우리는 땅위에 사는 동안 땅과 하늘이 서로 다르다고 알고 있지만, 우리가 궁극적으로 지향하는 곳은 하늘나라, 하느님의 나라이다.

> 우주가 잠들고 자라는 그 무엇인지 누가 알겠습니까? 우리 집 아이가 잠자고 자라는 것같이 우리가 느끼는 우주도 잠들어 자라는 어떤 아이일지 누가 압니까? '뉘 알릿가?', 이것은 그럴 법하다는 말입니다. 불가불 우리가 생명의 율동을 찾는다면 우리 앞의 이 '하나'라는 우주에서 이렇게 느껴보지 않을 수 없습니다. 우리 몸뚱이의 세포 하나 하나가 따로 생명이 있는 것이라고 합니다. 그 세포들이 생명을 느끼는 것이 있다면, 이 같은 인격을 지닌 우리를 느끼고 갈 것이 아니겠습니까? (다석강의, 728)

만물 속에도 하느님이 있다. "하느님의 사랑에서 터져 나온 것이 하늘과 땅이다. 말할 수 없는 하느님의 사랑이 밑에 깔려서 이 우주가 생겨났다." (다석어록 2002, 41) 그리고 그 위에서 사람들이 살고 있다. 우리가 살고 있다는 사실 그 자체가 하느님의 사랑이다. 다석에게 우주와 자연은 무생물이 아니라 생명을 가진 것이고 하느님으로부터 비롯한 은총의 산물이다. 그래서 "만물도 하느님의 말씀으로 이루어진 하느님의 부속물이다.(1956)" 라고 한 것이다(다석어록 2002, 199). 다석의 시각에서 바라본 우주란 하느님이 드러나는 시현(示顯)의 장소인 동시에 인간의 생존을 가능하게 하는 시간과 공간의 조건이다. '맨둥구렁'(天體)이 없는 자리가 한웋님이시고, 따라서 그분은 없이 계신 하느님이시다.

5) '곡신불사'(谷神不死)

'곡신불사'(谷神不死)는 노자의 도덕경 6장에 나오는 구절이다. 박영호는 류영모의 한시에서 '곡신'(谷神)을 '하느님'이라고 풀이하였다(다석명상록, 461). 그런데 사실상 곡신은 우주 자연이 생성 소멸하는 모습을 보여주는 원리이기도 하다.

> 有無相生隱顯輪　유무상생은현륜
> (있음 없음은 마주 나 숨었다 나타나는 바퀴)[7]
> 生死一如出沒谷　생사일여출몰곡
> (나고 죽음 한결같이 나고 꺼지는 우주)
> 諂有蔑無迷中迷　첨유멸무미중미
> (있음에 아첨하고 없음을 깔봄은 헤맴 속에 헤맴)
> 好生惡死惑上惑　호생오사혹상혹
> (삶을 좋아하고 죽음을 싫어함은 흘림 위에 흘림)
> (다석일지 1957.11.16)

있었다가 없어지고 없었다가 또 있고, 숨었다 나타났다 하는 것이 자연의 법륜法輪이다. 낳다 죽는다는 것도 마찬가지로 나왔다가 들어가고 들어갔다가 나오는 것이 한결같이 얼굴 골짜기의 인생살이다. 유有에 집착하고 무無를 무시함이 미혹迷惑 중 제일 큰 미혹이고, 생生에 집착하고 사를 증오함이 미혹 중 최상의 미혹이다.

곡谷은 물이 있었다 없었다 하는 것이요, 신神은 신身이 났다 죽었다 하는 것이지, 곡谷이 없어지는 것도 아니고 신神이 죽는 것도 아니다. 유무有無를 초월한 것이 곡이요 생사를 초월한 것

7) 괄호 속의 한글 풀이는 박영호의 것이다(다석명상록, 461).

이 신이다. 비가 오면 골짜기가 되고 비가 그치면 산등성이가 된다. 바람이 불면 신이 나고 바람이 자면 신은 죽는다. 골짜기가 비에 의지하고 신은 바람을 뒤좇는 것. 비에 따라 골짜기가 생기고 바람에 따라 신이 나는 법. 비와 바람은 언제나 있고 골짜기와 신도 죽지 않는다. 비는 기도와 바라는 희망은 음침한 골짜기도 꽃피는 동산으로 만들고, 잠자는 신도 일으켜 세운다.

(다석일지공부 2권, 674)

하상공(河上公)은 '곡'(谷)을 '기르다'(養)로 보아, "사람이 신(神)을 기르면 죽지 않는다." 라고 해석하였다. 그가 말하는 신은 오장(五臟)에 들어 있으며, 간에는 혼(魂), 폐에는 백(魄), 심장(心臟)에는 신(神), 비장에는 의(意), 신장에는 정(精)과 지(志)가 깃들어 있다고 보면서, 오장이 다 손상되면 그 속에 있는 신들도 떠난다고 풀이하였다.[8] 오장의 신들을 잘 기르면 죽지 않는다는 것이다. 노자는 곡신불사를 가리켜서 '현빈'(玄牝)이라고 했는데, '현'은 '검다', '하늘', '그윽하다'를 뜻하고, '빈'은 '암컷', '골짜기'를 뜻하는 말이다. 일반적으로 현묘한 '검은 암컷' 또는 '그윽한 암컷'으로 풀이하고 있으나, 하상공은 '현'을 하늘(사람에서는 '코'), '빈'은 땅(사람에서는 '입')으로 풀어서, 경미(輕微)한 하늘의 오기(五氣: 金木水火土)가 코를 통하여 심장에 저장되어 정신(精神), 총명(聰明), 음성(音聲), 오성(五性)을 이루는 반면에, 혼탁(混濁)한 땅의 오미(五味: 신맛酸, 쓴맛苦, 단맛甘, 매운맛辛, 짠맛鹹)는 입을 통하여 위(胃)에 저장되어 형해(形骸), 골육(骨肉), 혈맥(血脉), 육

8) 『노자도덕경하상공장구』, 75쪽.

정(六情)을 이룬다고 보았다. 하상공은 코와 입을 천지, 즉 하늘 현(玄)과 땅 빈(牝)의 기운이 드나드는 근본으로 보았던 것이다.[9)]

박영호의 풀이에 의하면 류영모는 '곡신'(谷神)을 하느님이라고 이해하였다. 노자가 우주를 '골짜기'(谷)로 은유하고, '큰 구멍에서 비 바람이 쏟아지는 모양'을 한 '풀무'라고 본 사실에서, 다석은 노자가 '우주 너머에 계시는 하느님(谷神)'을 찾아냈다고 보았던 것이다(다석명상록, 461). 계곡에 흐르는 물줄기는 끊어지기도 하고 이어지기도 하지만, 계곡 그 자체는 마르지 않고 언제나 축축한 상태로 있다. 이와 마찬가지로 개체는 생멸이 있지만 전체는 절대 하나로서 온전하다는 것이다. 그 전체 하나 속에서 존재와 비존재, 있음(有)과 없음(無)은 상생적 관계에서 숨었다 나타나는 은현(隱顯)의 바퀴라는 것이다. 그 모든 것의 뿌리인 전체 하나는 허공(虛空)이고 하느님이다. 그것은 '없이 계시는 절대무(絶對無)이자 절대유(絶對有)'이다. 우주 골짜기 속에서 존재하는 모든 것은 생사(生死)와 출몰(出沒)의 존재 방식 가운데서 명멸하지만, 그 모든 것들을 가능하게 하는 것은 '빔'(空), '없'(無), '없이 빔'의 방식으로 존재하는 '절대무'(絶對無), '절대공'(絶對空)의 '니르바나' 하느님이다(다석명상록, 464).

하느님의 몸이 우주이다. 로마 스토아 사상가들과 스피노자와 헤겔은 우주가 하느님의 몸이라는 사실을 선구적으로 통찰하고 있었다. '로고스 스페르마티코스'는 사실상 우주적 기운을 말하는 것이다. 그것은 하느님이 자연으로 나타나는 원리인 동시에 정신

9) 『노자도덕경하상공장구』, 76쪽 이하.

의 외출, 즉 외화(外化)를 뜻한다. 다석의 우주론은 '빈탕'을 말하고 있다. 우리가 살고 있는 우주는 존재로 가득 찬 것처럼 보이지만 실상은 빈탕이고 빈그릇일 뿐이다. 그 우주적 기운의 중심에는 하느님의 얼, 하느님의 씨가 있다. 우리들 인간은 하느님의 씨와 얼을 우주에 구현하는 사명을 가지고 있다. 인간과 우주, 그리고 하느님은 바로 그 얼과 씨를 매개로 하여 하나가 되는 것이다. 셋이지만 하나인 것은 바로 그런 연유 때문일 것이다. 다석의 우주론은 파니카의 우주신인론을 연상하게 한다. 우주 신 인간은 결국 하느님의 얼과 하느님의 씨에 의하여 하나가 되는 것이다.

6 다석의 인간론

다석은 인간을 하느님, 우주 및 자연과 분리해서 생각하지 않았다. 하느님과 사람은 유기적인 관계를 가지고 있으며, 우주 안에서 '하나'를 이루고 있기 때문이다. 이와 같은 다석의 생각은 사람이 곧 한울이고, 하느님이 사람 안에서 길러지는 존재라는 동학, 천도교의 믿음과도 상통한다. 다석은 '사람'을 '사뢰다'라는 동사에서 파생된 명사 '사룀'으로 풀이한다. '사름(사룀)'이란 '말씀을 사뢰는 중심'이라는 것이다.[1)]

사람이란 우주의 가운데 한 점으로서 끝없이 자신과 하늘의 일치를 추구하려는 '한줄'(l)이다. 그와 같은 노력은 결국 꼭대기 하늘과 밑바닥 땅을 연결하기까지에 이른다. 사람의 역할과 책임은 땅을 딛고 하늘을 이고서 하늘 땅을 열어서 통하게 하는 것이다.

---

1) 다석강의, 290 이하; 정양모, 『나는 다석을 이렇게 본다』, 65 이하.

ㅡ ㅣ ㆍ(으이아)
자시에 하늘어
축시에 땅이 ㅡ
인시에 사람이 열림 ㅣ
開天節
바탈을 트고
마틈을 맞움이
이것이니라
性通功完是
(다석일지 1956.10.2)

밤 열두 시에 하늘이 열리고, 두 시에 땅이 열리고, 네 시에 사람이 열린다고 한다. 밤 열두 시에 하늘과 통하고 새벽 두 시에 땅과 통하고, 새벽 네 시에 사람과 통한다. 사람이 깨어야 하는 시간은 새벽 네 시고, 사람의 마음이 열리는 시간도 새벽 네 시다. 새벽 네시에 일어나서 할 일은 바탈을 트고 생각하는 것이다. 무엇을 생각하나, 하나님의 말씀을 생각한다. 하나님의 말씀을 맡은 것이 사람이다. 하나님의 말씀을 성취하는 것이 사람의 책임이다. 'ㅣ'라는 사람은 땅을 디디고 하늘을 이고 있는 것이다. 하늘 땅을 통하게 하는 것, 하늘을 열고 땅을 여는 것이 사람의 책임이다. 하늘의 뜻을 받아 땅 위에 펴는 것이 사람의 책임이다.
(다석일지공부 2권, 63)

그리하여 다석은 하느님('꼭대기', '성큼')과 인간('꽁무니', '몬돌')의 일치를 추구한다. 다석은 언제나 한가함을 즐기는 신인(神人), 지인(至人), 성인(聖人), 도인(道人)들은 하늘로 솟아 올라감으로써 사람 노릇을 하고자 함이라고 이해하였다. 심지어 그는 햇빛,

달빛, 은혜의 단비처럼 두루 돌아가는 삼라만상조차도 하늘이 부여한 법칙대로 놀고 있다고 생각한다. 그 우주의 중심(中心) 한 가운데 점이 바로 나의 실존이다. 하느님 아버지가 '성큼'이라면, 나는 '한 ᄀᆞᆺ', '그침 몯돌'로서의 중심이다.

꼭대기는 성큼이요 꽁무니는 몯돌이다. 생각은 한없이 커서 하늘이 되어야 하고 마음은 한없이 굳어 몯 돌멩이가 되어야 한다. 몸은 존심存心이요 집중集中하여 몯돌이 되어야 하고 바탈은 양성養性이요 성큼이 되어야 한다. 하늘, 땅을 합친 성큼, 몯돌이 사람이다. (다석일지공부 4권, 24)

몯아름
성큼머리 가장둥긆 몯돌발길 한ᄀᆞᆺ근침
고루내리 두루도리 노름노라 모름직ᄀᆞᆫ
한옿로솟나옳을숨 사람노릇 몯아름 (다석일지 1961.2.20)

성큼머리, 하늘에 계시는 아버지가 가장 둥글고 원만하신 사랑이다. 몯돌발길, 땅에 있는 내가 부동의 입장에 선 발길이요 작은 종말이요 지어지선이다. 고루 내리는 햇빛, 달빛, 은혜의 단비, 두루 돌아가는 삼라만상, 언제나 소요유하는 신인神人, 지인至人, 모름을 지키는 성인, 도인道人들, 하늘로 솟아 올라가는 생명, 그것이 사람 노릇인 것을 왜 모를까. 사람은 나무처럼 땅에 뿌리박고 우뚝 서서 하늘로 올라가면 된다. 비는 내리고 별은 돌아가고 새는 놀고 만물은 법을 지키고 돌아간다. 하늘은 알고 나는 따르면 된다. 중심中心은 몯돌이요 주변은 발길이다. 아버지는 성큼이요 나는 중심이다. 중심이 한 ᄀᆞᆺ이요 그침 몯돌이다.
(다석일지공부 4권, 44)

다석은 인간을 '몸나' '맘나' '얼나'로 구분하고 '몸나'와 '맘나'인 '제나'가 '얼나'로 변화하는 삶을 이상적인 것으로 기술하고 있다. 다석의 인간 이해는 '인자'(人子), 즉 '사람의 아들'이 '하느님의 아들'로 변화함으로써 궁극적으로 아버지와 아들이 하나가 되는 이른바 부자유친(父子有親)의 이론을 비롯하여, '제고디', '가온찌기', '긋'과 같은 그의 독창적인 개념들을 통하여 다각적으로 이루어지고 있다.

1) '제나', '얼나', '왼통하나'

다석의 물음은 '나는 누구인가?'에서부터 시작된다.2) 나를 찾으

---

2) 나

있고 있다 있고있고있고 있다—자리만—긋
없다—있는=데때있다고본사람=—이없다 그
있다는 잘즈믄없고 성큼하나 그속긋!
(다석일지 1961.3.24)

나가 무엇인가. 있고 있다고 하는데 자리만 있는 한 점点이다. 하나님은 누군가. 감각感覺을 넘어서 있다는, 시간 · 공간이 있다고 보는, 인간人間까지도 넘어선 분이 그다. 만물萬物은 없는 거고 건원乾元, 하나만이 있는데 나는 그 원圓의 중심점中心點이다.
(다석일지공부 4권, 74)

나는 무엇인가. 일점 광명이다. 점아点我, 별이 있다. 나도 별, 너도 별, 너와 나의 사이가 허공虛空이다. (다석일지공부 4권, 88)

般若空觀
사람이란 일이없오—한때지내는 나그네
(다석일지 1961.4.1)
바탈대로 간다. 이치대로 간다. 사람이란 할 일이 없다. 사람은 쉬러 왔

려면 오직 내 맘속에서 자신을 찾아야 한다. 그리고 진정한 나를 발견하기 위해서는 우주를 알아야 한다. '참나'[眞我]는 우주의 중심이고 나의 주인이다. 이 우주를 알기 위해서 종교가 생겨난 것이다. 그리고 궁극적으로 오직 한 분밖에 안 계시는 절대의 하느님을 향하여 나아감으로써 비로소 자기 자신, 즉 얼나를 찾게 되는 것이다. 다석에 의하면 우주와 나와의 관계정립을 밝힌 이가 예수, 석가, 공자, 노자 같은 분들이다. 다석은 종교의 기본을 '얼' 개념으로부터 구성한다. 얼은 신과 인간의 정신 존재를 표현하는 종교의 본체이다. 예수 그리스도, 석가, 공자, 노자는 얼생명으로 거듭났던 성인들이다.

다석은 각 종교의 얼생명을 얻은 자들은 그들에게 주어진 바탈(性)을 그대로 잘 살려나간 이들로서 공자, 노자, 석가, 예수, 맹자, 장자가 바로 그들이라고 보았다. 그들은 큰나(얼나)로서 하느님과 성신과 불성에 통함으로써 그것과 자신을 하나로 일치시켰던 사람들이다. 그리하여 다석은 예수와 석가와 공자와 노자를 믿는 것이 중요한 것이 아니라, 그들과 통하여 하나되는 것이 관건이라고 말한다. 이들 차축시대의 사상가들은 '사람의 바탈'과 '하늘의 바탕'의 일치가 바로 '하느님의 나라'와 '니르바나'의 세상을 구현하는 것이라는 이치를 미리 깨달았다.

> **사람과 하늘의 들역사.**
> 하늘은 바탕과 글과 말과 뜻이 있다. 글은 말을 다 기록할 수가 없고 말은 뜻을 다 말할 수는 없다. 하늘의 바탕이 가난해지고 가

지 일하러 온 것이 아니다. (다석일지공부 4권, 80)

난해진 것이 사람이다. 사람의 바탈은 바삐 바삐 올라가야 하늘이 된다. (다석일지공부 1권, 176)

나는 누구인가? I는 도대체 무엇인가?(What is I?) 다석은 나를 몸나, 맘나, 얼나로 구분하였다. 다석에 의하면 몸뚱이는 요망한 것이다. 따라서 스스로 체신(體身)을 갖추지 않으면 안 된다. 몸나의 어둠이 가시면 얼나의 아침이 온다. 맘나는 몸나의 마음에 따라서 움직이는 나이다.[3] 그것은 벗어버리고 버려야 할 것들이다. 몸나와 맘나를 합하여 제나(自我)라고 하는데, 이는 곧 '땅의 어버이로부터 받은 죽을 생명'이다. 우주 안팎의 절대자이신 한분이신 하느님이 제나를 제치고 나를 찾아오게 되면 나 자신이 얼로 충만한 허공 우주 그대로 하느님의 차지가 되는 것이다.

나(자아)는 영어로 '아이'(I)이고, 순 우리말로는 '이'이다. '그이' '저이' '이이'에서처럼 우리말 '이'는 자아 존재를 가리키고 있다. 독일어에서는 '이히'(Ich)라고 한다. 그와 같은 '이'가 몸나에

---

3) 몬(물질)과 말(정신)에 맞선(마주선), 대립하는 물질과 정신을 초월하는 나다. 나는 바다도 아니고 산도 아니고 별이다. 물도 아니고 불도 아니고 풀이다. 심신탈락진心身脫落盡 유유일진실唯有一眞實이다. 나는 몸도 아니고 마음도 아니고 몸과 마음을 초월한 하나요, 절대인 참이다. 진실무망眞實無望이다. 아무것도 바라는 것이 없는 나 자신 있을 존재存在다. 일점영명一點靈明이다. 가온찍이다. 별이다, 빛이다, 영원한 빛이다. 이제 지금 여기 이 시간, 이 공간, 이 찰나, 이 끝 한점인데, 이 점은 몬으로 된(물질로 된) 몸이고, 또 이 몸에 담겨 있다고 생각되는 마음이고, 그리고 그 마음이 생각하는 무슨 목적, 그 마음이 지시하는 무슨 손끝, 그 손가락 끝이 아니고 그 손가락이 지시하는 별(月), 그것이 나다. 몸도 초월하고 마음도 초월한 그것, 가온찍이 진실무망 일점영명 그것이 나다. (다석일지공부 2권, 111)

서부터 얼나로 변화함으로써 짐승과 같은 상태에서 하느님과 같아지게 된다는 사실, 그것이 바로 다석에게 문제로 다가선 것이다. 나와 절대자의 일치, 인간과 신의 동일화, 사람이 하느님처럼 되는 것이 우리에게 주어진 문제이다.4)

> I(음은 이, 뜻은 나)가 문제이다. 하늘 아래 I(이)가 나섰다. 하늘 밑에 이처럼 I가 나섰다. I가 일어나 이렇게 서 있다. 먼훗날에도 이렇게 곧두설 것이다. I는 이 땅을 뚫고 하늘을 뚫고 나간다. 우리의 정신이 우로 올라간다. 이 머리의 이마가 앞잡이 노릇을 하고 우로 올라간다. 이마는 내 님을 맞을 이마(님아)이다. 이 내 머리를 깔고 앉을 수 있는 님은 참이요 얼이신 절대자 하느님이시다.(1956) (다석어록 2002, 38)

---

4) 'ㅣ'(나)가 문제다. 이렇게 이(ㅣ・나)가 나섰다. 하늘 밑에 이처럼 ㅣ(나)가 나섰다. 나가 일어나 이렇게 서 있다. 먼 훗날에도 이렇게 곧두설 것이다. ㅣ(나)는 이 땅을 뚫고 하늘을 뚫고 나간다. 우리의 정신이 위로 올라간다. 이 머리의 이마가 앞잡이 노릇을 하고 위로 올라간다. 이마는 내 님을 맞을 이마이다. 이 내 머리를 깔고 앉을 수 있는 것은 참이요, 얼이신 절대자(한아님)만이 한다. (다석어록 1993, 19-20)

'ㅣ'는 사람이 막대처럼 곧장 선 것을 나타냅니다. 세계 어느 민족이나 막대기를 하나 그리면 사람을 뜻합니다. 내가 이 세상에 나선 것입니다. 내가 이 세상에 나선 것입니다. 하늘 아래서 하늘을 향하여 곧추 일어선 것입니다. 사람들은 먼 훗날에 가서도 이렇게 곧두설 것입니다. 이 '나'가 가는데 어디로 갑니까? 우리의 (진리)정신은 위로 올라갑니다. 머리를 들고 하늘을 뚫고 나아갑니다. 머리의 이마가 앞잡이 노릇을 하여 위로 올라갑니다.

'내'가 살아서 사람들을 만나 이야기할 때 '나'라고 하는데, 이렇게 할 수 있는 것은 머리입니다. 그런데 사람의 머리를 깔고 앉을 수 있는 것은 절대자뿐입니다. 이마는 하느님을 나의 임으로 모신다는 뜻으로 이마(임아)입니다. (다석강의, 25)

얼나는 '하느님의 씨요 나르바나님의 씨'(1957)로서, 하느님의 아들이 되는 영원한 생명이다(다석어록 2002, 108). 그러므로 하느님의 얼나와 아들이신 예수의 얼나, 그리고 나 자신의 얼나는 모두 동일하다. 그러므로 만일 우리가 참인 하느님을 생각하고 기도한다는 것은 바로 내 속에 얼나가 존재한다는 것을 뜻한다. 얼나가 있으면 하느님도 계신다는 것을 뜻한다. 그러나 얼나가 없다는 것은 자기 무시이자 자기 모독이다. 자기 자신의 존재 근거가 없기 때문이다.

다석 류영모는 사람의 생각과 의식에 대해서도 다층적인 분석을 시도한다. 그는 의식(意識)을 제 맘에 대한 생각이라는 의미에서 '뜻알'이라고 부르면서, 제 몸에 대한 생각인 '몸알'(身識), 공동체 의식인 '두레알', 한국인이라는 의식으로서의 '나라알', 지구인이라는 생각에서의 '누리알', 우주적 존재라는 의식에서 '빔알'(虛空意識), 진리의식과 하느님 아들이라는 의식에서의 '참알'과 구별하고 있다(다석어록 2002, 132). 다석은 오직 진리 의식만큼은 제나에서 온 것이 아니라 '우'(하느님)로부터 왔다고 말한다. 평범한 사람도 하느님으로부터 진리 의식을 받아서 그리스도와 붓다와 같은 얼나의 존재가 되는 것이다. 이와 같은 얼나의 존재는 더 이상 '예(땅)에 있는 나'가 아니라 '계(하늘나라)에 있는 나'인 것이다. 그리하여 예수는 "내 나라는 이 세상에 속한 것이 아니다." (요한 18:36) 라고 말했던 것이다(다석어록 2002, 133).

> 신을 싣고 있는 상자, 이것이 나다. 이 나는 절대요 영원이요 불변이다. 존재다. 나는 존재다. 영원히 있는 존재다. 하늘의 별

처럼 일점영명一點靈明이다. 영원히 빛나는 말씀, 이것이 나다. 나는 말이요 슴이다. 슴은 독립이다. 나는 나다. 나 외에 나는 없다. 나는 제소리다. 내 생각은 나만이 한다. 천상천하의 유아독존이다. 존엄이다. 존귀다. 나는 아버지의 끝이요, 아버지의 말이요, 형상이요, 슴이요, 독립이요, 자주다. 나는 나다. 영원한 나다. 하나님의 나다. 신비한 나다. 하一나다. (다석일지공부 2권, 142)

우리는 누구인가? 우리는 무엇을 하고 있는가? 우리는 무엇이 되어야 하는가? 다석은 우리가 '큰 으뜸'(大元)이 되어야 한다고 말한다. "큰 으뜸은 하느님으로부터 나왔다(大元出于元). 원(元)자는 내 근원을 말한다. 하느님 밑에 사람이 있는 것이 원(元)자이다. 이 글자가 우리와 하느님을 이어 준다. 큰 으뜸(大元)은 하느님으로부터 나온 얼나(정신)이다. 영원무한(하느님)과 접속을 할 때가 왔던 말이다. 한 모금의 물을 마시는데 우리집 우물이나 수도(水道)에서 퍼마셨다 해도 그 물은 우주적으로 대원(大元)에 이어져 있는 것을 알아야 하듯이 내게서 나오는 참된 생각은 하느님으로 나온다는 것을 알아야 한다.(1975)" (다석어록 2002, 133) "으뜸은 저기 맨 꼭대기 같지만 사실은 내 마음속의 얼나이다. 무한 우주인 원(圓)의 중심은 내 마음속(얼나)에 있다.(1960)" (다석어록 2002, 142)

가론여러
골온 가온
졔자리로
계 치킹을 일워지이다 ᄋᆞᆷ 아옴 아멘
(다석일지 1966.3.2)

하나님과 내가 하나다. 둥글 원圓과 중심 같은 관계다. 내 마음을 여러 하나님께 치켜 올라가고 내 몸을 골라和 내 자리에 서서 백성들의 마음의 가온이 될 수 있도록 수신을 한다. 하느님께는 마음을 열고 백성들에게는 몸을 가운데 태극점에 세운다. 하나님을 사랑하고 원元, 이웃을 사랑한다. 인仁. 극기복례克己復禮요 살신성인殺身成仁이다.

(다석일지공부 5권, 214)

하나=한아=一

하나알아 있다간데 한일알아 한아이다
났다들믄 새삶없나 없한아암 ᄀᆞᆫ아달이
있없이 없시계신대 아바참찾 도라듦
ᄆᆞᆷ과빟는 앓밖인채 서름서름 헹덩그르
눈과 빛 귀와 소리샌 아름아리 탐탁할가
한늘로 똑똑뚜려슬 나는못내 그리옵
(다석일지 1961.8.21)

하나는 작은 하나小我, ᄒᆞᆫᄋᆞ는 큰 한아大我, 하나는 막대기, 한아는 우주, 하나는 부분, 한아는 전체. 작은 하나를 알고 이 세상에 있다가 이 세상을 떠나 하나님 나라에 갔는데 거기서는 하나님의 일을 알아야 하고 나와 우주가 온통 한아의 세계다. 세상에 났다가 하늘나라에 들면 새로운 삶이 시작되는데 그때는 무無의 나요 무의 한아, 하나님을 아옵고 나는 하나님 마음 가운데 한 아들이 된다. 그곳은 있은 없고 무만 있는 크신 세계인데 그때는 아버지만이 참이요 그 참을 찾아서 아버지께 돌아드는 것이 아들의 참이다. [...] 작은 하나는 언제나 큰 한아가 되기를 바랄 뿐이다. 작은 하나는 큰 한아가 되어야 통째로 하나가 된다.

(다석일지공부 4권, 180).

> 인생이란 하나다. 하나란 사람이 하늘이 되는 것이다. [...] 하나로 돌아가는 것, 이것이 인생이다. (다석일지공부 2권, 248-249)

얼굴이 중요한 것은 그것이 얼을 드러내기 때문이다. 사람들이 얼굴을 들고 다니는 것은 얼굴이 곧 영원한 생명인 얼을 드러나게 하는 상징이기 때문일 것이다. 그래서 사람들은 얼굴만은 번듯하게 드러내고자 한다. 몸보다 훨씬 중요한 마음이 그곳에서 드러나기 때문이다. 몸은 옷이고 얼은 임자이다. 몸 위에 얼굴이 있는 것이 아니라 얼 밑에 몸이 숨어 있는 것이다. 얼이 임자이고 몸은 딸림이다(1956). (다석어록 2002, 142) 다석은 몸의 욕망에 따르고자 하는 자아를 '제나'라고 했으며, 이를 얼나(靈我)와 구별하였다. 제나를 초극해야만 무위(無位) 무주(無住)의 얼나를 회복할 수 있다. 예수가 성령으로 거듭나지 않으면 하느님 나라에 들어갈 수 없다고 한 것처럼(요한 3:5), 제나를 초월하는 경우에만 참나(얼나)가 치솟게 할 수 있다.

> 아는이 : 란! 누구? 그가 : 바로 나! 아닐가.
> (다석일지 1963.12.22)

> 나를 아는 이란 누굴까. 그가 바로 나 아닐까. 나를 아는 이, 거渠가 바로 나일 것이다. 나를 아는 그리스도가 나다. 내가 내가 아니고 그가 나다. 나는 죽어도 그는 안 죽는다. 안 죽는 그가 나다. 그가 영생이요, 영생이 나다. (다석일지공부 4권, 494)

아(我)는 '손에 창을 들고 있는 회의문자'이다. 이것은 탐(貪) ·

진(瞋)・치(痴)의 동물성을 지닌 제나(自我)이다. 다석은 이 아(我)는 적수가 있는 앞에서 쓴다고 하였다. 적이 없으면 아방(我邦)이 아닌 오방(吾邦)이라고 한다는 것이다. 따라서 제나를 없애야 무아(無我)가 나오고 얼나가 자리잡게 된다고 보았다(다석어록 2002, 107).

또한 사람들은 이름과 명예를 중시하지만, '이름없는 얼나'가 나의 본바탕이다. "영원한 생명(큰얼・하느님)이 폭발하여 나타나는 참나(얼나)"만이 나일 뿐이다. 얼나는 하느님의 생명인 얼(성령)이기에 거기에는 어떤 이름이 붙을 수가 없다. 부를 수 있는 이름은 영원한 이름이 아닌 것이다. "영원한 것은 참나인 얼나뿐이다. 얼나는 영원자(하느님)의 아들이다. 내 속에 그 얼나가 와 있다. 얼나가 드러나는 것이 덕성(德性)이요 신성(神性)의 인격이다. 내 마음속에 온 하느님 아버지의 형상(얼나)이다.(1956)" (다석어록 2002, 101)

다석은 얼나의 존재는 들어올려진 사람의 아들이자 광야에서 치켜올려진 모세의 구리뱀과 같은 것이라고 말한다. "예수만 들려야 할 게 아니다. 모든 사람이 다 얼로 솟나 들려야 한다. 모세가 광야에서 구리뱀을 높이 들어 독사에 물린 이들이 쳐다보고 낫듯이 얼나인 인자(人子)도 들려야 한다. 물질의 제나에서 정신의 얼나로 솟난다는 뜻이다." (다석어록 2002, 137)

다석이 모세의 구리뱀에 대하여 언급한 사실이 매우 흥미롭다. 에른스트 블로흐는 그의 희망철학에서 에덴동산에 나타난 뱀이 모세의 지팡이 뱀과 구리뱀으로 이어지고, 결국에는 요한복음에서 십자가에 달리신 예수를 상징하고 있다고 지적하면서, 성경에서 뱀의 존재야말로 숨은 신이자 선한 하느님이라고 해석한 바 있다. 악한 하느님의 압제로부터 인류를 해방시키기 위하여 오시는 착한 하느님의 존재를 뱀으로 형상화한 것이다. 그러나 다석은 블로호처럼 극단적이지 않다. 다석은 뱀을 십악(十惡)과 삼독(三毒)에 허우적 거리는 '몸'에 비유한다. 따라서 다석의 뱀 해석은 블로호처럼 반기독교적이지 않다. 다석은 1961년 2월 26일에 '엎드린 뱀', 즉 '언사'(偃蛇)라는 제목으로 다음과 같은 한시를 지었다.

> 蛇身人首非獨犧　사신인수비독희
> (뱀 몸에 사람 머리는 복희씨 혼자만 아니라)[5]
> 人子磔木猶銅蝮　인자책목유동복
> (사람의 아들 십자가 형틀은 들린 구리뱀 같아)
> 放心失道趣十惡　방심실도취십악
> (마음을 버려 참을 잃으면 십악으로 달려가고)
> 知性立命鎭三毒　지성립명진삼독
> (바탈 알아 목숨 세워 짐승의 삼독을 누른다)
> (다석일지 1961.2.26)

복희씨가 팔괘八卦를 만들었다고 하는데 그 사람은 몸은 뱀이고 머리는 사람이었다고 한다. 오래간만에 사람 머리가 나와 8괘를 긋게 되었다고 생각해야 사람이지 생각을 못하면 뱀과 다를 것이 없다. 예수는 옛날 모세가 구리뱀을 만들어 높이 든 것처럼 자기의 몸을 십자가에 달겠다고 하였는데 뱀인 몸을 십자가에 달아야 인자人子가 될 수 있다. 사람은 방심하면 뱀을 놓치고 길

5) 괄호 안의 한글 풀이는 박영호의 것이다(다석명상록, 556).

도 잃게 되어 뱀처럼 십악十惡[6]에 나아가게 되고 뱀을 죽이고 머리로 생각하고 천명天命을 따르면 삼독三毒을 짓밟는 사람이 된다. 뱀을 죽이는 것이 언사偃蛇다. 살신성인殺身成仁이 인자人子다. (다석일지공부 4권, 56)

다석은 예수의 몸, 몸나, 제나를 '뱀'에 비유하였다. 몸나, 즉 제나가 죽어야 참된 얼나가 살 수 있다. 따라서 예수는 자신의 몸을 모세의 구리뱀처럼 십자가 위에 내던졌던 것이다. 사람의 몸이 죽어야 하느님의 얼이 살 수 있기 때문이다. 다석에 의하면 모세의 구리뱀 사건은 두 가지 의미가 담겨 있다. "하나는 예수의 몸이 십자가에 못박혀 죽는다는 암시다. 또 하나는 예수의 얼나(진리정신)가 사람들의 마음에서 받들려(존경)야 한다는 비유다."(다석명상록, 558) 그러나 다석은 단지 예수만이 십자가의 길을 가는 것은 아니라고 보았다. 다석에 의하면 그리스도교 안에서만 들려지는 것은 아니다. "예수만 들려야 할 게 아니다. 모세가 구리 뱀을 들어 독사에 물린 이들이 나았듯이 인자(人子 얼나)도 들려야 한다. 물질의 나에서 정신의 나로 솟난다는 것이다. 몸에서 얼로 거듭난다는 것이다. 사람의 자식은 모두 들려야 한다는 말이다."(다석명상

6) 불교에서 십악(十惡)은 산 것을 죽이는 살생(殺生), 남 몰래 훔치는 투도(偸盜), 음행을 저지르는 사음(邪婬), 헛된 말로 남의 마음을 어지럽히는 망어(妄語), 양쪽에 다니며 서로 다른 말을 하여 싸움을 붙이는 양설(兩舌), 남을 헐어서 말하는 악구(惡口), 번지르르하게 꾸며서 과장하는 기어(綺語), 매우 욕심이 많아 이기고자 하는 탐욕(貪慾), 성이 나서 남을 원망하고 미워하는 진에(瞋恚), 진리나 사물에 대하여 잘못 생각하는 사견(邪見)을 말한다(다석명상록, 559-560).

록, 558) 그와 같은 십자가 사건은 기독교만의 전유물이 아니다. "불교의 중도(中道), 노자(老子)의 수중(守中), 유교의 중용(中庸)은 일체(一切)가 하느님께 돌아가는 것"(다석어록 2002. 139), 즉 얼나가 되는 것이다. 얼나가 모든 종교적 진리, 그리고 모든 것의 중심인 것이다. 따라서 얼나가 되고자 하는 것, 즉 하느님의 얼, 하느님의 씨를 깨치려고 하는 것은 모든 종교의 보편적인 현상이다.

> **매한갈**
> 없는대 드러서서는 제아무리크대도 없
> 없는드시 있는이만 있고없골알고 마암
> 없에있 있다감 없앨 알고몰고매한갈
> (다석일지 1965.7.6)

> 존재자는 존재에 비하면 제아무리 크대도 무無와 같다. 그러니까 겸손하게 무아가 되어 있는 이만이 유무를 알고 마음으로 살 수 있다. 허공 속에 있는 몸이요, 여기 있다가 갈 것이고 가면 또 무가 될 것이고 알든 모르든 무에서 왔으니 무로 돌아갈 수밖에 매한가지다. (다석일지공부 5권, 73-74)

얼나는 큰나(大我)이다. 그것은 우리말로 '한아', '한나'이다. 이 큰나로서의 얼나는 하느님 아버지와 하나이다. 아버지와 아들이 궁극적인 일치를 이룬 상태를 다석은 '왼통하나', '왼통한아'라고 표현하였다. 플로티노스의 일자(一者, The Oneness)와 같은 말이다. 그것은 동시에 라이문도 파니카가 말하는 '우주신인론적' 자아 개념이다. 다석이 말하는 '왼통하나'는 모든 것이 하나 속에 들어 있는 '전일성'(All-Einheit)으로서의 하느님 개념이다: "전체가 하나다. 아버지, 아버지, 우리 아버지, 하늘 맨 꼭대기에 계시는 아버지를 우리는 우러러 보아야 한다." (다석일지 1968.10.12)

> **왼통 한아**
> 아바아바 우리아반 맨꼭대기 계시오리
> 밑도끝도업시 너나나너서는 뭐슬하오
> 들대도 낼대도업시 맨꼭문이 엿스믄
> (다석일지 1968.11.12)

> 아바 아버지 우리 아버지는 하늘 꼭대기에 계시오니 오르고 오르고 또 올라가 하늘에 꼭 닿아 하나님을 만나보는 것이 인간의 목적이다. 꼭대기에 꼭 대면 왼통 하나요 한 뿌리에 붙은 가지다. [...] 꼭대기는 우주적인 하나, 꽁무니는 인생적인 하나, 전체의 하나와 개체의 하나가 왼통 하나가 되어야 무극이태극無極而太極이 될 수 있을 것이다. (다석일지공부 5권, 501)

'모든 것이 하나'인 상태, 즉 '왼통하나'와 같은 큰나(大我)에는 제나(自我)가 없다. 제나(自我)는 나의 성질과 관심에 의하여 주도되는 나이다. 그것은 참나가 아니다. 큰나에는 몸나와 같은 그런 제나가 들어설 자리가 없다. 큰나에는 몸나, 제나가 없으므로 그것은 바로 무아(無我)이기도 하다. 하느님 아버지와 같이 온전한 나, 하느님의 얼이 주관하는 큰나(大我)는 얼나(靈我)이고 참나(眞我)이다(다석어록 1993, 129).

2) '인자', 그리고 '부자유친'

예수가 말하는 '인자'(人子), 즉 '사람의 아들'이란 도대체 무슨 뜻일까? 이 역시 인간과 하느님과 관계 속에서 파악할 수 있다. 성경에는 「다니엘서」(10:16)와 「마르코 복음」(3:28)에 '인자'라는 말이 나오는데, 영어 성경에는 '사람의 아들들'(the sons of men)이라는 복수로 표기되어 있다. 「요한복음」에는 "하늘에서 내려온 사람의 아들 외에는 아무도 하늘에 올라간 일이 없다"(3:13)고 하였는데, 이는 "부어 주시는 성령으로 새로 나지 아니하면 아무도 하늘나라에 들어갈 수 없다"(3:5)는 내용과 보완적이다(다석명상록, 68). 성령을 받은 사람만이 하늘나라에 갈 수 있다는 뜻이 분명하게 나타나 있다.

다석에 의하면 '사람의 아들', 즉 인자란 '짐승에서 사람으로 회복된 것'을 뜻한다고 말한다(다석어록 2002, 44). 그것은 곧 '사람의 아들'이 '하느님의 아들'로 되는 사건을 말하는 것이다. 하느님과 단절된 인간의 처지는 마치 짐승과도 같다. 그러나 하느님으로부터 성령을 받아서 몸나에서 얼나로 거듭날 때, 우리는 비로소 사람의 모습을 회복할 수 있다. '사람의 아들'은 곧 '얼나의 사람'을 뜻한다. 그것은 바로 으뜸으로 돌아가는 것, '복원'(復元), '귀일'(歸一)을 뜻하며, 맨 처음 나온 데로 돌아가는, 이른바 '회초'(回初)를 뜻하는 것이다(다석어록 2002, 49). 박영호는 다석 류영모가 말하는 인자(人子)는 "하느님이 보내 주시는 하느님의 얼을 받은 사람" 또는 "얼나를 참으로 깨달은 사람"이라고 보았다(다석명상록,

69). 다석은 1957년 8월 23일에 '인자'라는 제목의 다음과 같은 한시를 지었다.

인자

大我無我一唯一　대아무아일유일
(언제나 제나 없는 하나[전체]로 오직 하나)[7)]
眞神不神恒是恒　진신불신항시항
(참 하느님은 잡신이 아닌 영원이요 무한이라)
恒一唯是絶對定　항일유시절대정
(영원한 한 님은 오직 절대존재로 고요해)
不忮無求自由郎　불기무구자유랑
(시새우지 않고 바라지 않아 자유로운 님)
(다석일지 1957.8.23)

정말 큰 사람은 내가 없다. 전체가 그대로 하나다. 만물일체지인萬物一體之仁이다. 참하나님은 절대 나타나지 않아 언제나 만물의 뿌리로서 영원히 변하지 않는다. 천지동근天地同根이다. 그러니까 인자人子는 언제나 하나로 꿰뚫어야 한다(一以貫之). 그것이 절대 지켜야 할 인간의 길이다. 남을 사랑하고 남을 도와 주는 것이 자유인의 기상이다. 자유인은 전체를 생각하는 사람이요, 인자는 한 길을 걸어가는 사람이다. 자유인에게는 내가 없다. 그래서 다 같이 사는 사랑이 된다. 인자는 하나님의 아들이다. 그렇기 때문에 천명을 받아 한 길을 걸어간다. 그에게는 하지 않으면 안 되는 천명이 있기 때문이다. 천명은 언제나 정해 있고 대아는 언제나 자유롭다. 인자는 자유롭지만 법을 벗어나는 일은 없다. 진리가 자유의 근거가 되기 때문이다.

(다석일지공부 2권, 551)

---

7) 괄호 안의 한글 풀이는 박영호의 것이다(다석명상록, 68).

다석은 하느님을 '큰나', 즉 '대아'(大我), 또는 '참나', 즉 '진아'(眞我)라고 하여 유일(唯一) 존재로 인식하였다. 그런 하느님에게는 자기 존재, 즉 일상적인 자아로서의 '제나'가 없다. 짐승과 같은 욕심으로 가득 차 있는 그런 자아는 존재하지 않는다. 그래서 무아(無我)이기도 하다. 그래서 다석은 하느님을 '대아무아일유일'大我無我一唯一, "언제나 제나 없는 하나(전체)로 오직 하나"라고 규정했던 것이다. 그런 하느님이 보내신 하느님의 얼(성령)을 받은 자가 사람의 아들, 곧 '인자'(人子)이다. 451년에 열린 칼케돈 공의회에서는 인자이신 예수는 그가 가진 신성(神性)으로는 완전하신 하느님이고, 그가 가진 인성(人性)으로는 완전한 인간이라고 선언했는데, 다석은 예수만 그런 것이 아니라 하느님의 성령을 받아서 얼나를 깨달은 사람 모두가 그렇다고 선포하였다(다석명상록, 72). 누구든지 얼나를 깨치면 예수처럼 신성을 갖게 되고 하느님과 하나를 이룰 수 있다는 것이다. 얼나는 큰나와 참나이며, 따라서 그것은 제나가 들어설 수 없는 무아이다. 큰나는 무아이다. 그리고 하느님은 없이 계신다.

성숙한 인간은 제나를 버리고 얼나를 취하려고 한다.[8] 그것은

---

8) 사람의 모습에는 두 가지 모습이 있다. 하늘의 모습과 땅의 모습이다. 하늘의 모습은 종시終始요, 땅의 모습의 시종始終이다. 종시는 죽었다 사는 정신의 세계요, 시종은 낳다 죽는 육체의 세계다. 종終은 겨울의 찬 실, 참생명의 말씀이고, 시始는 남자와 여자의 합으로 시작된다. 배꼽줄을 매고 코에 바람이 들어가는 것이 어린애의 시작이지만, 육을 막고 여을 여는 것이 정신의 세계요, 성誠의 말씀을 이루는 진실의 세계요, 하늘의 끝이 나의 처음이다. 하나님의 아들이 나다. 천인 합일이다. 하늘의 세계는 말씀의 세계다. 말씀은 하늘의 끝이요, 생각의 시작이다. (다석일지공부 2권, 89)

미성년 상태에서 탈피하는 것, 즉 미성숙성을 떨쳐내는 행위에 다름 아니다. 다석은 이와 같은 성숙을 '얼나를 깨달아 하느님의 아들이 되는 것'으로 해석한다. 하느님의 아들은 몸나의 죽음을 넘어선 얼나를 뜻한다(다석어록 2002, 111). 다석은 하느님 아버지와 예수 그리스도의 관계를 부자유친(父子有親)의 인(仁)으로 파악한다(1956). (다석어록 2002, 43) "나는 하나님의 말씀이요 죽지 않는 생명이다. 말씀은 태초부터 있었고 말씀은 하나님과 같이 있었고 말씀이 곧 하나님이다." "하나님의 말씀인 나는 불생불멸하는 나다." (다석일지공부 1권, 104 이하) 다석은 예수 그리스도가 하느님의 말씀이자 영원한 생명인 것은 하느님의 얼을 공유하고 있기 때문이라고 파악하였다. 그리고 이러한 구도, 즉 '아버지 아들 신앙'의 구조를 다석은 유교 개념인 '부자유친'(父子有親)으로 규정하고자 했다.

> 사람이 한아님 아버지를 그리워함은 막을 길이 없다. 그것은 아버지와 아들의 관계이기 때문이다. 아버지와 아들은 둘이면서 하나다. 부자불이父子不二다. 이것이 부자유친父子有親이라는 것이다. (다석어록 1993, 165)

다석은 하느님 아버지와 예수 그리스도가 하나의 동일한 존재라는 사실을 부자유친의 관계로 보았으며, 불효자는 부모를 업신여기는 사람이라고 하였다. 아버지와 아들은 둘이 아니다. 서로 다르지 않다. 서로를 구별하지 않는다. 아버지는 아들이고, 아들은 아버지이다. 아버지의 것은 모두 다 아들의 것이다.

요한복음 10장 30절
요 10:30 父子同一 35(詩 82:6) 非孝子無親
(다석일지 1956.4.22)

> [요 10:30] 아버지와 나는 하나이다.(父子同一) [요 10:35] 이렇게 성서에는 하나님의 말씀을 받은 사람들을 모두 신이라고 불렀다. [시 82:6] 너희는 모두 신들이고 가장 높으신 분의 아들들이다. 비효자는 부모를 업신여기는 사람이다. [...] 인간의 근본은 하나님이다. (다석일지공부 1권, 471)

다석이 제시한 이 텍스트는 수전절(Feast of Dedication) 때 예수가 예루살렘 성전의 솔로몬 행각에서 유대인들과 치열하게 나누었던 대화 부분으로서, 사도 요한이 기술한 것이다. 수전절은 성전을 깨끗하게 청소하고 수리하기 위한 절기를 말한다. 대개 11월 말에서 12월 초 정도에 해당하는데, 히브리어 '하누카'(Hanukkah)가 '봉헌'을 뜻하므로 '봉헌절'이라고 불리기도 한다. 유대인들은 이방인들에 의하여 침탈된 성전을 정결하게 했던 사건을 기념하여 이 기간 중에 성전을 수리하고 청결하게 유지 관리하여 왔다. 기원전 165~100년경에 확립되었으며, 기원전 103년에 시작된 하스모네 왕가는 이 절기를 유대인 정체성 확립의 계기로 삼기도 하였다.

예수는 한 겨울인 봉헌절 때 예루살렘 성전을 찾았다. 그를 핍박하기 위하여 에워싼 가운데서 예수는 자신이 '아버지의 이름'으로 일을 행함으로써 자신이 누구인가를 보여주었다고 말한다. 예수가 자신과 아버지가 '하나'라고 주장하자 유대인들은 돌을 들어 그를 치려하였다. 그 때 예수는 율법에 이르기를 '하나님의 말씀을 받은 사람들'을 '신'이라고 부르는데, 하물며 아버지께서 이 세상을 거룩하게 하기 위해서 보내신 자를 '하나님의 아들'이라고 하는 것을 신성모독으로 걸 수 없다고 항변하였다. 그는 유대인들에게 자신이 행하는 '아버지의 일'을 보면 "아버지께서 내 안에 계시고 내가 아버지 안에 있음"을 깨달을 수 있다고 말한 후에 홀연히 자취를 감추었다. (요한복음 10장 22-39절) 여기에서 예수는 자기 자신이 하느님의 아들이고 하느님의 일을 한다고 선포하였다. 예수가 하느님을 공경하는 태도를 다석은 경천신심(敬天信心)으로 규정하였다. 다석은 아버지와 아들의 동일성 관계를 바탕으로 하여 유교를 그리스도적으로 접근한 것이다.

한계

넌널「나」라난날「나」라 하고 난건 똑같으지
난널더러「너」라기오「너」라기도 똑같으지
나밖에 맞나건너긴 너너다너 맞난나
드도나도 난나한나 나도나고 너도나고
골잘즈믄이도 맞나니「너」저도맞나니「너」
너나로 나드리비롯 언제맞참 제계로
(다석일지 1961.4.15)

너는 너를 주체主体라고 하고 나는 나를 주체라고 하고 모두 주체인 것은 똑같다. 난 너더러 객체客体라 하고 너는 나더러 객체라 하는 것도 똑같다. 나 외에 상대하는 것은 모두 너이다. 나 외에 상대하는 것은 객체요, 모두 다 객체이다. 객체를 상대하는 것은 주체다. 들어가도 나와도 나는 나요, 언제나 하나의 나이다. 나도 나고, 너도 나고, 백천만百千萬도 상대相對하면 너요, 자기 자신도 대상화對象化하면 너다. 너와 나로 나들이 인생이 시작되는데 언제 상대가 끊어지고 자기 자신의 절대계로 돌아갈 수 있을까. 하나님 계신 그곳이 제게요 하나님과 만나야 나, 너는 없어지고 제게가 된다. 가로의 세계는 상대 세계요 상하上下의 세계가 절대絶對의 세계다. 가로 가면 출입무상出入無常이요 올라가면 언제 만나도 참이요 무아無我의 세계요 대아大我의 세계다. 제는 실존實存, 계는 존재存在, 제게는 부자유친父子有親의 세계世界다. (다석일지공부 4권, 92-93)

예수의 아버지 경외 신앙을 다석은 부자유친으로 보았다. 그는 1957년 6월 28일 강의에서 주기도문(요한복음 17장)을 풀이했는데, 아버지께 '영광 돌리는' 것을 '뚜렷하다'는 뜻으로 풀었다(다석강의, 869). 여기에서 다석은 예수만 '하늘의 아들'로서 뚜렷한 것이 아니고 하느님과 하나인 아들들 모두가 뚜렷하다고 해석하였다(다석강의, 881).[9] 또한 그는 『주역』「계사전」에서 '궁신지화(窮神知化)', '신이지래(神以知來)' 개념을 발췌하여 활용하기도 하였다.[10] 전자는 "신을 알면 세상의 변화를 알게 된다." 는 것이고, 후자는 "신이 내려야 미래를 안다." 는 뜻이다. 하느님의 얼인

9) 다석은 부자유친의 사상을 드러내기 위하여 "근본에 보답하고 멀리 간 조상들을 좇아간다." 는 뜻을 가진 '보본추원'(報本追遠)이라는 말을 중시했는데(다석강의, 314-318), 이는 조상을 섬기고 제사지내는 것을 중시하는 유교 사상을 압축한 '신종추원'(愼終追遠)과 '보본반시'(報本返始)라는 말과 같은 말이다(다석강의, 122-126). 이를 바탕으로 다석은 '반원보천'(返元報天), '유종추원'(有終追元)이라는 신조어를 만들었다(다석일지 1968.9.5). 이에 대해서는 정양모, 「다석은 사람을 어떻게 이해했나」, 『나는 다석을 이렇게 본다』, 70-72쪽을 참고하라.

10) 다석강의, 110, 296; 204, 207; 정양모, 『나는 다석을 이렇게 본다』, 74 이하.

성령이 임하면 하느님을 알고 자기 자신이나 세상의 이치를 알게 된다는 뜻이다.

사람사리 人生
타고나스니 가멈츠드시도　乘輿行在如
하늘뚤린길하나 읃드매　天命道一元
올받할뭄있 뚤려 누리　理性心存亨
다사론까닭 새론알물리　溫故知新利
김나미줄거리 곧아　氣才主幹貞
받할은올사는데고　性其理所居
나미엔 김긷집이라　才玆氣分家
하늘목숨받할 예나　天命在性我
올하나 긷달리 삶이여　理一分殊生
(다석일지 1961.3.12)

인생이란 가마를 타고 가듯이 바탈을 타고났고 가마가 목적지에 가서 멈추듯이 천명에까지 가서 멎어야 한다. 목적지는 천명, 자동차는 이성理性, 휘발유는 지식, 운전사는 주간主幹, 목적지는 원元, 자동차는 형亨, 휘발유는 이利, 운전사는 정貞. 길은 하늘로 올라가는 길이요 목적지는 원元, 으뜸, 하나님이다. 올 받할, 이성理性과 마음있, 존심存心이 우리가 누릴 자동차다. 다사로운 까닭, 원인原因을 탐구하고 새것을 알아야 하는 지식이 기름이요 이성이라는 체体와 지식知識이라는 용用이 합쳐서 자동차는 달리기 마련이다. 기재氣才, 기운과 나미, 속력과 방향을 조절하는 것이 운전사요 줄거리를 곧게 갈 수가 있다. 받할은 올사는 데고 올라가는 것이 바탈이고 나미는 기氣가 갈라진 집이요 덩어리고 천명天命이 내 속에 있는 것이 받할이고 올은 하나인데 기氣는

많은 것, 이것이 세상이다. 이치는 하나인데 물物은 만물萬物이다. (다석일지공부 4권, 64)

다석은 이 텍스트를 한 달 후에 '인간'(人間)이라는 제목 아래 다음과 같이 수정 보완하였다.

天命道一元하고 理性心存亨하니 溫故知新利하며 氣才主幹貞이라 性은 其理所居요 才는 玆氣分家니 天命在性이 我요 理一分殊가 生이라 乘輿行在信하니 頂天要領身이라.

(다석일지 1961.4.12)

인간이란 무엇일까. 하늘뚫린 길하나 얻듬, 천명도일원天命道一元, 하늘로 올라가는 길이다. 올받할뭄 있뚫림, 이성심존형理性心存亨, 하늘로 올라가는 방법은 이성과 성심으로 이루어진다. 다사론 까닭에 새사롤 알이 풀리어줄늘, 온고지신리溫故知新利, 이성理性과 성심誠心이란 온고지신溫故知新으로 도움을 받고, 김나미 줄거리꾿꾿 곧이런가 하노라, 기재주간정氣才主幹貞은 정신精神이 육체肉体를 지배支配하는 데서 이루어진다.

받할은 올사는데고, 성기리소거性其理所居, 천리天理가 인성이 되고, 나미엔 김긷집이라, 재자기분가才玆氣分家, 지기地氣가 인재人才가 되었다. 하늘목숨받할 예나, 천명재성아天命在性我, 천명天命이 내 성품性品이 되고, 올하나 긷달리 삶요, 이일분수생理一分殊生, 이理는 만물萬物에 내재內在한다. 차를 타고나슨데, 승여행재신乘輿行在信, 바탈을 타고 길을 나서니, 가멈츠기 믿븜도, 정천요령신頂天要領身, 하늘에 닿기까지 정신을 차려라. 인간이란 주체성이다. 어디서나 주체성을 잃지 않으면 어디서나 참되게 살 수 있다.

(다석일지공부 4권, 90)

인간은 지어지선至於至善이다.
(다석일지 1961.2.18)

다석은 유교의 '성'(性)조차도 기독교의 하느님(한아님)이 보내신 것이라고 생각하였다. 「요한복음」 6장 29절에는 하느님이 보내신 이를 믿는 것이야말로 하느님의 일이라고 하였다. 다석은 하느님이 보내신 바로 그 성(性)을 찾아야 원혁명(元革命)을 할 수 있다고 강조한다. 그러나 그 하느님은 무극이면서 태극인 하느님이다. 하느님은 '없이 계신 이'다. 하느님은 없으면서도 동시에 계시는 존재이다. 그와 반대로 사람은 있으면서도 없다. 있기는 하지만 업신여겨지는 존재인 것이다. 그래서 사람들은 아버지처럼 '없이 있고자' 노력하는 것이다. 하느님은 나의 참나이므로 우리는 살아있는 동안에, 하느님께서 우리를 살게 하시는 동안에 찾아야 하는 것이다. 하느님이 우리를 살리는 동안에 하느님께 도달해야 하는 것이다(1961). (다석어록 1993, 371)

3) '제고디': '로고스', '여래', '아트만'

그 마음속에 하느님을 모시는 사람은 참나(眞我)를 갖게 된다. 하느님이 참나, 얼나이므로 그를 모시는 사람 역시 참나, 얼나가 되는 것이다. 그러므로 사람은 언제나 '하나'(전체, 절대)의 님을 찾으려고 노력해야 한다. 예수가 아버지를 찾는 것은 바로 하나인 절대자 아버지를 찾는 것을 뜻한다. 다석은 둘(상대)에 빠지지 말고 하나(절대)를 찾아나서야 한다고 강조한다(다석어록 2002, 56).

하나됨(요十七 22)
한옿님아바이 예수옴으로 졔계긴우리
우리가 하나이됨같이 저희도 하나되게
아들로 뚜려시하게 하옵소서 빕니다
(다석일지 1961.1.8)

하나님 아버지, 예수가 옴으로써 아바지께 돌아가는 인류人類들. 아버지와 내가 하나가 된 것처럼 저희들도 하나 되게 하시고 하나님의 아들로서 뚜렷하게 하시옵소서. 예수는 인류의 태양, 태양 밑에서 인류도 뚜렷해지고 하나가 되어 인류가 모두 아버지 품 가운데로 들게 된다.
(다석일지공부 4권, 21)

우리 인간들은 아버지 하느님의 영광을 드러내기 위하여 살아야 한다. 그러나 '아버지의 영광'이란 도대체 무엇일까? 그것은 아버지의 얼나를 내 안에서 온전히 닮아가는 것을 뜻한다. 자신의 욕정대로 살려고 하는 '제나'를 다스려서 성결한 하느님의 사람(얼나)으로 사는 것이다. 그것은 바로 하느님을 따라서 사는 것, 하느님을 닮아가는 것, 그리고 결국에는 하느님과 같아지는 삶을 말하는 것이다. 우리가 진정으로 사람이 된다는 것은 '하나(절대, 전체)인 님'을 깨달아 가르치는 데 있다. 그 하나를 모르면 우리는 까막눈이 되고 만다. 하느님은 무한한 공간이자 영원한 시간으로서 무한우주인 '큰 늘'이고 '한 늘', 즉 '우리의 머리 위에 계시는 하느님'이시다(다석어록 2002, 69). 하느님을 모시는 아들은 '큰나'(大我)이고 진아(眞我)이며, 자유(自由) 그 자체이다.

우리는 '예'(상대계인 '여기')에 속한 것이 아니다. 우리는 '계'(절대계인 '거기')에서 잠시 출장 나온 것뿐이다. '계'(彼)로 가려면 우선 맘을 비워야 한다. 맘이란 '말자는 것', '비워두자는 것'을 뜻한다. 다석은 "예 말고, 계 뵐 빈 맘"을 가져야 한다고 강조한다(다석어록 2002, 74).

다석은 땅(지구) 위에 붙어사는 인간은 아무것도 아니라고 일축했다. 사람이라는 인충(人蟲)이 이 우주에 없다고 하더라도 특별히 문제될 게 없다는 것이다. 사람이 짐승과 같은 존재로 머문다면 이 말이 맞다. 그러나 사람이 위대할 수 있는 것은 그가 '하느님 아들의 씨'(얼)를 받았기 때문이다. 그렇다면 이야기가 달라진다. 이 경우에 사람은 우주에 없어서는 안 될 존재가 되기 때문이다. 하느님 아들의 씨를 싹 틔우는 일이 바로 하느님이 기뻐하시는 일이다. 하느님의 아들의 씨는 하느님으로부터 온 것이다. 말씀도 하느님으로부터 온다. 다석은 하느님으로부터 온 아들(씨)을 얼생명으로부터 온 여래(如來)라고 불렀다. 그것은 와도 나지 않고 가도 죽지 않는다. 얼나이기 때문에 나지도 않고 죽지도 않는 영원한 생명이다(如如不生 來來不滅). (다석어록 2002, 85)

다석은 "똥오줌으로 가득 찬 이 세상 더러운 땅 예토(穢土)를 넘어서야 깨끗한 나라 정토(淨土)에 이른다." 고 하였다(다석어록 2002, 113). 정토는 하늘나라이자 니르바나 나라이다. 이와 같은 정토, 하늘나라는 가는 것이 아니라 깨닫는 것이다. 다석은 깨달은 사람을 여래(如來), 즉 '있다시 온이'라고 부른다. 그것은 "있어서 있는(있게 해서 있는 것이 아닌) 하느님 나라(얼나)가 왔다"는 것으로써, 얼나(靈我)를 깨달았다는 의미이다(다석어록 2002, 113).

다석은 불교에서의 얼나를 '다르마'(Dharma, 法我), '참(진리)'이라고 했다. 거짓나인 제나(自我)가 참나(法我)를 찾고자 하면 참나를 찾지 못한다. 참나는 거짓나가 죽을 때 저절로 나타난다. 마음이 죽어야 얼나, 참나(法我, 佛性)가 찾아오는 것이다. 그러므로 구도(求道)란 바로 제나를 죽이고 참나를 살게 하는 것이다(다석어록 2002, 128).

"몸나가 없는 곳에 하느님이 계시고 하느님 앞에는 얼나가 있다. 하느님이 계시는 곳이 제계(彼岸)다. '제계 가온(歸一)' 이것이 사람이 나아가야 할 길이요 이루어야 할 참이다. 제계 가온은 하늘나라에 가는 것이요 얼나를 깨달음이다. 하늘나라는 스스로 깨달아야 한다. 자각(自覺)과 천국(天國)이 둘이 아니다. 얼나와 하느님은 하나이다." (다석어록 2002, 114) 얼나를 맹자식으로 표현하면, "하느님의 생명인 얼로 우주 안팎으로 충만한 호연지기(浩然之氣)의 나"이다(다석어록 2002, 119).

나드리 뎨계 가온암

(다석일지 1973.11.5)

나드리는 나왔다가 들어가는 나그네다. 나드리는 생生과 사死다. 생은 나오는 것이고 사死는 들어가는 것이다. 나오면 졔가 되고 들어가면 계가 된다. 나오면 아들이고 들어가면 아버지다. 뎨계는 부자유친父子有親이다. 가온은 가고 오고다. 가면 하늘나라가 오고 오면 이 세상이다. 하늘나라와 세상은 연결되어 있다. 뜻이 하늘에서 이룬 것같이 땅에서도 이루어진다. 암은 동그라미

밑에 네모내기, 그리고 그 사이에 태극점을 찍은 글자가 암이다. 동그라미는 하늘이고 네모내기는 땅이다. 천원지방天圓地方이다. 태극점은 합쳤다는 말이다. 하늘과 땅을 합친 것이 사람이다. 어질 인仁자는 하늘과 땅을 합친 것이 사람이라는 글자다. 하늘은 크고 땅은 강하다. 지강지대至剛至大가 사람이라는 것이다. 암은 그것을 아는 것이 암이다. 나드는 생사生死를 합친 것, 뎨계는 부자父子를 합친 것, 가온은 천지天地를 합친 것, 암은 강대剛大를 합친 것, 그것이 사차원四次元이요 그것이 각이요 그것이 믿음이요 그것이 나다. 세상에서 제일 강한 것, 세상에서 제일 큰 것, 그것이 나요, 그것이 사람이다. 천상천하 유아독존唯我獨尊이다. (다석일지공부 7권, 456)

만물을 이룬 것이 곧 로고스(Logos), 말씀 그리고 생각이다. 다석은 바로 이 생각으로부터 기독교의 얼(靈)과 유교의 길(道)과 불교의 참(法), 그리고 힌두교의 아트만(Atman)이 나온다고 보았다(다석어록 2002, 86). 그리고 이로부터 다석은 묻고 또 묻는다. 나는 무엇인가? 라고. "나는 무엇인가? (얼)생각이다. 하느님이 무엇인가? (얼)생각이다. 붓다가 무엇인가? (얼)생각이다. 있다는 데는 얼생각이 주인이다. 생각이 어디서 오고 어디로 가는가? 아무도 모른다. 생각(정신)이 어디로 가는지 모르지만 마침내 찾아가는 곳이 있다. 그러나 어디인지 잘 몰라서 얼생명인 하느님이라고 했다.(1957)" (다석어록 2002, 88)

logos Atman
(다석일지 1957.1.30)
"언제나 절대공絶大空을 첨모해야 한다. 그리하여 내가 무가 되어야 한다. 육체를 지배하는 순간 정신의 아침이 시작된다. 나는 하늘에서 내려온 절대자다. 내가 하늘을 향하여 부르짖는 것은 아버지에게 상달하는 것뿐이다. 나는 불멸의 아트만이요, 나는 불멸의 로고스다. 나는 진리다. 진리의 자각이 진리파지다. 진리를 지각한 이에게는 사가 없다. 사가 없기 때문에 두려울 것이 없다. 진리에는 악이 없다. 그렇기 때문에 미워할 것이 없다. 나는 로고스요 아트만이다. 이것이 나의 자각이다."

(다석일지공부 2권, 306-307)

Atman

(다석일지 1957.2.15)

하나님과 나는 아버지와 아들이다. 아버지가 브라만이라면 나는 아트만이다. (다석일지공부 2권, 320)

다석은 '나'를 마음으로 알아들었다. 마음에서 생각과 말씀이 나오기 때문이다. 내 마음에서 나오는 이것이 바로 '하느님의 아들 될 씨(얼나), 붓다(Buddha)가 될 씨(얼나)'이다. 예수, 석가, 나, 그리고 모든 이들이 다 똑 같다. 이 얼나(씨)를 좇으면 하느님 아버지에게로 가고, 그것을 버리면 못 쓰게 되고 만다. 얼나를 깨달아 하느님께로 나아가는 것이야말로 모든 사람에게 평등한 진리인 것이다(다석어록 2002, 92).

제고디

흙한줌이 땅드디며 한늘뚤려 갈길올라
아레웋로 누릴나위 샐틈없을 제바탈은
읟홀이 한늘웋알로 제고딘가 하노라
(다석일지 1961.2.5)

> 사람은 흙 한줌인데 흙 속에 하나님의 생령生靈이 들어가서 유기체가 되어 땅을 디디고 일어나서 하늘을 뚫고 올라갈 생각을 시작한다. 사람은 상하로 통할 수 있는 능력, 정신을 가지고 샐틈없이 체계화할 수 있는 이성을 가지고 있다. 언제나 외롭게 홀로 서서 하늘 위로, 아래로 날아갈 수 있는 기체가 제고디, 자기주체, 정조, 자기 정신인가 여겨진다. 사람은 언제나 애벌레처럼 올라가는 능력 나위와 체계화하는 고치 바탈과 나비처럼 날 수 있는 고디를 가지고 있다. 제고디는 제정신이다. 올라가는 길과 외올이 진리, 위아래로 날아가는 생명, 제고디는 생명의 완성이다.
> (다석일지공부 4권, 28)

'제고디'란 주체성을 가진 자기 주체인 동시에 완성된 절대정신이다. 하느님은 사람을 한줌의 흙과 생령生靈으로 창조하였다. 사람은 몸과 마음과 혼(정신)을 가지고 있다. 애벌레는 위로 올라가는 능력을 가지고 있다. 고치는 체계화하는 바탈을 가지고 있으며, 나비는 날 수 있는 고디를 가지고 있다. 다석은 낮은 단계인 몸의 나에서부터 순수한 하느님의 얼로 다시 태어나는 나로의 끝없는 전향을 강조하였다. '제고디'는 '제정신'이다. 다석은 바로 나비의 삶에서 '올라가는 길'(애벌레)과 고치의 '외올이 진리'(고치), 그리고 '위아래로 날아가는 생명'(고디)을 관찰하였다. 나비가 나비로서 자유를 찾는 것은 '제고디', 즉 '생명의 완성'이다. 다석은 그와 같은 제고디를 예수, 붓다, 노자, 공자의 삶 속에서도 뚜렷하게 보았던 것이다.

4) '가온찍기'(ㄹ)로서의 인간

다석은 인간을 '사이존재', 즉 '가온찍기'(ㄹ)로 규정한다. "이끗인 나는 영원한 생명인 이의 영원한 생명의 한 끝이다." (다석일지공부 1권, 50) 인간 존재의 구성요소는 시간(때 사이), 공간(빔 사이), 인간(사람 사이)이다. 인간에게 필연적으로 요구되는 것은 사이(ㄹ) 존재이다. 이것은 인간이 언제나 이제, 여기, 오늘이라는 순간적 사이에서 존재하고 있는 사실을 드러내준다.

> 너계
> 나남
> 저 제
> ㄹ 가온찌기입니다
>
> 너, 하나님은 계, 하늘에 계시고
> 나, 나는 남, 땅에 나왔다.
> 하늘에 계신 아버지는 저요, 땅에 있는 나는 제다. 저와 제가 부자유친이 되어 가온찌기 일체가 되어 아버지 마음 가운데 내가 있고 내 가운데 아버지가 계셔서 아버지와 나는 하나입니다.
> (다석일지공부 5권, 440-441)

인생은 '우주의 가온찍이'다. '나'라는 실존은 우주의 중심, 우주의 한 가운데, 우주의 핵심 존재 나는 우주의 중심이다. 내가 없으면 우주도 없다. 그렇다면 우주의 중심인 나는 도대체 무엇인가? 다석은 '일점영명'(一點靈明), '생각의 불꽃'이라고 정의한다. 나는 '생각의 불'이다. 그리고 '생각의 불'은 '다', '모두', '전체'이다. 이러한 "생각의 불은 탄다." 내가 한 단을 올라가게 되면, 누구든지 '다'가 되고, '다'가 한 단 더 올라가면 '모두 나타나는 불꽃'으로 타오른다. 그래서 다석은 '나다타다', 즉 "타는 것이 나요 가온찍이"이라고 생각하였다. "생각의 불은 물이 불이 되고 불이 풀이 된다. 미음(ㅁ)이 한 번 터지면 비읍(ㅂ)이 되고, 또 한 번 터지면 피읍(ㅍ)이 된다. 물은 물어 본다고 물이요, 불은 입에 물고 불쿠어 본다고 불이요, 풀은 모두 풀린다고 풀이다. 생각은 문제를 제시하고 추리해서 불쿠어 보고 진리와 일치시켜 풀리게 한다. 물 불 풀이다. 물이 불이 되고 불이 풀이 된다. 물과 불이 합친 것이 풀이다. 태양과 수분과 합친 것이 풀이다. 인생은 물 불 풀이 합친 가온찍이, 하나의 생명, 풀이기도 하다. 나는 무엇인가. 생각하는 풀이다. 생각하는 갈대, 물끄러미 불끄러미 연약한 갈대다. 그러나 생각 때문에 갈대는 뒤집혀 우주 만물의 대갈리 될 수 있다. 이제 생각의 불꽃을 통해 이 찰나 이 순간의 우주의 대갈이 되는 것이다." (다석일지공부 2권, 144)

가온찌기
(다석일지 1955.9.22)

나 무름 하라. 자기 자신을 반성하라. 자기를 물으라 자기를 찾으라. 자기를 찾으면 모든 문제가 다 풀린다. 나는 하나님 제와 하늘나라 게와 연결되어 있다. 신인합일이다. 나는 안 죽는다. 하나님이 안 죽는데 내가 왜 죽냐. 나에게는 죽음이 없는데 무엇이 문제냐. 나는 나비인데 무엇이 문제냐. 나비를 찾아 내라. 그것이 나무름이다. 나비가 되면 하늘을 난다. 그것이 제게로부터다. 나비가 되기 위하여는 고치에서 깨 나와야 한다. 그것이 가온찌기다. [...] 사람은 본래 완전하다. 그런데 인간은 완전하려고 하는 것이 꿈이다. 이 꿈에서 깨어남이 가온찌기다. "가온찌기 있다 감 생각 그저 나 무름 없이 제게로부터" (다석일지공부 1권, 174-175)

다석의 '가온찌기'로서의 인간은 우주의 중심 존재, 신인합일의 존재라는 사실을 드러내고 있다. 자기 자신의 존재에 대한 물음은 모든 것을 풀 수 있는 척도가 된다. 우리는 하느님의 존재와 하나이며, 하늘나라가 바로 우리의 얼나 속에 구현되어 있다는 사실을 잘 알고 있다. 하느님과 나는 존재론적으로 하나이다. 그러므로 신이 영원불멸의 존재라고 한다면 나 역시 그렇다. 따라서 죽음도 없고 그 앞에서의 두려움도 가질 필요가 없다. 죽음은 나의 존재에 들어설 자리가 없는 것이다. 우리는 이 세상에서 현실적 몸나로부터 시작하지만 나비가 되기 위하여 고치에서 깨어나듯이 그 몸나와 맘로 이루어진 제나로부터 벗어나서 얼나에로 변형됨으로써 하느님과 하나가 되는 것이다.

「나」는 「하나」다. 하나는 누가 맨든 것도 아니고 언제 비롯훈 것도 아니다. 하나는 누가 알 수 잇는 것도, 모를 수 있는 것도 아니다. 모든 것의 모든 것이오. 언제의 어대까진 것이다.
「몬」이 있다가 없다시 가고,
「빈탕」 없다가 잇다시 온다. [...]
나다. 하나다. 하나를 찾는 나다. 하나를 믿고 찾는 나다, 내, 하나다. 하나가 나다. (다석일지 1956.7.24)

나는 작은 하나다. 하나인 나는 누가 만든 것도 언제 비롯한 것도 아니다. 나는 누가 알 수 있는 것도 모를 수 있는 것도 아니다. 나는 모든 것의 모든 것이다. 내가 가장 존귀한 존재다. 언제나 어디까지나 찾아야 할 존재다. 나다. 한아 나다. 한없이 경이스러운 나다. 전체를 찾는 핵심인 나다. 전체를 믿고 찾는 나다. 원주圓周를 믿고 중심中心을 찾는 나다. 나는 원의 중심이다. 중심인 내가 원주와 하나요, 하나인 원주가 중심인 나다. 믿음은 바라는 것의 실상 원주이고, 보지 못하는 것의 증거 중심이다. 무극이 태극 천인 합일 부자일체 이것이 믿음이다.

(다석일지공부 1권, 632-634)

다석은 수많은 철학적 시조를 남겼다. 그 가운데서 인간의 존재 의미를 유추하는 다음의 시조가 있다.

古往今來自由吾　고왕금래자유오
神奧氣幾貞固人　신오기기정고인
吾去吾來去來無　오거오래거래무
無去無來去來今　무거무래거래금
(다석일지 1972.2.27)

김흥호 선생은 다석이 말하는 '자유의 나'를 옛날 가서 지금 온 영원한 생명이라고 해석했다. 그것은 마치 물이 한없이 흘러가다가 비가 되어 지금 오는 것과 같은 이치이다. 그것은 장생불사(長生不死), 무위자연(無爲自然), 허무인응(虛無因應)으로서, 구름처럼 자유롭다. 옛날에 갔다가 지금 오는 영생의 존재는 언제나 어디서나 다시 올 수 있는 '자유의 존재'인 것이다. 그것이 바로 나다. 또한 김흥호 선생은 신오기기(神奧氣幾)를 "정신은 깊어 보이지 않고 기질은 얕아 기근幾近, 잘 보여야 정고인貞固仁, 곧 바로잡을 수 있고 자기를 반석磐石 위에 올려놓을 수가 있는 생명 완성인" 이라고 풀었다. 오거오래거래무(吾去吾來去來無)는 "내가 가고 내가 오고 다른 사람과는 아무 상관도 없다. 다른 사람에게 기대할 것도 없고 다른 사람을 걱정할 것도 없다." 는 뜻이다. 무거무래거래금(無去無來去來今)은 "다만 가는 것도 없고 오는 것도 없이 가고 가고 오고 오고 가온찌기가 나의 지금이다." 결국 나의 존재, 인간 존재는 존재가 그 의미를 드러내는 우주의 중심으로서 하이데거가 말하는 현존재(Dasein)이다. 하이데거의 현존재가 곧 다석의 가온찌기이다. 인간 존재에 나타난 존재의 의미를 포착하여 존재 자체와 하나가 되는 것이 바로 우리 인간이 살아가는 존재의 의미일 것이다. "현존하는 시간 속에서 사는 것", 이것을 김흥호 선생은 하이데거를 좇아서 '시숙'(時熟)이라고 하였다. (다석일지공부 7권, 70)

> 하늘이라, 바탈(性)이라, 마음이란 게 이理다. 곧 진리다. 진리 그 자체로부터 말하면 하늘(天)이다. 품수稟受한 걸로 말하면 성품性品이라고 한다. 모든 사람 속에 실존實存하는 걸로 하면 심心이라고 한다. [...] 이것이 심성心性이라 성性이다. 성품은 지금도 하늘하고 통해 있다. (다석어록 1993, 369)

다석은 '가온찌기', 곧 '영원한 자아自我의 완성', '진리를 깨닫는 것'이야말로 우리가 해야 할 일이라고 보았다. 자기 스스로 자기 자신을 완성하는 것이 바로 우리가 살아가는 이유이자 목표이다. 이를 위하여 우리는 기(氣)를 줄이고 이(理)에 굳게 서야 하고, 인심(人心)을 줄이고 도심(道心)을 늘려 가야 하는 것이다. 실존이란 하느님의 얼이 내 속에 드러나 있는 것이다. 그것이 바로 얼나이다. 아버지께로부터 온 나야말로 아버지의 아들인 것이다. (다석일지공부 7권, 67-68)

5) '긋'으로서의 인간

다석의 인간 이해의 독창성을 나타내는 말마디가 하나 더 있다. '긋'이다. '긋'은 두 존재의 사이를 잇는 것을 말한다. 인간은 땅 위에서 하늘을 이고 있으면서 하늘과 땅 사이를 이어주는 존재이다. 고전적인 '종교' 개념의 어원이 하늘과 사람의 갈라진 틈을 다시 이어주는 것이라면 인간이야말로 하늘과 땅을 연결해주는 존재인 것이다. 인간은 신과 우주를 이어주면서 더불어 있는 존재인 것이다.

> '긋'이란 말은 끝이라는 뜻과 점點이라는 뜻이 있다. 몇 점 받았는가를 몇 긋 받았는가라고 한다. 점수를 긋수라 한다.
>
> 나는 이 민족의 한 끄트머리 현대에 나타난 하나의 첨단이다. 나의 정신은 내가 깨어나는 순간순간 나의 마음 한복판에 긋을 찍는다. 가온찍기(ㄱ̇ㄴ)이다. 이 한 긋(點)이 나다. 나는 한 끄트머리며 하나의 점이며 긋수이기도 하다. 나의 인격은 사명과 가치를 가져 긋수로 평가될 수 있는 존재기도 하다. 나를 평가할 수 있는 답안은 내가 내놓는 말씀이다. 말씀은 내 속의 표현이며 나 자체이기도 하다.
>
> 땅 밑 씨알의 싹이 하늘 높이 있는 태양이 그리워서 그......하고 터나오는 것을 그린 것이 긋이다. 싹의 긋이 터 나와서 끄트머

리를 드러낸 것이 끝이다. 끝이 나왔다고 나(生)다. 나(我)다.

한 금을 내려그은 줄 'ㅣ'를 이라고 발음하며 영원한 진리의 생명줄을 말한다. 영원한 생명이 시간 속으로 터져나온 한순간이 이 긋이다. 영원한 생명이 공간으로 터져나와 몸을 쓰고 민족의 한 끄트머리로 이 세상에 터져나온 것이 나라고 하는 제 긋이다. 또 이 몸 속에 정신이 터져나와 가장 고귀한 점수를 딸 수 있는 가치가 이 제 긋이다.

이렇게 시간, 공간, 인간의 '긋'이 모여 영원한 생명인 'ㅣ'가 나타나 이어 이어 계속 나타나 이 땅 위 예어 예어 나가는 나다. 나는 일점광명一點光明의 긋이다. 그러므로 곧이 곧장 오르고 또 올라 내 속에 있는 곧이(神貞)을 살려내어 내 속에 있는 긘(가온찍기), 내 속에 가장 옹근 속알(德)이 있는 것을 자각하여 깨닫고 나오는 긘(가온찍기)가 가장 소중하다.

자각은 한 번만 할 것이 아니라 순간순간 계속 자각하기 때문에 끝끝 내내 자각하고 또 자각하여 마침내 땅 위에 하늘 뜻을 드디고 실천하는 디긋 디긋(실천하는 사람) 철인들이 되어서, 태초의 맨 첫긋과 종말의 막극이 한통이 되어 영원한 생명이 되리라. 이제 임(님)을 머리에 인 하늘의 아들들은 겸손하게 머리 숙여 모른다고 하지만 그 모르는 속에 참 앎이 있지 않을까. 영원을 모르는 줄 아는 이가 나요, 그 나의 표현이 말씀이리라. ...

'긋'이 나다. 나는 '긋'이다. 영원한 생명(한아님)의 긋이 나다. '긋'자의 가로로 그은 막대기(ㅡ)는 세상이다. 가로 막대기 밑의 시옷(ㅅ)은 사람들이다. 가로 막대기 위의 기역(ㄱ)은 하늘에서 온 정신인데 그 정신이 땅에 부딪혀 생긴 것이 사람이다. 정신이 육체를 쓴 것이 사람이다. 사람의 생명은 정신이다. 이 영원한 정신의 긋이 제(자기)긋이요, 그것이 나다. 나는 이제 실제로 여기 있는 이 제긋이다.

요즘에는 제긋인 제 생명, 제 가치, 제 점수, 제 인격을 소홀히

하는 사람이 많다. 제긋을 자기 것으로 착각하여 제 맘대로 하려는 사람이 참으로 많다. 그러나 제긋은 내 것이 아니다. 영원한 정신의 한 토막이요, 영원한 정신의 한 끄트머리다. 제긋이 제긋이 아니다. 나는 전체(절대자)에 속한 나지 떨어진 내가 아니다. 그런데 어떻게 자기를 자기 마음대로 할 수 있을 것인가. 영원한 생명(한아님)의 한 끄트머리가 한 점 영명靈明이다. 제긋이야말로 영원 전부터 이어 이어 여기에 이어져 이제 내려온 한 끝이다. 다른 곳에서는 볼 수 없는 가장 독특한 유아독존唯我獨尊의 한 끝이다. (다석어록 1993, 30-31)

인간은 하느님, 곧 영원한 생명의 긋이다. 하느님으로부터 비롯된 것이다. 긋으로서의 인간은 하느님이 주시는 얼나로서 하느님과 하나 되기를 원하는 존재이다. "아버지와 나(얼나)는 하나이다."(요한 10:30)에 이르고자 하였다(1956). (다석어록 2002, 98) 다석은 "나의 속나(얼나)는 참(하느님)의 끄트머리다." 라고 말한다. "처음(머리)은 하느님뿐이다. 나는 하느님의 제일 끄트머리의 한 긋(점)이다. 우리가 참을 찾는 것도 하느님의 끄트머리인 이 긋(얼나)를 찾자는 것이다. 참이란 이 긋이요, 이 긋이 참이다. 이 긋은 속나요 참나요 얼나이다. 이 긋(얼나, 절대)에서 처음도 찾고 마침도 찾아야 한다. 영원과 하늘과 무한한 땅과 신비한 생명이 하나가 된 것이 이 긋(얼나)이다. 이 긋은 우주에 켜진 하나의 불꽃이다.(1956)" (다석어록 2002, 100) 하이데거에서 인간은 신적인 것, 하늘, 땅, 가사적인 것(인간)이라는 사방세계(Geviertes)가 만나는 중심인 것처럼, 다석에게도 얼나는 그 모든 것들이 소통할 수 있는 장소이다.

잇기
한웋님 계셔 땅으로 우리를 받들게하심
우리가 오히려 땅에 올받아 하늘을 섬김
어머니 나를키우샤 아바지뜻 잇기로
(다석일지 1961.8.24)

하나님이 하늘에 계셔서 땅으로 우리를 받들게 하시고 우리는 도리어 땅에서 올라온 것을 받아 다시 하늘을 섬기게 하신다. 땅, 어머니는 나를 키우셔서 나로 하여금 아버지를 섬기고 아버지 뜻을 계승하여 아버지 뜻을 이루게 하신다.
(다석일지공부 4권, 181)

다석에게서 인간은 하늘에서 그어 내려온 끄트머리이다. '한웋'(하늘 위)에서 내려온 '이 긋'은 하늘로부터 계속 내려와서 땅과 미주친 한 점이다. '이긋'이 바로 '제긋'이고 '이제긋'이다. '이 긋'은 하늘에서 내려온 긋을 뜻하고, '제긋'은 '나'라고 하는 긋이다. '이제긋'은 하늘과 땅이 부딪친 긋이다. 이긋이 제긋을 이제야 자각하고, 자기가 하늘에서 내려온 하느님의 아들이라는 사실을 자각하고(제긋), 이제부터 하늘로 올라가려고 하는 내가 바로 '이긋', '제긋', '이제긋'이다. 나는 영원한 하느님의 끄트머리다. 그리고 나는 이제 땅에 닿은 끄트머리다.

자신이 '하늘의 끄트머리'라는 것을 자각하는 것, 즉 '이긋'은 일점영명(一點靈明)이자 '하늘의 별'이다. 그래서 성(誠), 성(星), 성(性)인 것이다. 참되고 삼가고 공경하는 정성스러운 마음이 곧 하늘의 밝은 별이고, 하늘이 명한 것이다. 다석에게 인간은 우주의 한곳에 드러난 하늘의 모습이다.

다석은 1961년 3월 12일에 '사람사리(人生)'이란 제목의 메모와 1961년 4월 12일에 '인간(人間)'이란 제목의 메모를 남겼는데, 사실은 그보다 1년 전인 1960년 3월 15일에 '인간(人間)'이란 같은 제목의 한시를 남겼다. 이 시에서 다석은 아름다운 얼굴을 뽐내는 미인과 하느님의 얼을 추구하는 대장부의 삶을 비교하고 있다.

人間
無面不表女色性　무면불표여색성
(고운 낯을 뽐내지 않는 미인은 없고)[11]
無衷不降丈夫魂　무충불강장부혼
(맘속에 얼이 내리지 않은 큰 이 없어)
物色顔面家室鼠　물색안면가실서
(고운 낯바닥을 고른다면 집 방구석의 쥐요)
穿鑿神容天溟鯤　천착신용천명곤
(하느님의 얼골에 뚫리면 하늘바다의 곤(鯤)이라)
(다석일지 1960.3.15)

미인치고 얼굴을 장식하지 않은 이가 없다. 얼굴을 치장하는 것이 미인의 속성인가. 장부치고 마음을 닦지 않는 사람은 없다. 마음을 닦는 것이 장부의 알짬인가. 얼굴만 찾아다니면 집안의 쥐처럼 구멍만 판다. 연기만 내고 눈만 쓰리게 된다. 하나님을 찾아다니면 천명의 곤鯤처럼 구만리 장천을 날아다니는 붕새가 될 수 있다. 육을 찾느냐 영을 찾느냐에 따라 쥐새끼도 될 수 있고 붕새도 될 수 있다. 밖으로 나가느냐 안으로 들어가느냐. 밖으로

11) 괄호 속의 한글 풀이는 박영호의 것이다(다석명상록, 492).

나가면 미인이 되고 안으로 들어가면 장부가 된다. 장부가 되어야 인간이요 인간이 되어야 자유가 있다.

(다석일지공부 3권, 578)

다석은 아름다운 얼굴에만 신경을 쓰는 미인보다 참 얼을 귀하게 여기는 대장부의 삶을 권고한다. 얼굴 예쁜 미인만을 생각하는 사람은 '쥐새끼'에 불과하고, 하느님의 얼을 따르는 사람을 '대붕'에 비유하였다. 박영호는 한 브라흐만이 아름다운 딸 마간디야를 붓다에게 아내로 맞이하도록 간청하자 '피고름을 담은 가죽 주머니'라고 하면서 내쳤던 이야기를 소개하고 있다(다석명상록, 492). 그에 반하여 다석은 장부는 마음속에 얼이 내리기를 원한다고 했는데, 박영호에 의하면 여기에서 '무충불강'(無衷不降)이라는 표현은 은나라 탕 임금이 "하느님께서 아래 백성들에게 얼을 내리시어 한결같은 바탈이 있는 것 같다"(惟皇上帝降衷于下民 若有恒性; 書經 상서탕고편)는 말에서 가져온 것이다(다석명상록, 493). 또한 다석은 맹자의 대장부(大丈夫)론을 아주 좋아했는데, 이 시에서 미인과 장부가 대비되는 것은 그 때문이라고 한다. 맹자는 "우주에 넓게 살며, 우주의 바른 자리에 서고, 우주의 큰 길로 걷는다. 9 사람들의) 뜻을 얻으면 사람들과 함께 갈 것이며, 사람들의 뜻을 얻지 못하면 그 큰 길을 홀로라도 간다. 부귀가 음란하게 못하며, 빈천(貧賤)이 뜻을 꺾게 못하며, 위협이 무릎 꿇게 못한다. 이를 일러 사나이라고 한다." (居天下之廣居 立天下之正位 行天下之大道 得志與民由之 不得志獨行其道 富貴不能淫 貧賤不能移 威武不能屈 此之謂大丈夫; 孟子 등문공편; 다석명상록, 494.) 박영호는 맹자가 말한 호연지기

(浩然之氣)의 삶이 다석이 말한 하느님의 성령을 따르는 얼나의 삶과 같고, 이를 통하여 대봉의 삶을 추구할 수 있다고 말한다. 다석은 예수가 하느님 아버지를 그리워한 것처럼 우리들 모두가 하느님의 얼을 받아서 하느님의 아들이 되는 삶을 살아야 한다고 강조했던 것이다. 얼나는 하느님의 아들이다.

7 다석의 그리스도론

다석의 예수 그리스도 이해는 매우 독특하다. 다석은 '아버지의 아들' 예수를 지극한 효자(孝子)로 이해하였으며, 하느님 아버지와 아들 예수를 부자유친의 관계로 접근하고자 했다. 사람의 아들(人子) 예수는 하느님의 얼을 받아서 하느님의 아들로 변화할 수 있는 존재이다. 예수는 하느님의 뜻을 가장 먼저 헤아리는 효자이다. 예수가 하느님의 아들인 것은 그가 하느님의 얼, 하느님의 씨를 받은 사람이기 때문이다. 그와 마찬가지로 하느님의 얼을 받은 사람은 누구든지 하느님의 아들로 불릴 수 있다.

한편 다석은 얼나인 예수 그리스도는 하느님이 아니고, 얼나로서의 깨달음에 의하여 누구든지 도달할 수 있는 하느님의 아들에 대한 인격적 표상일 뿐이라고 주장하였다. 다석이 이해한 예수는 정통 그리스도교에서 말하는 '예수 그리스도 하느님'이 아니라 '하느님의 아들 예수 그리스도'이다. 니케아-콘스탄티노플 공의회의 삼위일체 신조를 부정한 것이다.

1) '예수'와 '그리스도'의 한글 풀이

다석이 예수, 석가, 톨스토이, 간디를 좋아한 것은 잘 알려진 사실이다. 우리는 이와 같은 그의 사상적 취향에서 다원주의 종교시대의 그리스도론을 선구적으로 예견하고 있는 사실을 간파할 수 있다. 우선 그는 '예수'와 '그리스도'라는 말마디를 순수 우리말로 풀어서 이해하고자 했다.

'예수'는 '예'는 '여기'의 준말이고, '수'는 '능력'을 뜻하는 말이다. 그에 의하면 예수의 '예'는 여이가 합하여 예가 되었다. 예(玆)는 곧 여기다. '수'는 재주의 능력이다. 할 수 있느냐의 수가 바로 능력이나 재주를 말한다. 여기의 이 재주와 능력이 예수다(다석어록 2002, 143). 우리말 '수'는 "몸 성히 마음 놓이는 '수'[sc. 安心 - 정양모]", "바탈(本性) 틔히[sc.태우 - 정양모]는 '수'"로서, 여기 이 분께 구원 능력이 있다는 '구세주'의 의미를 갖게 된다. 다석은 자신의 한글 뜻풀이가 '하느님이 구원하신다'는 예수의 뜻과 일치한다고 스스로 감탄하였다.

한편 '그리스도'는 '그립다', '그리 서다立', '그리다', '글文이 서다立'는 우리말과 연결하여 '예수는 하느님을 그리워한 까닭에 그리스도가 되었'으며, '하느님을 바로 그리는 글만이 글로 성립된다文立'고 풀이하면서, '그런 글(성경)이 그립다'고 했다.1) 다석은

1) 정양모, 「다석은 예수 그리스도를 어떻게 이해했나」, 『나는 다석을 이렇게 본다』, 40이하; 다석강의, 176-179, 182-200, 913-914 참조.

"그렇게 서도록"이란 말에 해당하는 "그리스도록"을 "글이 성립되면 서도록(立) 받들어 나간다." 는 뜻으로 풀었다(다석강의, 178). 다석은 '글'을 '그림', 즉 '그리워 그리는 그림' 으로 이해한다. 글은 절대자인 그이(하느님)에게로 통하는 이른바 "그를 그리울밖에" 라는 구조를 가지고 있으며, 바로 그 때문에 부처와 예수가 그(하느님)를 그리워하는 것이다(다석강의, 178 이하).

예수(玆克)
한웋로 머리둔나는 한웋님만 그리웁기
나섬이 기므로 오직하나이신 님을니기
섬김에 세우신목숨 그리스도기름긺
(다석일지 1961.6.3)

예수의 예는 이어 이어 계속 발전하고 전진한다는 뜻과 예, 여기라는 뜻도 있다. 수는 세상을 뚫고 위로 올라가는 생명력이 수다. 자玆는 가물 현자 두 자 합해 이루어진 글자니 까마득 까마득 높이 올라간다는 뜻이고 극克은 자기를 이기는 힘이요 십자가에 달린 언니, 형, 그리스도이기도 하다. 예수는 자기를 이기고 하늘로 올라간 그리스도다.

하늘로 머리를 둔 나는 하나님만 그리워한다. 그리웁기의 기는 그이, 잘난 이, 절대자의 뜻도 있다. 절대자를 그리고 연모하는 나다. 내가 이 세상에 출세하여 독립하는 것이 잘난 그이, 기가 되므로 기가 되면 기氣가 가득 찬 힘이 되어 오직 하나뿐이신 아버지, 임을 머리 위에 이고 아버지의 뜻을 이루어 가는 것이 그 이요 기다. 아버지를 섬기기 위하여 일으켜 세우신 목숨, 생명이 그리스도요 그리스도를 찬양하여 기르고 내속에 있는 그리스도를 양육하여 기르는 것이 영원한 생명, 긺이다. 영원한 생명은 하

> 나님을 가진 그리스도를 가지는 것이 영원한 생명이다. 영원한 생명이란 뿌리를 가지는 것이다. 뿌리를 가지면 기름이, 성령의 기름이 충만해진다. 선생님을 가지면 기가 통하고 말씀이 통하고 신이 통하는 섬김立命이 된다. 목숨이 선 사람이 기다. 기둥처럼 중통외직中通外直이다. (다석일지공부 4권, 128)

다석에 의하면 '그리스도'는 '전체의 생명'이지, 어떤 특정한 시대의 어떤 인물의 생명이 아니다. 그러므로 그리스도라는 이름은 이제 고유명사가 아닌 보통명사로 사용되어야 한다. 예수만이 그리스도가 아니라는 뜻이다. 예수는 얼나를 받아서 한 사람의 그리스도가 되었다. 다석의 그리스도 개념은 예수를 지칭하는 것이 아니라 일반 '순수한 사람'을 나타내고 있다.

> **基督名義**
> 基督意義正解難　기독의의정해난
> (그리스도란 뜻 바로 풀기 어려워)[2]
> 定義如之何處到　정의여지하처도
> (비슷한 정의는 어디서나 만나지만)
> 傅油小我信順標　부유소아신순표
> (기름 부은 제나는 믿고 따를 푯대요)
> 注靈大我成長道　주령대아성장도
> (얼을 부어주심이 큰 나로 자나날 길)
> (다석일지 1958.12.21)

그리스도라는 뜻이 정말 알기 어렵다. 정의를 어떻게 내릴 수

2) 괄호 속의 한글 풀이는 박영호의 것이다(다석명상록, 353).

> 있겠는가. 기름 부음을 받았다는 뜻이라면 소아小我가 믿고 좇아 갈 목적이 될 수 있고, 성령의 부으심을 받았다 하면 대아大我가 성장하는 길이 될 것이다. 유대 나라에서는 기름 부음을 받은 사람은 제왕帝王, 제사장祭司長, 선지자先知者였다. 세상에서 제일 잘난 사람에게 기름을 부어 주었다. 그런 의미에서 위대한 사람들이다. 그러나 성령의 기름 부음을 받은 사람은 위대한 사람이 아니요, 순수한 사람들이다. 세상에서는 빛도 없고 이름도 없지만 무한히 높은 하나님 앞으로 올라갈 수 있는 대아들이 있다.
> (다석일지공부 3권, 114)

여기에서 다석은 바로 이 얼나의 존재가 모든 사람들로 하여금 깨달음을 통하여 하나님과 일치하게 하는 요건임을 밝힌 것이다. '그리스도'(Christ)는 소리를 한자로 '기독'(基督)이라고 표기한 것이다. 인류를 구속하기 위하여 오시는 메시아, 구세주라는 뜻으로 받아들이고 있다. 이스라엘 사람들과는 달리 로마 가톨릭교회는 예수 그리스도가 하나님 그 자신이라고 믿고 있다. 그러나 이런 생각과 믿음은 잘못되었다고 본다. 사람을 하느님으로 믿는 것은 우상숭배나 다름 없다는 것이다. 다석은 예수 그리스도는 얼나로 거듭난 분으로서 하느님의 아들이 되신 분이라고 생각한다. 또한 다석은 예수만 하느님의 아들인 것이 아니라 얼나로 거듭난 사람이면 모두가 하느님의 아들이라고 주장하였다. 그리스도는 고유명사가 아닌 보통명사에 지나지 않는 것이다.

> 기독교 믿는 자는 예수만이 그리스도라 하지만, 그리스도는 예수만이 아니다. 그리스도는 영원한 생명인 하나님으로부터 오

는 성신聖神이다. (다석어록 1993, 344)

다석은 하느님께서 모든 사람에게 특별한 능력을 위로부터 한량없이 내려 주신다고 믿었다. 그래서 사람의 손은 하느님이 잡고 쓰시는 붓(筆)이라고 여겼다. 그리고 절대자에게서 내려온 능력이 예수 그리스도와 나를 잇게 한다고 생각했다. 이와 같은 다석의 생각은 예수 그리스도를 하느님과 동일본성을 가진 아들이라는 특별한 존재라기보다는 보통명사로 이해하고 있음을 보여준다.

1956년 12월 8일에 다석은 '깨달은 이' 또는 '크리스천'을 뜻하는 '기독자'(基督者)[3]라는 한시를 썼으며, 며칠 후인 12월 11일에도 '얼나를 모신 마음'이란 뜻의 '기독심'(基督心)[4]이라는 한시를 썼다. 그만큼 이 시기에 다석은 그리스도에 대한 개념 정의에 몰두하고 있었다는 것을 알 수 있다.

---

3) 祈禱陪敦元氣息 기도배돈원기식(정중한 기도는 성령을 숨쉼이요)
讚美伴奏健脈搏 찬미반주건맥박(찬송의 반주는 튼튼한 맥박의 울림)
嘗義極致日正食 상의극치일정식(옳고 극진한 먹거리 감사는 날로 바로 먹기)
禘誠克明夜歸託 체성극명야귀탁(하늘 제사를 참 잘 밝힘은 밤에 맡기고 잠)
(다석일지, 1956.12.8); 괄호 안의 한글 풀이는 박영호의 것이다(다석명상록, 56).

4) 自行自止夢弄幻 자행자지몽롱환(가고 서는 제나의 삶은 꿈 거짓 헛됨이라)
命生命死覺省悟 명생명사각성오(웃님 뜻에 살며 죽도록 밝히고 살피고 깨닫자)
貪厭淫淪沈沒我 탐염음륜침몰아(탐욕을 채우고 음란에 빠져 나를 끝장내랴)
忘食貞烈炎存吾 망식정렬염존오(밥을 잊고 고디를 맵게 가져 제나를 불살라)
(다석일지, 1956.12.11); 괄호 안 한글 풀이는 박영호의 것이다(다석명상록, 62).

2) '아버지 아들' 예수

다석은 예수가 하느님을 '아버지'라고 부른 사건을 중요하게 받아들이고 있다(다석일지 1956.6.30, 1957.7.12)

> "이ㅣ수ㅣ 뚜려시 하웋님 보시고 「맨첨브터 내 모신 아ᄇᆞ디」ᄅᆞ 브르심. 나도 「이에 숨쉬므로 뚜려시 아ᄃᆞᆯ로 ᄉᆞᆲ나이다.」 말슴 (다석강의, 914)

다석은 '하느님 아버지를 부르는 사상'은 태초부터 있었지만 예수처럼 뚜렷하게 말한 사람은 없었다고 말한다(다석강의, 914). 다석에 의하면 '사람'은 '살았다' 또는 '사람으로 나온다' 는 뜻을 나타낸다. 또한 그것은 '말씀 사ᄅᆞ는 나'를 포함하는 말이다. 예수는 히브리어로 '구원한다'는 뜻이다. 다석은 '예수'를 '예'와 '수', 즉 '여기'와 '살 수 있는 능력'의 복합어로 '구원의 힘'을 뜻하는 것으로 보았다. 그렇다면 예수는 어떻게 그와 같은 구원의 힘을 갖게 된 것일까? 다석에 의하면 그가 얼나이기 때문이다.

하느님 아버지와 아들 예수의 동일본성을 가능하게 하는 것은 바로 '하나의 님'(主一), 즉 얼나이다. 예수는 얼나를 스스로 체득함으로써 하느님 아버지의 아들이 된 것이다. 얼나가 아버지와 아들을 연결한 것이다. 그러나 아버지 아들이라는 사실은 예수만의 전유물이 아니다. 다석에 의하면, "하느님이 주신 얼나가 길이요 진리요 생명이다. 예수는 하느님이 예수의 마음속에 보낸 얼나가 예수 자신의 길이요, 진리요, 생명임을 깨달은 것이다." (다석어록

2002, 98) 예수가 그것을 찾은 것처럼 석가와 공자도 그것을 찾음으로써 하느님과 동일한 얼나를 갖게 되었다는 것이다. "참나(얼나)를 길(道)로 표현한 이가 노자(老子)요, 참나(얼나)를 진리로 표현한 이가 석가요, 참나(얼나)를 생명으로 표현한 이가 예수다.(1956)" (다석어록 2002, 98).

> 영원히 오고 가는 생명, 마침내 한 생명生命으로 완성完成하는 '생명'이 '그리스도'다. 그리스도는 전체의 생명이지 어떤 시대 어떤 인물의 것이 아니다. (다석어록, 295)

> 예수의 영원한 생명은 그의 몸이 아니고 그의 얼이다. 그 예수의 얼은 지금 우리에게도 보내주신다. 예수의 얼은 줄곧 우리에게 보내주신다. 어떤 뜻으로는 우리의 토대가 그리스도다.
> (다석어록, 223)

예수는 스스로를 '빛'이라고 칭했다. "나는 빛으로 세상에 왔나니 무릇 나를 믿는 자로 어두움에 거하지 않게 함이로다."(요한 12:46) 다석은 '빛'을 '얼'이라고 풀이했다. 얼나의 자각, 얼나를 깨닫는 것이 바로 빛이다(다석어록 2002, 108, 166). 얼나의 존재는 얼나가 깨어났다는 것이고, 깨었다는 것은 바로 생각이다. 여기에서 밝은 것과 깬 것은 동시에 빛으로 형상화되고 있다. 예수는 자신의 깨달음과 생각이 하느님으로부터 왔으며, 하느님의 뜻이라고 단언한다(요한 7:16-17). 그 뜻이 하느님의 영원한 생명을 부여한다는 것이다.

하느님의 뜻이 가장 극명하게 드러난 것은 바로 십자가 사건에서이다. 다석은 바로 그 십자가 사건에서 예수 그리스도의 존재 이유를 파헤친다. 그는 "예수가 십자가에서 흘린 꽃다운 의로운 꽃피(花血)"를 '의인(義人)이 흘린 피'라고 규정한다(다석어록 2002, 111). "꽃은 자연의 피요 사람의 피는 자연의 꽃이다. 꽃이 피요 피가 꽃이다. 이 꽃다운 피, 피다운 꽃이 예수가 십자가에서 흘린 의로운 피이다." 예수가 이처럼 의로운 피를 흘리는 것은 하느님의 뜻, 하느님의 영광을 드러내기 위함이다. 이러한 소명은 오직 얼나를 깨달아 하느님 아들이 됨으로써만 성취될 수 있다. 여기에서 다석은 '하느님 아들'을 '몸나의 죽음을 넘어선 얼나(靈我)'로 규정한다(다석어록 2002, 111). 그것은 '미성년을 넘어서는 것', 즉 '성숙'(成熟)을 통하여 가능하다. 몸은 죽지만 예수는 성숙한 정신을 통하여 세상을 이겼다고 선포한다.(요한 16:33) 다석은 예수의 십자가 사건에서 '온전한 정신을 낳는 얼나', 즉 '죽지 않는 영원한 생명'을 본 것이다. 그는 '하느님의 씨(얼)'인 외아들(요한 1:14)들을 '내 속에 있는 하느님의 얼(불성)'과 같은 것으로 인식하였다(다석어록 2002, 132). '위에서 오신 분', 곧 '하늘에서 오신 분'은 '얼의 나라'에서 오신 분이시다. 그 얼나는 '하느님의 성령'이자 '말씀'이신 분이시다.

다석은 "참으로 마지막까지 영원히 잊을 수 없는 이는 예수 그리스도"라고 고백한다(다석어록 2002, 148). 다석은 자신의 선생은 예수 한 분밖에 없다고 말한다. 선생님으로서는 예수 한 분만을 모신다는 것이다.

내가 참으로 마지막까지 영원히 잊을 수 없는 이는 예수 그리스도다. 훌륭한 스승, 곧 덕사德師를 택하는 데도 마찬가지다. 내게 선생이라고는 예수 한 분밖에 없다. 그러나 예수를 선생으로 아는 것과 믿는 것은 다르다. (다석어록 1993, 138)

이 사람에게도 뜻 가운데 인물이 있다. 내가 잘못할 때 나에게 잘하라고 책선責善하는 벗이 의중지인 意中之人이다. 날더러는 책선을 하지 않는다고 하는 이도 있지만 내게 책선을 하는 이는 예수 그리스도다. 내가 참으로 마지막까지 영원히 잊을 수 없는 이는 예수 그리스도다. 훌륭한 스승, 곧 덕사德師를 택하는 데도 마찬가지다. 내게 선생이라고는 예수 한 분밖에 없다. 그러나 예수를 선생으로 아는 것과 믿는 것은 다르다. 나는 선생이라고는 예수 한 분밖에 모시지 않는다. 사제師弟 관계는 이러해야 한다.(1957) (다석어록 1993, 138)

예수가 제일 좋다. 부자유친父子有親 한아님 아버지와의 부자유친이 기독교다. 유교를 제치고 한아님 아버지와 부자유친을 세웠다. 한아님 아버지께 유친有親하자 드리 덤벼야 한다. 불서佛書는 사고무친四顧無親이다. 한아님 아버지의 부자유친은 신약전서에 나타나 있다.[5)]

다석은 예수가 하느님을 아버지로 부른 사건에서 부자유친의 진리를 발견하였다. 그것은 변화의 사건이다. 다석은 매미가 땅 속에서 17년 동안 유충으로 지내다가 성충(成虫)이 되자마자 얼마 안 되어 죽어버리는 사건에 관심을 가졌다(다석어록 2002, 149). 그는 이 세상에 몸나로 태어나서 하느님 아들인 얼나로 거듭나는

5) 박영호, 『다석 류영모의 생애와 사상』 하, 문화일보사 1996, 313쪽.

현상을 바로 매미 사건과 연결시키고 있다. 예수도 우리와 똑같은 혈육(血肉)으로 태어났다.

어머니 마리아 나신몸
한웋님 아들 예수
(다석일지 1972.8.16)

어머니 마리아의 몸에서 나신 몸이지만 한웋님 아버지를 뫼신 하나님의 아들 예수님이다. (다석일지공부 7권, 205)

思慕母親
復活天上逢母親 부활천상봉모친
奧妙命中一聖子 오묘명중일성자
無言詳義羊善美 무언상의양선미
萬物解釋牛眞旨 만물해석우진지
(다석일지 1973.8.19)

예수님이 부활해서 하늘에 올라가 성모 마리아를 만났음에 틀림이 없다. 한없이 깊고 신비한 생명을 가진 것이 예수 그리스도다. 말없이 하나님의 의義를 드러내기 위하여 십자가에 달렸으니 말없는 양이니 선이요, 큰 양을 십자가에 달았으니 미美요, 내 양을 바쳤으니 의義다. 만인만물의 죄를 풀어헤쳐 해방시키는 것이 복음인데 물物자는 소가 주인이요 해解자도 소를 잡는 모습이다.

소를 잡아 제물로 바쳐야 우주의 문제가 풀리고 쇠고기의 참맛을 먹어야 세상이 다시 기운을 차리는 것일까. 밥 먹는 인생이라 제사가 없을 수 없고 성자가 제물이 된다는 생각은 어디서 나온 것일까. 결국 자기를 모두 바친 소는 생각해보면 어머니가 아닌가. 어머니야말로 무아無我의 희생 제물이 아닌가. 인류가 살아 있는 것은 어머니를 먹고 사는 것이 아닌가. 귀식모貴食母가 아닌가. 우주 만물이 다 어머니 아닌가. 우주가 그대로 어머니임을 생각할 때 어머니를 사모하는 마음 간절하다.

(다석일지공부 7권, 390)

예수는 이 세상에 몸으로 태어났다. 그리고 그가 죽어야 할 사명을 깨닫기까지 유충처럼 숨어서 지내다가 세례를 받고 광야에서 기도하는 도중에 깨달음으로써 얼생명에의 길로 들어섰다. 공자도 나이 오십에 천명(天命)을 알았다고 한다. 다석은 공자가 천명을 안 것이나 예수의 깨달음조차도 하느님으로부터 받은 것이라고 생각했다. 예수의 얼은 하느님의 얼의 씨다. 예수와 나는 얼이라는 사실에서 모두 '하느님의 씨'다. 얼생명으로는 모든 이가 '한 생명'이고, 모두가 '하느님으로부터 온 씨'라는 것이다(다석어록 2002, 152).

예수의 생명과 신神의 생명은 얼의 생명으로는 한 생명이다. 예수의 얼을 씨라고 하면 한아님의 얼은 나무다. 나무는 씨의 근원이다. 예수도 한아님으로부터 왔다. 그리고 씨가 터나오면 또 나무가 된다. 이것이 하느님께로 돌아간 것이다. 예수의 얼만 씨가 아니라 모든 사람의 얼도 다 씨다. 이것을 알려주는 것이 종교다.

(다석어록 1993, 148)

다석은 '하느님으로부터 온 씨', 즉 얼 생명, 얼 씨앗은 '하느님의 뜻'으로 태어났다고 주장한다(다석어록 2002, 158). "누구든지 하느님께로부터 난 사람은 자기 안에 하느님의 본성(씨)을 지녔으므로 죄를 짓지 않습니다. 그는 하느님께로부터 난 사람이기 때문에 도대체 죄를 지을 수가 없습니다."(요한 첫째 편지 3:9)

> 하나님께서 진리를 나타내 보여 주셨다. [...] 하나님의 빛은 진리의 빛이다. 진리의 빛이 임하는 곳에 죄는 사라진다. 진리의 빛 덩어리가 그리스도다. 그리스도가 빛나는 곳에 죄는 없다. 진리가 빛나면 죄는 없다. 진리가 풀리면 죄도 풀린다. 그리스도는 진리면서 죄다. 세상 죄요 하나님의 진리다. 모든 죄는 그리스도가 지고, 모든 진리는 그리스도가 푼다. 진리가 풀릴 때 죄도 풀린다.
> (다석일지공부 1권, 485-486)

사람은 흙으로 빚어진 흙덩이만이 아니다. 사람은 하느님의 씨(본성)을 가지고 하느님의 뜻으로 태어났다. 예수는 하느님이 이 땅 위에 보내신 얼나의 대표이다. 그는 사람들로부터 대접을 받기 위하여 오신 것이 아니다. 오직 하느님이 주신 성령으로 얼나로 거듭나서 하느님 아버지의 아들 노릇을 하고자 이 세상에 온 것이다. 예수는 하느님 아들로서의 사명을 다하기 위해서 이 땅에 오신 것이다.

예수는 십자가에 못 박혀 죽음으로써 자신을 하느님께 바쳤다. 예수는 이렇게 말하였다. "너희도 알다시피 세상에서는 통치자들이 백성을 강제로 지배하고 높은 사람들이 백성을 권력으로 내리누른다. 그러나 너희는 그래서는 안 된다. 너희 사이에서 높은 사람이 되고자 하는 사람은 남을 섬기는 사람이 되어야 하고 으뜸이 되고자 하는 사람은 종이 되어야 한다.

> 사람의 아름다운 모습은 섬김에 있다. 사람의 본연의 모습은 섬김에 있다. 그런데 많은 사람 사운데서 참으로 한아님을 섬기고 사람을 섬기심에 가장 으뜸가는 목숨은 그리스도가 아닐까. 한아님과 인류를 섬김을 자기의 생명으로 삼으신 이가 그리스도다. 온인류로 하여금 그리스도인 영원한 생명으로 살도록 본을 보이기 위해서 섬김에 섬기신 이가 그리스도다. 이에 그리스도를 진정으로 기리고 진정으로 찬미하는 것이 인간의 본성이 아닐까. (다석어록 1993, 39)

사실은 사람의 아들도 섬김을 받으러 온 것이 아니라 섬기러 왔고 많은 사람을 위하여 목숨을 바쳐 몸값을 치르러 온 것이다."(마태 20:25-28). 다석은 여기에서 '바쳤다'는 말은 '밥이 되었다'는 뜻으로 풀이했다(다석어록 2002, 153). 다석에 의하면 인생의 목적은 하느님께 바치는 제물이 되는 것이다(다석어록 2002, 154). 밥은 태양의 빛과 바다의 물과 그 밖에 온갖 신비가 총 동원되어 지어진다. 그러므로 밥은 거저 주어지는 것이 아니라 하느님의 선물이자 은총이다. 우리의 힘으로 된 것이 아니고 하느님께서 우리에게 보내신 것이다. 이와 같은 다석의 밥론은 하이데거가 횔덜린의 시 해석에서 이끌어 낸 신, 하늘, 땅, 사람이라는 '네 가지 것들'(四大, Geviertes)과 라이문도 파니카가 새롭게 구축한 '우주신인론'(Kosmotheandrismus)에 담고 있는 의미 함축을 선구적으로 예견하고 있다.

3) '얼나' 그리스도

다석은 예수뿐만 아니라 누구든지 하느님의 독생자라고 생각하였다. 다석은 예수를 덕이 있는 스승(德師)으로 모셨다(다석어록 1993, 138). 예수를 스승으로 모시되 하느님으로 숭배해서는 안 된다고 하였다(다석어록 1993, 300). "예수 · 석가가 구원이니 성불(成佛)이니 하는 것은 우(하느님)로 올라가 세상을 이겼다는 것이다." (다석어록 2002, 172) 따라서 예수나 미륵불을 기다리지 말라고 당부하였다(다석어록 2002, 169). "그리스도는 영원히 오시는 얼나", '하느님의 얼(씨)'이므로, 언제나 이미 우리에게 와 있다는 것이다. 얼나는 무소부재(無所不在)하다. 이러한 얼나의 도래 사실을 깨달아서 '생명 전체(하느님)를 이루는 것'이 바로 구경(究竟)이다(다석어록 2002, 169-170).

우리로서는 말씀밖에 믿을 게 없다. 물론 말씀이란 "하느님으로부터 오는 말씀(성령)이다. 태초의 말씀 그것이 아들이다. 예수의 생명(얼나)이 태초의 말씀이다.(1960)" (다석어록 2002, 35) 말씀은 '말의 말씨'이다. 말씀은 우리들에게 '제계'(彼岸, paramitta, 니르바나), 즉 하느님 또는 하느님 나라(절대세계)로 인도한다. 예수와 석가의 사상은 바로 그것을 의도하고 있다. 여기에서 다석은 말씀을 예수와 기독교의 전유물로 이해하지 않는다. 말씀은 보편적인 진리를 가리키는 보통명사가 되는 것이다.

"예수만이 말씀(로고스)으로 된 게 아니다. 개똥조차도 말씀으로 되었다." (다석어록 2002, 31) 예수도 "말씀(하느님의 생명인 얼)은 맨 처음 천지가 창조되기 전부터 하느님과 함께 계셨다. 모든 것은 말씀을 통하여 생겨났고 이 말씀 없이 생겨난 것은 하나도 없다."(요한 1:2-3). 다석의 그리스도 이해는 종교일치적, 종교다원주의적이다. 존 힉의 종교철학적 주장과 흡사하다. 다석은 우리 그리스도교도들이 예수만 말씀으로 되었고, 우리는 딴 데서 온 것처럼 생각하는 것은 잘못이라고 지적한다. 기독교만 말씀이 아니라 불교도 말씀이며, 법(Dharma)은 곧 진리의 말씀을 뜻한다는 것이다.

> 예수하고 우리하고 차원이 다른 게 아니다. 예수, 석가는 우리와 똑같다. 예수가 '나는 포도나무요, 너희는 가지다'라고 하였다고 예수가 우리보다 월등한 것이 아니다.(1960)
> (다석어록 1993, 300)

> 기독교 믿는 자는 예수만이 그리스도라 하지만 그리스도는 예수만이 아니다. 그리스도는 영원한 생명이 한아님으로부터 오는 성신聖神이다.(1960) (다석어록 1993, 344)

예수 그리스도는 "내가 길이요 진리요 생명이니 나로 말미암지 않고는 아버지께로 올 자가 없느니라."(요한 14:6) 이라고 말씀하셨는데, 다석은 "길이 되고 진리가 되고 생명이 되는 나가 참나인 하나의 님(主)"이라고 풀었다(다석어록 2002, 40).

> 우리는 그리스도를 만나보았다. 보내신 그리스도란 영원한 생명이다. 우리에게 산소가 공급되듯, 성령이 공급되는 것이 그리스도다. 그리스도는 줄곧 오는 영원한 생명이다.
> (다석어록 1993, 341)

예수의 독특한 점은 한아님의 씨를 싹틔워 완성한 것이다.
(다석어록 1993, 341)

이와 같은 다석의 해석은 그리스도교의 삼위일체설을 약화시킬 뿐만 아니라 부정하는 차원에까지 나아간다.

집

20 너희는 使徒들과 先知者들의 터우에 세우심을 닙은 者라. 기름바든 님께서 바로 모퉁이 돌이 되셧나니라. 21 그 안에서 채채마다 서로 드러마저 거룩한 집이 되여가고, 22 너희도 숨님안에서 한웋님 계실대가 될라고 님속에 함께 지어져 가나니라. 에베소 二章
(다석일지 1968.8.9)

너희들은 사도와 예언자라는 터 위에 세워진 집이다. 예수 그리스도가 이 집터의 모퉁이 돌이 되었다. 이 집 전체는 모퉁이 돌에 전부가 연결되어 있다. 이 집은 주님 위에 세워지는 거룩한 집으로 너희 집도 그 안의 한 채이며 이 집에는 하나님의 영이 사실 집이다. 우리 한 사람 한 사람이 하나님의 성령이 사시는 집이다.
(다석일지공부 5권, 454)

예수는 니고데모에게 얼나로 거듭나라고 말했는데, 여기에서 '거듭난다'는 것은 '우로부터'라는 뜻이다. 그것은 '우(하느님)로부터오는 얼로 거듭난다'는 것을 의미한다. 어머니에게서 난 것(제나)은 밑에서 난 것이지만 우로부터 난 것은 얼나이다. 영원절대이신 하느님은 얼이기 때문에 얼이 아니면 하느님과 관계할 수가 없을 것이다(다석어록 2002, 136). 인자(人子), 곧 사람의 아들은 이 땅에 있는 것이 아니라 하늘나라에 있으며, 그 사람의 몸은 얼의 씨가 커 나갈 보금자리인 것이다(다석어록 2002, 137).

> 예수 그리스도 역시 절대자에게 이어져서 나타나게 되는데, 그 모양은 같다고 생각합니다. 그런 뜻에서 우리는 역사적으로 예수에게 이어져서 현재에도 산 능력을 내려받게 된다고 할 수 있습니다. (다석강의, 26)

"예수는 시발이지 완성이 아니다"(다석어록 1993, 138, 257). 다석은 예수가 세상에 무엇을 보이려고 오신 것이 아니라 참나의 완성을 위하여 계속해서 나오는 존재로 이해하였다. 참나인 그리스도는 이미 완성된 것이 아니라 완성해 나가는 것, 다시 말해서 참나 하나하나를 완성해 나가는 것을 뜻한다. '으뜸 하나'(元一), '임하나'(主一)가 완성되었다는 것은 이 상대세계에서 하나의 참나를 통하여 '온전한 하나(하느님)'를 나타냈다는 것을 말한다(다석어록 2002, 145). 이와 같은 다석의 생각은 과정으로서의 신 개념을 선구적으로 이해한 것이라고 볼 수 있다.

다석의 그리스도 이해는 다원주의적이다. 그는 예수를 성경에만 국한시키지 않는다. 그는 유교 경전이나 불교 경전, 그리고 심지어는 그리스 철학이나 인도 사상에서도 동일한 진리를 찾을 수 있다고 말한다. 그에게 예수와 미륵불은 같은 의미를 가지며, 제나가 얼나로 변함으로써 우리들 자신도 그렇게 될 수 있다고 믿는다. 다석은 23살 때 전도하기 위하여 요한복음 3장 16절을 자주 인용

했다고 한다. "하느님은 이 세상을 극진히 사랑하셔서 외아들을 보내 주시어 그를 믿는 사람은 누구든지 멸망하지 않고 영원한 생명을 얻게 해주셨다."(요한복음 3:16) 그는 하느님이 세상을 사랑하셨기 때문에 우리가 얼나, 즉 하느님의 아들로 살 수 있게 했다고 생각했다. 하느님께서 우리에게 주신 얼나가 바로 하느님의 나라이자 영원한 생명이라는 것이다(다석어록 2002, 159). 그 때문에 다석은 예수만이 유일하게 하느님의 아들('독생자')인 것이 아니고, 얼나로 거듭나는 모든 사람들이 하느님의 아들이라고 믿었다.

> 나는 줄곧 본다. 한아님의 사랑을 나는 줄곧 보고 있다. 예수만이 혼자 독생자인가. 한아님의 씨를 키워 로고스의 성령이 나라는 것을 깨달아 아는 사람은 누구나 다 얼의 씨로 독생자다. ...
>
> 자기 속에 한아님의 씨가 독생자라는 것을 믿어야 한다. 그러면 누구나 몸으로는 죽어도 독생자인 얼로는 멸망치 않는다. 얼로 거듭나는 것이 영생이다. 얼이 참나인 것을 깨닫는 것이 거듭나는 것이다. 영생은 예수 이전에서 이어 내려오는 것이다. 예수는 단지 우리가 따라갈 수 없을 만큼 이 사실을 크게 깨달아 가르쳐주었다. 지금 다시 「요한복음」 3장을 통해서 폭포수 같은 흐름을 우리에게 부어주며 우리를 영원과 연결을 시켜준다.(1957)
>
> (다석어록 1993, 216-217)

이와 같은 깨달음의 신앙은 다석이 기독교를 불교적으로 해석한 결과이기도 하다. 깨달음을 얻은 모든 이가 붓다가 되는 것처럼 성령으로 거듭난 모든 사람들은 예수, 즉 하느님의 아들이 되는 것이다. 누구든지 자신의 마음속에 '하느님의 씨'(생명)인 얼나가 있다면 그는 하느님 아버지의 외아들인 것이다. 그래서 다석은 우리의 삶의 토대는 얼나인 그리스도라고 생각하였다(다석어록 2002, 161). 다석은 이러한 자신의 견해가 범신론으로 비쳐질 수도 있다는 사실을 알고 있었다. 예수 그리스도보다는 예수를 빼고서 그리스도만을 쓰든지 아니면 성령이라고 하는 것이 더 보편적이라는 것이다. 그래서 다석은 "영원한 생명은 곧 참되시고 오직 한 분이신 하느님 아버지를 알고 또 아버지께서 보내신 예수 그리스도를 아는 것입니다."(요한 17:3)라는 기도문 텍스트에서 예수 자신이 스스로를 '아버지께서 보내신 예수 그리스도'라고 지칭하는 것이 맞지 않다고 지적했던 것이다(다석어록 2002, 161).

> 나 유영모가 예수를 이야기하는 것은 예수를 얘기하자는 것이 아니다. 공자를 말하는 것은 공자를 말하자는 것이 아니다. 예수처럼, 공자처럼, 간디같이, 톨스토이같이 한아님의 국물을 먹고 사는 것이 좋다고 해서 비슷하게 그 짓하려고 말한 것뿐이다. 공자 · 석가 · 예수 · 간디를 추앙하는 것은 우리도 그들과 비슷하게나마 한아님의 국물을 먹으려는 짓을 하려고 하기 때문이다.(1957) (다석어록 1993, 112)

다석의 그리스도론은 예수가 하느님을 아버지(아빠)라고 부르는 사건으로부터 출발한다. 그는 이를 부자유친으로 이해한다. 부자유친이란 본래 유학적 개념이다. 그런데 다석은 예수가 하느님을 아버지로 부를 수 있는 근거를 '얼나'에서 찾았다. 예수는 하느님의 얼씨를 받아서 얼나가 됨으로써 하느님을 아버지로 부를 수 있게 된 것이다. 그러나 얼나는 예수만이 아니다. 공자와 붓다뿐만 아니라 우리들 모두가 얼나가 될 수 있다면 하느님의 아들이 된다는 것이다. 그러므로 예수의 십자가 사건은 몸나에서 얼나로의 변화 사건이다. 다석은 예수의 죽음에서 속죄론을 강조하기보다는 깨달음의 차원을 더 강조하고 있다. 우리 모두가 얼나를 체득하게 되면 하느님을 아버지로 모실 수 있는 것이다. 그리하여 니케아-콘스탄티노플 신경의 예수 그리스도의 하느님 사상은 다석에 의하여 얼나 그리스도론으로 변형되었다. 예수는 하느님이 아니다. 예수는 구속사를 위하여 십자가에서 죽은 것이 아니다. 예수는 얼나를 통하여 하느님을 아버지로 부를 수 있게 되고, 바로 그 부자유친의 사건을 통하여 하느님과 하나가 된 것이다. 불성이 모든 중생들에게 주어져 있는 것처럼 하느님의 얼씨도 역시 모든 사람들에게 주어져 있는 것이다. 얼씨를 잘 길러서 얼나가 되는 것, 그것이야말로 하느님의 나라를 실현하는 것이다. 내 안에 하느님의 나라가 있다는 것은 다석이 구상한 얼나 그리스도론의 근본 취지인 것이다. 하느님의 나라는 하늘 위에 있는 것이 아니다. 모든 얼나의 속에 천국이 존재하는 것이다. 니르바나 역시 다른 어떤 것이 아니라 얼나 속에 이미 실현되어 있다. 없이 계신 하느님과 빈탕한데는 얼나의 사람들에게만 복음(福音)이 될 수 있다.

다석의 그리스도론을 이해하기 위하여 그가 직접 우리말로 옮긴 주기도문과 천주교 봉헌경을 첨부한다.

다석의 주기도문 우리말 번역[6)]

하늘에 계신 아바께 이름만 거룩 길 참 말씀입니다.

이에 숨쉬는 우리 밝는 속알에 더욱 나라 찾음이여지이다.

우리의 삶이 힘씀으로 새 힘 솟는 샘이 되옵고 진 짐에 짓눌림은 되지 말아지이다.

사람이 서로 바꿔 생각을 깊게 할 수 있게 하시고 고루 사랑을 널리할 줄 알게 하여 주시옵소서. 아버지와 임께서 하나가 되사는 삶에 계신 것처럼 우리도 모두 하나가 될 수 있는 성언을 가지고 참 삶에 들어 갈 수 있게 하여 주시고 거룩하신 뜻이 위에서 되신 것과 같이 땅에서도 이루어지이다. 아멘.

주 기도문[7)]

하늘에 계신 저희 아버지

아버지의 이름을 거룩히 드러내시며 아버지의 나라가 오게 하시며 아버지의 뜻이 하늘에서와 같이 땅에서도 이루어지게 하소서.

오늘 저희에게 일용할 양식을 주시고 저희에게 잘못한 이를 저희도 용서하였듯이 저희 잘못을 용서하시고 저희를 유혹에 빠지지 않게 하시고 저희를 악에서 구하소서.

(나라와 권세와 영광이 아버지께 영원히 있나이다. 아멘.)

---

6) 류영모, 「오직 뜻이 반듯해야 합니다: 주기도문 강의」, 『다석 마지막 강의』, 박영호 풀이, 교양인 2010, 143-153쪽.

7) 천주교 성경, 마태오 6:9-13.

봉헌경(奉獻經)[8]

천주여	(한웋님)
너 너를 위하여	(계 계서)
나를 내셨으니	(날 내셧스니)
나 나를 가져	(내날 가져)
너를 받들어	(계 받들어)
섬기기를 원하는지라	(성김 십흐므로)
그러므로	
이제 내 영혼과	(이제 내 속알과)
육신 생명과	(살몸 목숨과)
내 능력을 도무지	(내 나위험과를)
네게 받들어 드려	(계 받드러드려)
	(내 밝아 곌앎)
	(내 맘둬 계앎)
	(내 곌 사랑코 고맙)
	(내눈 계 좀 봐)
	(내귀 계 옳을 듣고)
	(내혀 계 거륵을 기우고)
	(내소리 계 아름다움 노래)
	(내손 하늘일에 쓰며)
	(내발 하늘길을 가면 하오니)
	(내맘의 생각과)
	(내입에 말과)
	(내몸의 짓과)
	(내 맞나는 어려움과)
	(내 받게 되는 업시임과 욕됨과)

8) 다석일지 1970.10.9 [다석 고쳐씀]

(남죽 걱정 고맘을)
(계계로 받들어 들여)

– 일지기는 흙바탕낮에서 찾던 것을 –

일체 네 영광에	(온통 계 참 빛 계)
돌아가기를	(도라가기를)
간절히 바라며	(꽉 바람이옵지-므슨계가서 열 두오랠 차지릿가)
천주 성의에 합하고	(한웋님 뜯 맞고)
천주의 명을 순히 하고	(한웋님 말숨 쉬어)
도무지 나와 모든 사람의	(나와 모든 사람)
영혼 구함에 유도하기를	(속알 나외임에 더욱 되기만을)
지극히 원하나이다	(가장 비나이다)
우리 천주여	(한웋님 우리 이)
죄인의 죄가 크고	(조임살의 조임이 크고)
악이 중하여	(몬진 모질이 묵어워)
들이는 바	(들인다)
당치 못하오나	(몬되오나)
네 불쌍히 여기심을 바라고	(계 불상힐 바라며)
네 인자하심을	(계 성김을)
의지하여 비오니	(기대어 비오니)
나 드리는 것을	(나들이)
받아들이소서	(뎨계듦)
아멘	(아옴)

받드러 드릴 줄[9)]

하느님 계 계셔 날 내셨으니 내 날 가져 계 받들어 섬김 싶음으로
이제 내 속알과 살몸, 목숨과 내 나위 힘과를 계 받들어 드려
한웋님 뜻 맞고 한웋님 말숨 쉬어
나와 모든 사람 속알 나위임에 더욱 되기만을 가장 비나이다.
한웋님 우리 이 조임살의 조임이 크고 몬진 모질이 무거워
드린다 못 되오나 계 불쌍히 바라며 계 섬김을 기대어 비오니
나들이
제계 듦 아멘.

[풀이][10)] **한웋님께 바치는 기도**

한얼(계)로 계시는 한웋님께서 이 나를 내셨으니 내가 나를 가지고서 한웋님을 받들고 섬기고 싶습니다. 이제 내 정신과 육신의 생명과 내 지닌 능력으로 한웋님을 받들겠습니다. 그리하여 한웋님의 뜻에 맞추고 한웋님의 말씀(성령)을 숨쉬겠습니다. 오직 나와 모든 사람의 정신이 한웋님께로 나아가 한웋님 아들 되기만을 진심으로 비옵니다. 한웋님 우리의 잘못 저지름이 크고 이 몸이 짊어진 짐이 몹시 무겁습니다. 한웋님께서 저를 가엾게 여기시기를 바라며 한웋님의 자비하심에 힘입어 비오니 제가 한웋님이 주시는 얼나로 솟나 한웋님 아버지의 나라에 영생하게 하옵소서 아멘.

---

9) 이는 다석이 천주교 봉헌경을 우리말로 옮긴 것이다. 류영모, 「깨달음은 깨어나는 것: 봉헌경 강의」, 『다석 마지막 강의』, 박영호 풀이, 교양인 2010, 189쪽.

10) 이는 박영호가 다석의 "받드러 드릴줄"(봉헌경)을 풀이한 것이다. 류영모, 『다석 마지막 강의』, 박영호 풀이, 교양인 2010, 189쪽.

천주교 봉헌경11)

천주여 너 너를 위하여 나를 내셨으니,
나 나를 가져 너를 받들어 섬기기를 원하는지라,
그러므로 이제 내 영혼과 육신 생명과 내 능력을
도무지 네게 받들어 드리오니,
내 명오를 드림은 너를 알기 위함이요,
내 기함을 드림은 항상 너를 기억하기 위함이요,
내 애욕을 드림은 너를 사랑하고 감사하기 위함이요,
내 눈을 드림은 네 기묘한 공부 보기 위함이요,
내 귀를 드림은 네 도리 듣기 위함이요,
내 혀를 드림은 네 거룩한 이름을 찬송하기 위함이요,
내 소리를 드림은 네 아름다움을 노래하기 위함이요,
내 손을 드림은 각가지 선공하기 위함이요,
내 발을 드림은 천당 좁은 길로 닫기 위함이니,
무릇 내 마음의 생각과 내 입의 말과 내 몸의 행위와,
나의 만나는 괴로움과
받는 바 경천히 여기며 능욕함과
내 생명에 있는 바 연월일시와
내 생사 화복을
도무지 네게 받들어 드려,
일체 네 영광에 돌아가기를 간절히 바라며,
천주 성의에 합하고 천주의 명을 순히 하고,
도무지 나와 모든 사람의 영혼 구함에,
유익하기를 지극히 원하나이다.
우리 천주여 죄인이 죄가 크고 악이 중하여,
드리는 바 당치 못하오나,

---

11)『천주성교공과』; 정양모,『나는 다석을 이렇게 본다』, 160-162.

네 불쌍히 여기심을 바라고,
네 인자하심을 의지하여 비오니,
나 드리는 것을 받아 들이소서. 아멘.

봉헌 기도12)

하느님, 저를 사랑으로 내시고 저에게 영혼 육신을 주시어 주님만을 섬기고 사람을 도우라 하셨나이다. 저는 비록 죄가 많사오나 주님께 받은 몸과 마음을 오롯이 도로 바쳐 찬미와 봉사의 제물로 드리오니 어여삐 여기시어 받아주소서. 아멘.

---

12) 한국 천주교 기도서

8 다석의 종교다원주의

다석의 종교사상은 현대의 종교다원주의 사상과 너무나 닮아 있다. 현대 종교 다원주의자 존 힉(John Hick)은 초월적인 신적 실재에 대한 인간의 응답은 '영원한 일자'(the eternal One)에 근거하고 있으며, 인간의 다양한 언어와 사고, 체험을 통하여 매우 다양한 양태로 나타날 수 있다고 보았다. 그리하여 그는 "하느님은 많은 이름을 가지고 있다." 고 보았다. 영원한 일자에 대한 이해는 기원전 8세기에서 기원후 2세기에 이르는 세계 여러 문명국가들에서 다양한 형태로 나타났다. 칼 야스퍼스(Karl Jaspers)는 이 문명의 황금시대를 '차축시대'(axial period)라고 불렀다. 세계의 대종교들은 영원한 일자에 대한 자신들의 인식만을 절대적인 것으로 간주하려는 경향이 있으나 그것은 각각의 종교에 공통적으로 드러나는 근원적인 실재에 대한 진리를 드러내고 있다. 다석 역시 동양사상과 서양사상을 굳이 구별하지 않으려고 하였다. 모든 사상은 하느님을 찾고 있다고 생각했기 때문이다. 모든 종교들은 하느님을 찾고 있다. 만물을 이룬 것이 로고스(말씀)라면 그것 역시 생각에서 비롯될 것이고, 사람들의 생각들도 본디 하느님 로고스와 닮아 있을 것이다. 그리하여 다석의 종교관은 자연스럽게 다원주의를 대변하고 있다.

> 내가 성경만 먹고 사느냐 하면 그렇지 않다. 유교 경전도 불교 경전도 먹는다.(1957) (다석어록 1993, 129)

다석의 사상은 한마디로 세계 4대의 종교가 동일한 진리를 설파하고 있다는 것, 즉 예수와 석가와 노자와 공자가 결국은 같은 진리를 말하고 있다고 주장하는 사실에서 매우 특징적이다. "예수교, 불교, 유교는 다 다른지 모르나 진리는 하나밖에 없는 것을 얘기하니 이보다 더 좋은 낙이 어디 있겠는가?"(다석어록 1993, 59)

> 우리에게 주어진 바탈(性命)을 잘 그대로 끌고 나간 이가 노자요, 석가요, 예수다. 나는 장자, 맹자가 다 성신을 통했다고 생각한다. 성신을 통하지 않고는 그렇게 바탈을 잘 알 수가 없다. (다석어록 1993, 315)

지금의 기독교, 불교, 유교는 예수, 부처, 공자가 본래 가르침 진리와는 거리가 있으나, 예수, 부처, 공자가 본래 가르친 진리는 똑같다. 각 종교의 교조들이 말하는 진리는 같은 것이다. 따라서 어느 종교가 참된 종교인가를 비교하고 가리는 것은 잘못된 태도이다. 이는 여러 신앙유형들이 있으나 하나의 참된 종교만이 있다는 칸트의 입장과 유사하다. 다석은 자신이 성경뿐만 아니라 유교와 불교의 경전이나 고대 그리스 철학조차도 얼나(眞我)를 깨닫게 하는 진리가 깃들어 있다고 주장하였다.

> 기독교인은 신약성경을 위주해서 말하는데 신약의 말씀도 구약을 이해하여야 하는 것처럼, 다른 종교의 경전經典도 다 구약성경과 같이 보아야 한다는 것은 조금도 틀린 말이 아니다. (다석어록 1993, 82)

각각의 종교사상에는 얼생명을 얻은 사람들에 대한 이야기가 있다. 각각의 종교들에서 나타나는 공통분모는 '얼'이다. 다석에 의하면 각각의 종교는 기존의 사상을 단순히 반복하고 있는 것이 아니라, 그들 스스로 통찰하고 깨달은 자기만의 독특성을 가지고 있다. 중요한 것은 무슨 신비, 무슨 신학, 무슨 철학이라고 해서 홀리지 말고 그것들을 통하여 하느님 아버지께로 나아가는 것이다. 제 종교는 진리에 이르는 방편에 불과하다는 것이다.

> **Logos. Atman. 道. 말슴. 꿈틀그림**
> (다석일지 1956.3.17)
> 또는 로고스, 아트만, 길, 말씀, 꿈틀거림이라고 여러 가지로 불리나, 귀로 듣는 말씀이고 눈으로 보는 로고스고 코로 걷는 길이고 입으로 말하는 꿈틀거림이다. 한마디로 도는 아트만이요 나다. 내가 내가 아니라 도가 나다. 도가 듣고 도가 보고 도가 숨쉬고 도가 말한다. 도가 영체다. 도가 아트만이요, 도가 나다. 도는 생사와 관계가 없다. 영원한 생명이다.
> (다석일지공부 1권, 406)

"내가 곧 길이요 진리요 생명이니 나로 말미암지 않고는 아버지께로 올 자가 없느니라"(요한 14:6). 다석에 의하면 하느님이 주신 얼나는 길이요 진리요 생명이다. 예수는 하느님이 예수의 마음 속에 보낸 얼나가 예수 자신의 길이요, 진리요, 생명임을 깨달은 것이다. 예수는 참나(얼나)와 길, 참나와 진리, 참나와 생명이 둘이 아닌 것을 깨달았다. 그런데 노자(老子)는 참나(얼나)를 길(道)로 표현하였고, 석가는 참나(얼나)를 진리로 표현했으며, 예수는 참나(얼나)를 생명으로 표현하였다.(1956) (다석어록 1993, 98) 접근 방식에만 약간의 차이가 관찰된다.

> 기독교는 종교적이고 유교는 도덕적이다. 유교는 부자유친 인仁에서 시작하고 기독교는 천인합일 원元에서 시작한다.
> (다석일지공부 1권, 138)

그렇지만 다석은 석가, 공맹, 노장을 읽고서 예수의 복음서를 보면 하나님을 확실히 알 수 있다고 하였다. 그는 성경과 주역의 계사편을 함께 읽으라고 권한 적도 있었다. 다석은 예수, 석가, 공자, 맹자, 노자같이 사상적으로 구경(究竟)에 이르면 모두가 다 하나의 동일한 진리로 관통함을 깨달았다. 그것은 마을의 여러 우물이 하나의 지하수로 연결되는 것이나, 여러 개의 산봉우리들이 하나의 산맥 위에 존재하는 것과 마찬가지이다. 그는 장자, 맹자도 다 성신(聖神)이 통했다고 보았다. 유교와 불교와 기독교가 따로 있는 것이 아니라 그 각각의 종교에 성신이 함께 하고 있다고 본 것이다.

우리에게 주어진 바탈(性命)을 잘 그대로 끌고 나간 이가 노자요, 석가요, 예수다. 나는 장자, 맹자가 다 성신을 통했다고 생각한다. 성신을 통하지 않고는 그렇게 바탈을 잘 알 수가 없다.
(다석어록 1993, 315)

다석은 각 종교에서의 깨달음, 즉 하느님에게로의 '얼생명'으로의 거듭남은 교리와 신조에 의해서가 아니라 오직 하나님의 '얼'을 받아들임으로써 이루어진다고 보았다. 얼을 통해 깨닫게 되는 하느님은 어느 종교에서든 한 하느님이시다. "원일(元一)이다. 내가 죽을 때까지 말하고 싶은 것은 원일이다. 본디의 하나가 원일이다. 원일은 유일무이(唯一無二)이다"(다석어록 1993, 170).

사상에는 동양이니 서양이니 하는 수식어를 달 필요가 없다. 사상은 다 '하나'를 담아 영원한 것이다. 사상이라는 것이 나온 것도 영원한 '하나'를 찾자고 하는 일이다. 그러나 아직 미정고未定稿로 완결된 사상은 없다. 인류가 남긴 모든 사상은 이 영원한 사상에 도달하려는 과정에서, 나 여기까지 왔다는 기록을 남긴 것이다. 따라서 무슨 사상, 무슨 신조라 하는 것은 다 완결을 보지 못한 것들이다. 어떤 뜻에서는 영원한 미정고라고 할 수 있다. 철학의 대표라는 것은 있을 수 없다. 철학이나 사상이란 다만 자기가 해본 생활의 정도를 발표한 소견所見에 지나지 않는다. 따라서 어떤 사상, 어떤 종교를 내세워 이것을 따르지 않으면 죽는다고 하여 완전고完全稿처럼 떠들지만 실은 그것이 아니다. (1957)
(다석어록 1993, 138)

이와 같은 다석의 종교다원주의는 근본적으로 사교회통(四敎會

通) 사상(思想)을 지향하고 있다.[1] 앞에서 지적한 것처럼 다석은 예수, 석가, 공자, 노자, 간디와 톨스토이, 그리고 심지어는 1647년에 퀘이커교를 처음 시작했던 조지 폭스(다석어록 1993, 155)의 영향까지도 받았다. 그는 이런 다양한 사상들을 한사상의 기틀 위에서 조화하고자 하였다.[2] 동양에서는 오래 전부터 만물의 근원인 하나의 실재가 다양하게 표현된다는 사실을 인정해 왔다. 우리는 기원전 10세기에 형성된 리그베다에서 그런 사실을 확인할 수 있으며, 현대에 이르러서도 라마크리쉬나(1836~1886), 비베카난디(1863~1902), 타고르(1861~1941), 간디 등에게서 모든 종교는 하

---

1) 강돈구는 다석 류영모의 한국 종교사적 의의를 '사교(四教) 회통사상(會通思想)', '종교간 대화', '종교다원주의'로 평가하고 있다. 다석은 동양의 유불선과 서양의 기독교가 근본적으로 신성이 여러 형식으로 드러난 것에 지나지 않는다고 보았기 때문에, 종교간의 대화가 가능하고 각각의 종교적 지위가 의미를 갖게 된다고 생각하였다. 강돈구, 「유영모 종교사상의 계보와 종교사상사적 의의」, 『다석 유영모의 동양사상과 신학』, 솔 2002, 376-384.

2) **한아 한웋나라 열니라**

디구머리 우리아바 계계신듯 늦기오니
우이우러 우럽다가 소리내어 우름조차
하늘을 그리웁거니 열릴대로 열니라.
(다석일지 1973.10.28)

한아 속에 하늘나라가 열린다. 한아는 내 속에 있다. 내 마음 가운데가 한아다. 내 마음 속에 하늘나라가 열린다. 디구머리, 나의 두뇌 골 속에 우리 아버지가 자리잡고 와 계신 것을 느낀다. 삼일신고에는 하나님이 우리 머리에 와 계신다고 한다. 우주의 꼭대기를 우러러 하나님을 찾다가 너무 안타까워 소리내어 통곡을 한다. 옛날 순임금은 하늘을 향하여 통곡하였다. 하나님 아버지가 그리워서 견딜 수가 없으니 하늘나라의 문이여 열릴 수 있는 데까지 열려라. 결국 내 마음을 열어야 하늘도 열리지 내 마음을 닫으면 하늘도 닫힌다. 땅에서 열면 하늘에서도 열리는 것이 천국 문이다. (다석일지공부 7권, 450)

나의 진리에 이르며, 단일한 신성이 다양하게 현현할 수 있다는 사실이 강조되고 있음을 잘 알고 있다. 다석 역시 한사상의 기틀 위에서 유불선과 그리스도교의 묘합을 추구하였다.

> 나는 20살 전후에 불경과 『노자』를 읽었다. 그러나 무無와 공空을 즐길 줄은 몰랐다. 요새 와서 비로소 공에 친해졌다. 불교에서는 백척간두百尺竿頭에서 진일보해야 허공에 갈 수 있다고 한다. 간두에 매달려 있는 한 허공에 갈 수 없다. 우주를 담은 허공이 실존이다. 맨 처음에 무가 있었다는 것은 옳은 것 같다. 무는 엄숙하다. 무는 나도 안다며 지내갈 수 없다. 이 우주 천체는 공에 혹이 난 것이다. 혹이란 무용지물無用之物이다. 그것은 끝내 빔(空)에 돌아간다. 혹에 난 물 곳이 생물이다. 나는 빔(空)에 가야 해방된다고 생각한다. 불교나 노자는 한마디로 빔이라 하면 된다. 서양 사람들은 이 빔을 모른다. 유有만 가지고 제법 효과를 보지만 원대한 것을 모르니 갑갑하기만 하다. 서양문명은 벽돌담 안에서 한 일이다. 빔(空・無)까지 가야 한다. 빔은 절대자가 아니다. 절대자 하느님의 마음이다. 절대(하느님)의 아들은 빈탕(虛空)을 바라야 한다.3)

> 대학의 사상은 지소선후知所先後하는 순서론, 즉 근본에서부터 시작해야 한다. 하나에서부터 시작한다. [...] 나를 완성하는 것이 명명덕明明德이고 남을 완성하는 것이 신민新民이다. 나를 완성하는 것이 근본이요 시작이고, 남을 완성하는 것이 가지요 마지막이다. (다석일지공부 1권, 138)

유교儒敎가 다신론多神論 같이 보이나 하느님(天) 한 분을 섬긴

---

3) 박영호, 『다석 류영모의 생애와 사상』 하권, 문화일보 1996, 67, 68쪽.

> 다. 공자孔子는 "천신天神이 아닌데 제사 지내는 것은 아첨이다(子曰 非鬼而祭之 諂也, 『論語』 위정편)"라고 했다. 이렇게 자세히 살펴보면 유교 역시 하느님 하나를 가르치고 있다. 불교 역시 니르바나Nirvana님이 하느님하고 다른 것이 무엇인지 모르겠다. 석가모니 · 아미타불 · 관세음보살 · 지장보살 등 많이 있는 붓다를 다 섬기는 것이 아니다. 마침내 단 하나 있는 진리(Dharma)의 니르바나님에게 돌아가는 것이다. 그것을 이러고저러고 해석하는 것은 사람인 자기가 주主가 되어 여러 가지로 말이 나오게 되는 것이다.(1956) (다석어록 1993, 49)

공자 노자 석가의 동양에서 다석은 무(無)의 존재론적 가치를 발굴한다. 무극(無極) 무위(無爲) 무아(無我)의 아시아적 가치는 본질형이상학의 존재론적 한계를 넘어서서 동양과 서양을 하나로 결합할 수 있는 존재론적 힘을 가지고 있다. 다석은 그 힘을 '없있', 즉 '없이 계시는 하느님'에서 찾았다.

다석은 불교의 '니르바나'를 하느님을 인식한다. 니르바나를 음역하면 '열반'(涅槃)이고 의역하면 '적멸'(寂滅)이다. 니르(nir)는 '없다'는 뜻이고, 바나(vana)는 '소리'라는 뜻으로, '한님'은 말씀이 없으신 무음(無音), 무언(無言)이시다. 니르바나가 '나'가 없는 것, 즉 무아(無我)에 다름 아니다. 이같은 빔과 허공(空)은 노자에게서 무(無)의 하느님으로 나타난다. 노자에서 유(有)는 무(無)를 위하여 있다. 이를 보여주는 세 가지 예시가 곧, '수레'와 '그릇'과 '집'이다. 이것들이 이롭게 쓰일 수 있는 것은 바로 그것들 속에 있는 빈자리(空間), 즉 무(無) 때문이다. 노자에게서 무(無)는 곧 도(道)이자 신(神)이다.

다석은 수레와 집과 그릇의 빈 공간을 사용하는 것이 중요한 것처럼 아주 빈 절대공(絶對空)을 사모하고 그것과 일치하는 것이 필요하다고 말한다. 우주를 가능하게 하는 것은 빈탕, 한데, 허공이다. 우주나 그 이상의 것도 내 것으로 쓸 줄 아는 것이 중요하며, 그 때문에 우리는 허공인 하느님 아버지의 품에서 살아야 하는 것이다. "무수한 은하 우주를 안고 있는 무한허공이 하느님이라 하느님 아닌 것이 없다. 하느님 아닌 것이 없는 것을 아는 데 이르러야 한다. 모든 것을 하느님이 주관하고 다스린다."(1957) (다석어록 1993, 67)

> 작은 물체는 있다고 하고 큰 허공은 없다고 한다. 무無는 빈 것이요, 유有는 찬 것이다. 사람은 찬 것을 좋아하고 빈 것을 싫어한다. 동시에 큰 것을 좋아하고 작은 것을 싫어한다. 이것이 모순 아니겠는가. 큰 것은 좋아하며 빈 것은 싫어하고, 찬 것은 좋아하고 작은 것은 싫어하니 모순이 아니겠는가. 큰 것은 비고, 찬 것은 작은 것인데, 큰 것은 가지며 빈 것은 버리고, 찬 것은 가지며 작은 것은 버리겠다니 말이 안 된다. 작고 작을수록 아름답고 조심스러우며, 크고 클수록 간절하고 원대하다. 가장 작은 것이 나고 가장 큰 것이 하느님이다. 나는 언제나 조심하고 하느님께는 언제나 간절하여야 한다.[4)]

다석은 그리스도교, 불교, 도교, 유교의 종교 신앙 유형 모두가 결국에는 '하나'(一)의 존재로 귀결된다는 전형적인 한 사상가로

---

4) 류영모, 『다석 류영모 명상록』 제1권, 김흥호 해설, 성천문화재단 1998, 224쪽.

서의 면모를 돋보이고 있다. "이 사람은 모든 상대적 존재의 근원인 전체 하나(一)가 얼로 없이 계심을 느낀다. 이 하나 밖에 다른 것은 없다. 모든 상대적 존재는 이 하나(一) 속에 들어 있다. 그러므로 하나가 있느냐고 묻는 것은 어리석은 일이다. 그런데 얼로 없이 계시는데 대해서는 개인적인 체험이 있어야 한다.5) 내가 '하나'를 느끼는 것을 사실대로 생각대로 고백하는 것이다. 그래서 나는 이 하나(一)를 증거해야겠다. 다른 것은 다 모르니까 하나만을 증거해야겠다는 것이다. 그래서 나는 참나(眞我)인 하나의 증인이다. 류영모뿐만 아니라 누구라도 참나에 대해서는 모르면 몰라도 자세히 알 것 같으면 하나의 증인이 된다. 절대자인 그 하나가 나에게 계셔 나에게 사람의 사명을 주신 이가 곧 하나이다. 사명을 받아서 하나(一)의 아들이 된다. 하나의 아들이 된 것을 느낀다. 그러므로 하나의 아들 노릇을 해야 한다. 아마 예수도 이것을 느낀 것 같다. 하나의 아들은 그 하나의 소리 없는 소리를 귀 없는 마음이

---

5) 깊든님의 얃허울 눈떤들—내속사람일가—

나너너나 살내살네 계꺼질가 속알업시

엇지타 속알머리업 數爻챔만 하랴 나

(다석일지 1968.2.23)

은밀한 곳에 계시는 하나님의 얕은 형상形相이나 계시啓示 같은 것들이 내 속사람일 수는 없다. 내 속사람은 깊이 숨어 있다. 나의 너니 너의 나니 사랑한다고 살을 내기도 하고 살을 넣기도 하는 애정 속에 꺼져 버릴 난가. 그렇다면 속알은 없는 것이지 어떻게 되어 이다지도 소갈머리가 없는 것일까. 인간은 수효나 채우려고 세상에 나온 것이 아닌가. 그럴 수는 없다. 나도 하나님처럼 나타날 수 없는 것, 형상화形相化할 수 없는 것, 대상화對象化할 수 없는 것이 나지 껍데기에 빠지는 내가 나는 아니다. 나도 없이 계신 절대무絶對無가 나다.

(다석일지공부 5권, 393-393)

듣는다. 허공이 가없이 펴져 있는 것과 시간이 끝없이 이어진 것으로 하나의 뜻이 있음을 이 사람은 느낀다. 하나의 아들 노릇한다는 그 소리, 그리고 아버지가 계신다는 그 소리, 아버지와 아들사이에 뜻이 활동하는 소리가 맘속에서 들린다. 내 맘속에서 자꾸만 하나의 뜻이 일어난다. 그것을 느끼는 것이 내 뜻이다. 내 맘의 뜻은 하나의 뜻이다. 하나는 가장 큰나(大我)요 참나(眞我)이다. 바로 하나인 하느님이시다."(1957) (다석어록 1993, 164)

이 과정에서 다석은 '모름지기'라는 말을 즐겨 사용한다. '모름지기'란 '반드시' 또는 '꼭'이란 뜻이다. 사람은 모름(하느님)을 꼭 지켜야 한다. 우리는 하느님 아버지를 모른다. 하느님 아버지를 다 알겠다는 것은 말이 안 된다. 아들이 아무리 위대해도 아버지와는 차원(次元)이 다르기 때문이다. 그러나 사람이 하느님 아버지를 그리워하는 것까지 막을 길은 없다. 그것은 아버지와 아들의 관계이기 때문이다. 아버지와 아들은 둘이면서 하나이다(다석어록 1993, 20). 그것은 믿는 것이 아니라 통하는 것이다. 믿음을 주객분열을 전제하지만 통함은 주객일치를 지향하는 것이다. 모세에게 나타나신 신(神)을 보더라도 그분은 이름이 없다. 하느님은 그저 '나는 나다'(출애굽기 3:14)라고 말하였을 뿐이다. 이름 없는 것이 신이다. '엘리'니 '야훼'니 하지 않았다. 신이라는 것은 어디 있으면 신이 아니다. 언제부터 있었다고 하면 신이 아니다. 언제부터 어디서 어떻게 생겨 무슨 이름으로 불리어지는 것은 신이 아니다. 상대세계에서는 하나(一, 절대)라면 하느님을 말하는 것이다. 유(有)와 무(無)를 다 합친 전체는 하나뿐이다. 그것은 하나뿐이기에 절대(絶對)이기도 하다. 전체이면서 절대인 하나(一)가 바로 하느님이다(다석어록 1993, 49-50). 이로써 다석의 하느님 개념은 한사상의 한 개념과 일치하게 된다. 한은 하나이면서 모두이고 절대이면서 전체인 것이다.

> **한과 한가지**
> 우리두린 인젠꽉 한가지 담담까진가지
> 둘이하나된담은 인제 낢 아이 두고한말
> 가지는 가닥지 치기하도하게 안한가지로
> (다석일지 1968.11.13)

> 만법귀일萬法歸一이다. 만법귀일이면 하나는 또 어디로 가나. 일체즉일一切卽一이요 一卽一切다. 하나는 다요 다는 하나다. 이렇게 되어야 하나와 다가 한 가지가 된다. 천지가 일여一如요 생사生死가 일여一如요 모든 것이 다 한 가지다.
> (다석일지공부 5권, 507)

이와 같은 다석의 한사상은 다원주의 종교사상을 아우르면서도 교의체계에 대한 맹신보다는 실질적인 측면에서의 종교적 실천을 강조하는 점에서 계시신앙보다는 이성신앙을 지향하고 있다. 다석은 몸으로 태어난 모든 나(제나)의 모습을 벗어 버리고 우리에게 빔(空)으로 찾아오시는 성령으로 난 사람(얼나)으로 살아가도록 주문한다. 이것은 곧 하나님과 내가 같아지는 것을 말한다. 인간은 누구나 다 신의 아들이고 그리스도가 될 수 있다. 다석이 그리스도를 '하느님의 씨'나 '독생자'라고 부른 것은 모든 인간들에게도 그대로 적용될 수 있다. 씨ᄋᆞᆯ은 하느님의 아들들이다. 그리하여 다석은 예수, 석가, 단군, 아담이나 모든 사람은 다 똑 같다고 생각하였다. 따라서 우리가 성인을 숭배하는 것은 우리 자신들이 성인처럼 되어야 한다는 취지이지 성인숭배 그 자체가 목표는 아닌 것이다. 다석은 말한다. "예수가 인간을 위하여 십자가에 못 박혀 피 흘린 것을 믿으면 영생한다고 믿는 것은 나와 상관없다"(다석어록 1993, 343-344). 다석은 하나님을 얼, 곧 영(靈)으로 이해하였다. 절대자이신 하느님은 자기계시이며 인간의 생명을 유지시켜 주시는 궁극적 형태로 말한다. 하느님과 동일시된 나는 하느님이 주인이 되신 참나(眞我)이다. 그래서 다석은 자신 있게 말한다. "기독교 믿는 자는 예수만이 그리스도라 하지만 그리스도는 예수만이 아니다. 그리스도는 영원한 생명인 하느님으로부터 오는 성신(聖神)이다"(다석어록 1993, 344). 그리고 우리는 오직 이 경우에만 다석이 우리에게 예수나 미륵불을 기다리지 말라고 권하는 이유를 짐작할 수 있게 된다. 그리스도는 얼나이고 얼생명으로서 내 속에서 순간순간 탄생하도록 해야 하는 문제이기 때문이다. 그리스도는 단순한 신앙의 대상이 아니다. 그리스도는 오히려 실천의 주체이다. 그리스도는 영원히 오시는 얼나이다. 씨ᄋᆞᆯ로서의 우리는 그리스도(얼나)로 솟아나야 하고, 끊임없이 성불(成佛)해야 하는 것이다(다석어록 1993, 169).

종교는 사람을 숭배하는 것이 아니다. 그런데도 사람을 숭배하는 것은 하느님을 바로 하느님으로 깨닫지 못해서 생기는 현상이다. 예수를 하느님 자리에 올려놓은 것이나 가톨릭이 마리아를 숭배하는 것은 바로 그 까닭이다(다석어록 1993, 278). 하느님이 독생자 그리스도를 우리에게 준 것과 마찬가지로 우리들 각자 속에 하느님의 씨가 주어져 있다는 사실을 깨닫는 것이 필요하다. 신앙이나 깨달음 이후에도 색욕(色慾)의 유혹을 벗어나기 위하여 정진하는 것이 중요하다. 그리하여 다석은 돈오(頓悟)보다는 점수(漸修)를 강조하였다. 성신(聖神)을 받고 돈오한다고 해서 한꺼번에 다 되는 것은 아니다. 석가도 단번에 모든 것을 깨달은 것으로 알고 있지만 사실은 그렇지 않다. 돈오(頓悟) 뒤에도 점수(漸修)를 해야 한다. 돈오도 한 번만 하고 마는 것이 아니다. 인생의 길이란 꽉 막혔던 것 같다가도 탁 트이는 수가 있고, 탁 트였다 싶다가도 또 꽉 막히고 그런 것이다(다석어록 1993, 288-289).

다석의 경우에 신은 곧 자연이자 우주이다. 무와 무극, 도와 하느님의 존재는 서로 상통한다. 자연과 우주는 신의 다른 이름에 지나지 않으며, 인간과 신이 거할 수 있는 존재론적 거주 장소이다. 이 우주는 그리스도 하느님으로 가득 차 있다. '푸레로마', 충만함이다. 그리스도는 '펴참'이시다. 참된 진리가 온 우주에 펼쳐져 있다는 뜻이다. 우주는 그리스도의 '숨'으로 가득 차 있다. 그리고 사람들에게는 그리스도의 '얼'이 주어져 있다. 그리하여 하느님 그리스도와 우주 자연과 세상 사람은 서로가 서로를 필요로 하면서 위대한 '하나'를 이루고 있다.

펴참[엡 1:23 充滿 고첫 10:26
엡 3:19 푸레로마 엡 4:10 全充]

[...] 그리스도는 펴참이시다. 참이 첨브터 잇고 그리스도가 맨 첨 오시고 늘 오시나. 사람 사람 숨 숨이 펴채여서만 참을 보고, 그리스도을 알가 한다. 그러므로 누구나 예수처럼 낫다 죽고, 내렷다 올라야 된다. (다석일지 1956.4.25)

[고전 10:26] 땅도 주님의 것이요, 그 안에 가득히 있는 것도 다 주님의 것입니다.

[엡 3:19] 하나님의 신비가 얼마나 넓고 길고 높고 깊은지를 깨달아 알고, 인간의 모든 지식을 초월한 그리스도의 사랑을 알 수 있게 되기를 바랍니다. 이렇게 해서 여러분이 완성되고 하나님의 계획이 완전히 이루어지기를 빕니다.

[엡 1:23] 교회는 그리스도의 몸이며 만물을 완성하시는 분의 계획이 그 안에서 완전히 이루어집니다.

[엡 4:10] 그리로 내려가셨던 바로 그분이 모든 것을 완성하시려고 하늘 위로 올라가셨습니다.

펴서 채운다. 푸레로마 충만이다. 얼음을 펴면 물이 되고, 물을 펴면 수증기가 된다. 기체가 되면 온 우주에 퍼지고 가득 찬다. 하나님이 그리스도가 되고 그리스도가 성령이 되면 온 우주에 가득 찬다. 목숨이 말숨이 되고 말숨이 우숨이 된다. [...] 그리스도는 공기처럼 펴참 우주에 가득 차 있다. 그리스도는 하나님의 펴참이다. 하나님의 신비가 얼마나 넓고 길고 높고 깊은지는 하나님의 신비인 그리스도를 호흡하고 숨쉬고 그리스도를 생각하고 그리스도의 말씀을 생각하고 그리스도의 진리를 깨달은 사람만이 그리스도를 알 수 있고, 모든 지식을 초월한 그리스도의 사랑을 알 수가 있다. 그리스도의 지혜와 사랑이 충만되어야 우리도 그리스도와 같이 충만이 되고 창조적 지성이 되어 하나님의 계획이 완전히 이루어진다.

(다석일지공부 1권, 482-483)

하느님의 존재는 특정할 수 없으며 이름으로 한정할 수도 없는 존재이다. "한얼은 가없이 크도다."(大道汎兮) 라는 것은 하느님의 얼이 가없이 커서 안 계시는 곳이 없다는 뜻이다. 공자의 하느님은 하늘(天)이자 태극(太極)이고, 노자의 하느님은 도(道)로 나타난다. 도는 이 우주의 존재 근원, 곧 하느님이다.

다석은 태극을 무한한 공간인 동시에 영원한 시간으로서 하나(一)인 '무극'(無極)의 하느님이라고 생각하였으며, 이러한 존재를 생각하여 하느님을 '없있'이라고 불렀다. "하느님은 없이 계시는 이다. 하느님은 없으면서도 계신다."(1961) (다석어록 1993, 75) 다석에게 하느님의 존재는 장횡거의 태허(太虛), 주렴계의 무극(無極)과 같은 것이며, 불가에서 말하는 '절대적인 빔'(空)과도 같은 것이다. '없이 계신 하느님'은 절대공(絶對空)인 동시에 무극 또는 태허와 같은 것이다.

> 하느님은 없이 계시는 분이다. 몬(물질)으로는 없고 얼(성령)과 빔(허공)으로 계시기 때문에 없이 계신다. 그러나 모든 물질을 내고 거두신다. 하느님은 없이 계시므로 언제나 시원하다. 하느님은 물질을 지녔으나 물질이 아니다. 하느님은 모든 물질을 이룬 얼이요 모든 물질을 담은 빔이다. 모든 물질을 거둘 빔이다.(1957) (다석어록 1993, 56)

이처럼 빔(空)의 하느님과 일치하는 '없이 계신 하느님'은 종교다원주의의 신관을 너무나도 잘 반영하고 있다. 하느님은 '존재의 근거'(Paul Tillich)이며, 그것을 지칭하는 이름은 여러 가지가 있다

(John Hick). 그 각각의 하느님의 존재를 찾는 것은 모든 이들에게 궁극적으로 자신을 찾는 것이다. 이는 물체적, 육체적 자신을 이룬 존재를 찾는 것이 아니라 생명의 근원이자 영생인 절대적 빔(空)을 이루는 것이다. 빔은 석가에서 니르바나와 같은 것이다. 그래서 다석은 '니르바나'를 하느님이라고 이해하기도 했다.

하느님의 존재는 하나이면서 모든 것인 절대인 동시에 그 어느 것도 아닌 절대적인 빔으로서 무이기도 하다. 그것은 바로 한이다. 한은 큰나이고 큰얼이기도 하다. 그것은 자신 속에 씨올로 존재하며, 그것을 스스로 큰얼과 일치시킬 경우에 하느님 자신이 되기도 하는 그런 존재이다. 다석은 그것을 도(道), 니르바나, 무극, 태허, 하느님이라고 불렀으나 그것 역시 한낱 이름에 지나지 않는다고 하였다. 우리는 그것을 믿음의 대상으로 바라볼 것이 아니라 스스로 이루어내야 할 실천주체라고 체득해야 하는 것이다.

이처럼 다석의 종교사상에서 골격을 이루는 주요 개념들을 보면서 우리는 종교다원적 통합사상의 근거를 찾고자 고심해왔던 캔트웰 스미스(Wilfred Cantwell Smith), 존 힉(John Hick), 라이문도 파니카(Raimundo Pannikar)와 같은 현대 종교다원주의 사상가들과 매우 닮아있다는 사실에 놀라지 않을 수 없다. 또한 다석은 한사상적 이해 구조의 틀로써 현대적인 종교 담론의 틀 속에서 보편성을 획득하려고 고심했던 라이문도 파니카의 경우를 연상하게 한다.[6] 파니카의 경우에는 인도 힌두교를 정점으로 하는 동양사

6) Panikkar, Raimon: Myth, Faith and Hermeneutics. Cross-Cultural Studies. New York 1979; *The cosmotheandric experience. Emerging religious*

상과 로마 가톨릭 사상을 정점으로 하는 서양사상이 회통함으로써 인간과 우주와 신이 상즉상입하는 파노라마를 연출하고 있다. 다석은 그와 같은 파니카의 우주신인론을 이미 앞서 말하고 있었던 것이다.

---

consciousness. New York 1993. Deutsche Ausgabe: *Der Dreiklang der Wirklichkeit. Die kosmotheandrische Offenbarung*. Salzburg 1995; *The unknown Christ of Hinduism*. London 1964. Deutsche Ausgabe: *Der unbekannte Christus im Hinduismus*. Mainz 1990(2); *Religionen und Religion*. München 1965; *The Intrareligious Dialogue*. Revised Edition. Paulist Press, New York 1999.

9 다석 류영모와 라이문도 파니카*

다석 류영모의 종교다원주의와 라이문도 파니카의 우주신인론은 닮은꼴이다. 다석의 종교사상에는 파니카의 우주신인론적 사유가 이미 선구적으로 수행되고 있다. 다석은 기독교를 동양사상으로, 그리고 동양사상을 기독교적으로 해석하였다. 다석의 종교관은 그렇게 문명사적 차원에서의 다원주의를 자연스럽게 대변하고 있다. 다석은 예수와 석가와 노자와 공자가 결국 같은 진리를 제시한다고 보았다. 이는 여러 신앙의 유형들이 있으나 오직 하나의 참된 종교만이 있다는 칸트의 입장과도 유사하다.

다석과 파니카의 종교사상은 우주신인론이라는 사실에서 공통적이다. 신, 인간, 우주가 하나의 연결된 차원으로 존재한다는 사실이 두드러진다. 다석의 사상에서는 그 구분이 희미하지만 파니

---

* 이 글은 「다석의 종교다원주의와 파니카의 우주신인론」(『철학논총』 제22집, 2권, 새한철학회 2008, 105-132쪽)을 보완한 것이다.

카의 경우에는 각각의 세 차원은 독립적이며서도 상호적이다.

다석의 하느님은 '없이 계신 하나님'('없있'), '빈탕한데' 등과 같이 전체이면서 하나인 존재를 보여주고 있다. 파니카의 신 개념 역시 단순히 초월적인 절대타자가 아니라 인간과 자연을 동시에 아우르는 존재 근거로서 창조성의 차원이다.

다석이 이해한 인간은 '가온찍기'로서 하늘과 땅 사이를 이어주는 존재이다. 인간은 우주의 한 점에 불과하지만 하느님 그 자신의 모습을 지니고 있는 존재이다. 파니카의 경우에도 신과 세계 없는 인간은 존재할 수 없으며, 인간의 의식 속에는 하느님을 향한 소망과 우주 존재에 대한 갈망이 있다.

다석이 '한데'(絶大地), '둥구렁'으로 파악한 우주는 하늘과 땅과 생명이며, 우리들 자신이 바로 우주의 꽃이다. 파니카의 우주적 차원 역시 모든 존재가 세계속에 있으며, 세계와 관계를 갖지 않은 존재는 없다는 사실을 강조한다.

다석은 예수 그리스도 이외에도 다른 그리스도가 가능하다고 주장한다. 진정한 종교는 하느님의 존재와 일치하는 모든 사람이 그리스도라는 사실을 선포해야 한다고 보았다. 파니카 역시 예수는 그리스도이지만 그리스도는 예수만이 아니라고 강조하였다. 모든 만물이 그리스도의 현현인 것이다. 다석은 하느님의 존재는 하나이면서 모든 것인 절대인 동시에 절대적인 빔으로서 무로 보았으며, 그것은 한사상에서의 한 개념과 상통한다.

파니카의 경우에는 인도 힌두교를 정점으로 하는 동양사상과 로마 가톨릭 사상을 정점으로 하는 서양사상이 회통함으로써 인간과 우주와 신이 상즉상입하는 파노라마를 연출하고 있으며, 다석의 경우에는 동서사상이 새로운 문명적 신 개념을 잉태하고 있는 것이다.

1) 다석과 파니카의 비교 연구

종교다원주의 시대에 기독교, 특히 보수주의 기독교가 종교간의 대화에 많은 걸림돌이 되었던 것은 의심할 수 없는 사실이다. 기독교만이 참된 진리이며 구원의 길이라는 도그마적 태도는 서구에서 뿐만 아니라 한국 사회에서도 종교간 갈등요소가 되어 왔다. 그러나 우리나라의 경우 기독교를 반드시 보수주의적으로만 해석해 온 것은 아니었다. 기독교와 전통사상과의 융합을 위하여 노력하였던 대사상가도 있었다. 그가 바로 다석(多夕) 류영모(柳永模 1890~1981) 선생이다. 선생은 기독교 사상을 동양적으로 해석하는 동시에 동양사상을 기독교적으로 풀이하였다. 따라서 하느님과 인간과 우주와 그리스도가 한 데 어우러진 독창적인 사상을 연출할 수 있었다.

현대의 종교철학과 종교신학에서는 인간, 신, 우주(자연)에 대한 통합적 고려를 지향하고 있다. 이러한 통합적 관심을 파니카(Raimundo Panikkar 1918~)는 우주신인론(Kosmotheandrismus)으로 정식화하고 있다. 그는 힌두교의 인도 사회에서 간문화적인 기독교 사상의 전개에 앞장선 선각자이자 가톨릭 사제로서, 종교신학자인 동시에 철학자로서 활동 중이다. 그는 힌두교와 불교로 특징적인 인도문명과 유대교와 기독교로 특징적인 서구문명을 하나로 아우르는 데 결정적인 역할을 하였으며, 우주와 하느님과 인간을 하나의 연결된 관계 속에서 파악함으로써 기독교를 동양적으로 이해하는 데 길잡이가 되고 있다.

다석과 파니카는 기독교인이면서도 기독교를 비기독교적인 시각에서 바라보았으며 비기독교를 기독교적 시각으로 해석하였다. 그들의 종교대화론은 필연적으로 동서사상의 융합을 이루어냈다. 현대사회에서 동서사상의 융합, 종교대화가 필요한 이유는 분명하다. 하나의 사상체계 또는 문명만으로 설명될 수 없는 진리의 측면을 다른 종교사상이 보다 더 적절하게 설명해줄 수 있기 때문이다. 이러한 요구가 다석과 파니카의 사상에 의하여 해소되고 있는 것이다.

오늘날 한국 사상계는 다석 류영모 선생을 자생적인 대사상가로 주목하고 있다. 다석 류영모는 주로 일제 강점기와 해방 초기에 활동했던 종교사상가로서 우리 고유의 사상을 바탕으로 그 자신만의 독특한 신학적 이해틀을 구축하기 위하여 고심하였던 창의적인 사상가이다. 그는 서양철학이 한국에 채 소개되기도 전에 기독교 사상에 대한 동양철학적 해석을 주도하면서, 동양의 고유사상적 지평 속에서 서구 기독교가 어떻게 해석될 수 있는가를 극명하게 보여주었던 선각자였다. 다석은 유교, 불교, 도교사상을 기독교적으로 해석하고자 하였으며, 특히 한글의 창조적인 구사를 통하여 최치원의 풍류사상으로부터 이어지는 한국고유사상, 즉 '한사상'을 기독교적으로 해석하고 있다. 이는 원효, 화담, 율곡의 철학적 구상 못지않게 독특하고 의미 있는 시도라고 볼 수 있다. 그는 톨스토이, 간디, 우치무라 간조(內村鑑三), 에크하르트, 그리고 노자와 공자와 석가를 기독교사상과 접목시키고자 하였다. 다석은 기독교의 하나님을 태극, 태허, 무극, 무 등의 동양적 형이상학의 틀 속에서 이해한 것이다. 그래서 우리는 다석을 캔트웰 스미스, 존 힉, 라이문도 파니카와 견줄 수 있는 매우 독보적인 종교사상가로 평가하고자 하는 것이다.

1890년에 출생한 다석 류영모는 1905년(만15세)에 YMCA 총무 김정식의 인도로 연동교회에 나갔다. 1910년 11월에 다석은 춘원 이광수와 더불어 톨스토이의 추도식에 참석한 것을 계기로 하여 톨스토이의 사상에 심취하면서 종교다원주의로 눈을 돌리게 되었다. 톨스토이는 삼위일체론과 원죄설, 그리고 그리스도의 동정 출생설을 부정하는 동시에 성직, 기적, 경전에 대한 통속적 신앙이 종교를 타락하게 한다고 주장하였다. 동시에 그는 신의 존재만이 절대적이고 유일한 만물의 근원이고 인간 존재에 주어져 있다고 보았다. 이에 근거하여 다석은 인간의 내부에 작동하는 '신의 힘'이나 '신의 불'이 참된 종교의 진수라고 규정하였다. 하느님의 '얼'을 말한 것이다. 1912년에 선생은 동경 물리학교에서 1년간 수학하면서 무교회주의자 우치무라 간조의 강연을 들었다. 그밖에도 다석은 간디에게서 금욕주의와 비폭력정신을 본받았으며,[1] 일본의 무교회주의자 우치무라 간조에게서 교회의 성직(聖職)을 부정하는 것과 만인구원론에 영향을 받았다. 이 두 주장은 사실상 연계된 것이다. 모든 사람이 사제가 될 수 있다는 것과 신의 사랑이 무

1) 다석일지 1957.1.30; 다석일지공부 2권, 304, 305.

제약적이라는 것은 동일한 지평위에 있는 사실이다. 이러한 사상을 다석은 직접 기독교 해석에 적용하였으며, 그 결과 수많은 신앙유형들(Glaubensarten)이 존재하지만 오직 하나의 참된 종교(eine wahre Religion)만이 있다는 칸트의 주장과 동일한 경지에 도달하게 되었다. 다석은 예수교, 불교, 유교가 모두 다르지만 진리는 하나라고 본 것이다(다석어록 1993, 59). 따라서 어떤 종교가 참된 종교인가를 비교하거나 특정종교에 대하여 편견을 갖는 태도는 바람직하지 않다고 지적하였다(다석어록 1993, 317-318). 다석은 종교현상의 차이를 넘어서서 각각의 종교들이 드러내고자 하였던 진리의 본질을 파악하고 있었던 것이다. 이로부터 종교다원주의의 철학적 토대가 자생적으로 구축된 것이다. 1956년에는 신인합일(神人合一), 즉 '영혼과 신의 신비적 합일'을 추구하였던 에크하르트의 신비주의 사상에 심취한 기록도 남아있다(다석일지 1956. 12.15).[2)]

라이문도 파니카 역시 기독교와 힌두교의 문화권에서 독자적인 사유를 전개하고 있으며, 하이데거의 사상적 영향권 속에서 자연스럽게 동서사상의 합일을 추구하고 있다. 파니카의 아버지는 인도의 독립운동 지도자로 활약하였던 힌두교인이었고 그의 어머니는 스페인 출신의 독실한 가톨릭 신자였다. 그는 스페인의 바르셀로나에서 태어났지만 인도에서 오랫동안 머문 후에 유럽으로 돌아와 활동하였다. 인도와 유럽, 힌두교와 가톨릭, 불교와 과학사상

---

2) 다석의 생애와 관련한 부분은 앞에서 상세하게 다룬 바 있으며, 여기서는 파니카와 대비하기 위하여 필요한 부분을 반복적으로 기술하였다.

을 아우르면서 동서사상의 창조적 합일을 시도하고 있어서 그의 사유 자체는 자연스럽게 상호문화적이면서 종교대화적인 특징을 나타내고 있다. 그는 독일 본(Bonn)대학교와 스페인 바르셀로나 대학교에서 철학을 공부하였으며, 제2차 세계대전으로 인하여 독일에서 학위를 마치지 못하고 1946년에 마드리드대학교에서 철학박사 학위를 받았다. 1958년에는 마드리드대학교에서 화학전공으로 박사학위를 받았으며, 1961년에는 이탈리아 라테란대학교에서 신학박사 학위를 받았다. 그 후 파니카는 하버드대학교, 유니온신학교, 로마사회과학원대학, 인도 방갈로연합신학교, 마드리드신학교, 캘리포니아대학교 등에서 교수로서 활동하였다. 그는 가톨릭 신부로서, 하버드대학교와 캘리포니아대학교의 종교학 교수로서 활동한 후에 1987년에 은퇴하고 스페인 바르셀로나에서 집필활동을 하고 있다.

파니카는 켄트웰 스미스나 존 힉과 더불어 이 시대의 가장 대표적인 종교사상가 그룹에 속한다. 그의 종교사상은 다원주의를 지향하지만, 각 종교의 고유성을 유지하면서도 각각의 종교가 지향해야 할 근원적인 종교진리의 차원을 드러내고 있다는 점에서 특징적이다. 그에 의하면 어떤 힌두교인이 기독교에서 진리를 발견할 수도 있고 어떤 기독교인은 힌두교에서 진리를 발견할 수도 있다. 이 경우에 기독교나 힌두교가 중요한 것이 아니라 단지 '힌두교적으로 채색된 진리'와 '기독교적으로 채색된 진리'가 있을 뿐이다. 모든 종교가 추구하는 신성한 신비는 기독교의 그리스도, 힌두교의 베다, 불교의 다르마 등으로 각각 다르게 나타나지만, 사람들은 서로 다른 문화 역사적 스펙트럼을 가지고 그들만의 신비체를 바라보게 된다. 따라서 여기에서 중요한 것은 종교 사이의 동화(assimilation)와 대체(substitution)가 아니라 상호접촉을 통한 이해 증진, 즉 상호교접(mutual fecundation)인 것이다.

파니카는 서로 다른 종교들 사이에서의 대화 가능성에 대한 근거를 신과 우주와 인간을 전일적으로 파악하는 우주신인론적 세계관에서 찾으려고 시도하였다. 파니카에 의하여 정초된 우주신인론적 원리는 다음과 같다: 신적인 것(Theos)과 하느님의 영(Spiritus Dei), 인간적인 것(Anthropos)과 사람의 생명(Vita Hominis), 그리고 우주적인 것(Kosmos)과 땅의 생기(Anima Mundi)는 그것이 실재하는 한에서의 모든 실재를 이루고 있는 필연적인 세 가지 차원들이다. 실재는 형이상학적 측면(초월적인 측면)과 지적 요소(의식, 사유)와 경험적(물리적, 물질적) 요소를 공유하고 있다. 우주신인론적 직관은 실재의 세 가지 차원들이 실재의 마지막 구성을 드러내는 필수불가결한 삼중적 관계라는 사실을 강조한다. 땅은 살아있으며, 어머니이다. 그리고 이 세계의 도처에는 신들로 가득 차 있다. 하늘과 땅의 합일은 세계의 모든 피조물을 만든다. 전체 우주는 그 생명력이 전 우주로 확장되는 신적인 생명의 창조이자 후예이다. 생명은 인간에게만 있는 것이 아니며, 인간은 우주의 생명을 나누고 있다. 그러므로 분명히 인간이 없는 세상은 없으며, 세상이 없는 인간도 존재하지 않는다. 신은 인간의 신만이 아니라 세계의 신이기도 하다. 신과 세계가 없다면 인간 역시 존재할 수 없다.

실재는 천상과 지상과 지하의 연결, 하늘과 중간세계와 땅의 연장, 과거와 현재와 미래의 연속, 그리고 존재론적, 물질적, 육체적 연기(緣起) 작용 속에서 존재하는 것이다. 그러므로 우주신인론은 우주적인 것, 인간적인 것, 신적인 것이 직선적인 시간 안에서 진화되는 형태로 발현하는 것이 아니라 그 세 차원이 상호 유기적이고 중첩적인 방식으로 연계된 형태로 나타난다. 실재로부터 유리된 초월도 아니고 초월이 배제된 내재도 아니다. 역사적인 시간 구조에서 모든 존재 사건들은 미래를 향하고 있으며, 따라서 신적인 것조차도 미래적 지평에서는 '미지적인 것'(Unbekannte)으로 남아 있다.[3]

다석 류영모의 사상 역시 우주신인론적 영성을 추구하고 있다. 그의 출발점은 하늘과 땅과 나, 즉 천지인 삼재(天地人三才) 나란히 생겨나므로 나와 만물이 일체라는 사상을 담고 있는 장자(莊子)의 제물론(齊物論)이다.[4] 다석의 제자 김흥호는 "하늘과 땅과 내가

---

3) Panikkar, R.: *Den Mönch in sich entdecken*. München 1989, S. 151. 이하 *Mönch*로 줄인다.

4) 류영모는 다석일지 1961.4.17에서 장자(莊子)의 제물론(齊物論) 일부를 아래와 같이 번역하였다: "하늘따나 나라니 나니 天地與我竝生而, 잘몬과 나는 하나 萬物與我爲一, 이믜 하나 돼! 旣已爲一矣, 또 뭐! 말!且得有言乎, 하나랬으니 엇? 말없 旣已爲之一矣 且得無言乎, 하나와 말이 둘되고 一與言爲二, 둘과하나 셋이됨 二與一爲三, 이러케 간다면 自此以往, 책력을 낸이도 못언을데 巧歷不能得而況其凡乎, 없서 있가다셋된데 故自無適有以至於三而, 하믈며 있서있가단 況自有適有乎, 갈데가 어대라 찾냐? 無適焉, 이 곧 씬가 할따름 因是已" 그의 한글 사용은 매우 특이해서 일반인들은 이해하기가 쉽지 않다. 이를 현대 국어로 번역하면 "천지도 나와 한몸이고 만물도 나와 한몸이다. 한몸이니 대상화 할 수가 없다. 한몸이라고 말해 놓으면 대상화가 되고 만다. 말과 대상이 둘이 되고 둘과 한몸이 셋이 된다. 이렇게 가면 끝없이 많아진다. 보통 사람은 셀 수도 없다. 한몸

무無에서 나와 하늘이 되고 땅이 되고 내가 되었는데, 나만 나온 것이 아니라 만물도 나왔으므로 나는 각각 작은 하나(有)로서 전체全体 하나(無)를 이루어 유기체有機体로 살아가고 있다." (다석일지공부 4권, 98) 라고 해석하였다. 본래 하늘과 땅과 인간 모두가 하나에서 생겨난 것이지만 언어가 이를 대상화 함으로써 분열이 생겨났다는 것이다. 그러므로 언어를 제거하고 나면 모든 것은 다시 무위자연(無爲自然)의 유기체(有機体)로 돌아가서 절대무위(絶對無爲)와 하나가 될 수 있다는 것이다. 하늘과 땅과 나, 천지인 삼재(天地人三才) 본시 같은 데서 생겨났으며, 따라서 나와 만물과 하늘은 일체(一体)인 것이다. 하나의 종자(種子)에서 우주(宇宙)가 나오고, 하늘과 내가 존재하게 된 것이다. 이는 다석이 파니카에 앞서서 이미 우주신인론적 시각으로 존재를 파악했다는 결정적인 근거가 된다. 말씀이나 씨로부터 나온 우주 만물은 신비 그 자체이다(다석일지공부 4권, 224). 이러한 생각은 다석의 기독교 해석에 그대로 적용되고 있다. "님一하나二둘三셈이옵기, 참말로 이 우리 그대로, 제계 도라 ㄱ 음"(다석일지 1962.8.2)이라고 한 것이다. 인생을 포함한 모든 존재는 하느님으로부터 와서 하느님을 이고 살다가 하나님에게 돌아간다(다석일지공부 4권, 259). 그리고 다석은 "텅 빈 맨 꼭대기, 그곳이 우주의 근원이고 내 마음속의 한 중심

이 대상화가 되면 한몸과 대상과 말이 셋이 되니 대상이 대상화하기 시작하면 끝이 없을 것이다. 원인은 대상화하는 말 때문이다." (다석일지공부 4권, 96-98 참조. (이 책은 1955년부터 1974년까지 다석선생이 쓴 일지의 원문을 수록하고 해설을 붙인 것이다. 이 책에서 다석선생의 일지는 '다석일지'로 인용하여 김흥호의 해설 부분과 구분하고자 한다.)

점이 나인 것을 안다. 언제나 한없이 높은 큰 사람을 생각하고 겸허하고 자중하게 내가 종이라는 것으로 만족한다. 하늘의 별들은 다 하늘의 눈동자요, 휘황한 세상 풍경은 회진에 불과하다. 태양 같은 지각태허知覺太虛가 하나님이고 속이 비고 만물을 살리시는 이가 큰 길이신 그리스도다"라고 말한다(다석일지 1965.5. 25). 우주, 나, 만물, 하느님, 그리스도가 모두 '사람의 신비'(생각)와 '하늘의 생각'(하느님)으로부터 비롯되는 것이다. 그것들 사이에는 단절이 없다. 이 모든 것들이 실제로는 하나인 것이다. 그리고 "언제나 생각하고 나를 길러 가는 것이 하나님을 사랑하는 길이다." (다석일지공부 5권, 56-57)

다석은 이처럼 노장사상, 주역, 성리학, 불교사상, 그리고 우리 고유의 한사상의 지평까지를 망라하여 기독교사상을 동양적으로 해석하는 과정에서 파니카의 우주신인론 사상을 선구적으로 설파하였던 것이다.

이와 같은 사실에 착안하여 파니카의 우주신인론적 관점에서 다석 류영모의 사유경향성의 특징을 정리하고자 한다. 서구의 기독교 사상을 다석이 어떤 방식으로 우리의 고유사상과 아우르는지를 살피고자 하는 것이다. 이를 위하여 먼저 파니카의 우주신인론의 기본 테제를 정식화한 후에 그것들에 견줄 수 있는 다석사상의 요소들을 발굴하여 구성하는 방식으로 논의를 전개할 생각이다. 다석이 신과 세계(우주)와 인간의 문제를 어떻게 이해하고 있는가를 정리하는 것이 가장 중요한 과제인 것이다. 이러한 논의를 통하여 필자는 유불선 사상과 근대후기에 유입된 기독교사상이 어떻게 조화적으로 해석될 수 있는가를 살피면서 우리의 고유한 종교다원주의적 관점이 한사상과 연관되어 있다는 사실을 밝히고자 한다.

2) 다석과 파니카의 신론

다석의 '하느님' 사상은 매우 독특하다. '하느님' 또는 '하나님'은 나와 우주의 근원이 되는 절대자에 대한 이름이다. 하느님은 예수의 아버지는 물론이고 부처와 노자, 공자의 아버지도 될 수 있다. 다석의 하느님 이해는 근본적으로 한사상의 틀 안에 있다. 큰 하나이면서 모든 것을 뜻하기도 하고 그 각각의 존재에서 드러나는 측면을 보이기도 하는 것이 바로 한사상에서의 '한' 개념이기 때문이다. 이는 일반적이고 상식적인 차원에서의 하느님 개념이다. 다석은 대종교의 경전 『삼일신고』(三一神誥)를 논하면서 "한얼은 우이 업는 첫 자리에 계시사 큰 고이와 큰 슬기와 큰 힘을 가시사 한울을 내시고 셈업는 누리를 차지하시고 만코만흔 몬을 맨드셧나니"(다석일지 1955. 5.10)라고 말한 바 있다. 이를 풀이하면 "하나님은 맨 꼭대기에 계시다. 하나님은 사랑과 지혜와 용기를 가지고 계시다. 하나님은 우주를 창조하시고 한없이 많은 세계를 주관하시고 한없이 많은 생물을 창조하셨다"는 것을 뜻한다(다석일지공부 1권, 524). 다석은 '하느님', '하누님', '하나님'의 원형을 'ᄒᆞᆫᄋᆞ님'으로 보았으며, '한웋님만惟皇上帝'(다석일지 1955.5.9) 또는 'ᄒᆞᆫ웋님'(다석일지 1961.2.17)이라고 썼다. 이에 비하여 우주(宇宙)는 '둥구렁'으로 표기하였다.

그렇다면 왜 '한웋님'인가? 다석이 말하는 한웋님은 과연 어떤 존재인가? 'ᄒᆞᆫ'은 '크다'는 뜻이다. 하느님 한 분밖에 안 계시고 전체가 하느님이시다. "아버지는 나보다 크시다"(요한 14:28). 그밖에 '한'은 한(行) 것을 뜻하기도 한다. '웋'자는 '위', '저 우'(하느님, 절대세계)를 뜻한다. 그 글자는 위에서나 아래에서 보아 모양이 똑 같다. '님'은 우리의 머리에 받드는 것을 뜻한다. 함경도에서는 머리에 이는 짐을 '임을 인다'고 말한다. 그러므로 '한웋님'은 하늘 위에 존재하는 크신 이가 행한 것을 받들어 이어가는 것을 뜻하는 말이다.

그런 '한웋님'의 존재를 다석은 무(無)라고 파악한다. "한, 하나님은 웋, 위에 계시다. 하나님은 하늘 위에 계시다. 그곳은 무無다." (다석일지공부 6권, 553-554)

> 나는 없(無)을 말하고자 한다. 수십 년 전부터 내가 말하고 싶었는데 말머리가 맘대로 트이지 않았다. 나는 없이 계시는 하느님께로 가자는 것이다. 없이 계시는 데까지 가야 크다. 태극太極에서 무극無極에로 가자는 것이다. 이것이 내 철학의 결론이다. 그래서 내가 태극도설太極圖說을 말한 것이다. 이걸 주렴계가 썼거나 예수가 썼거나 석가가 썼거나 누가 썼던 문제가 안 된다. 이게 내 속에 있는 것이다(1960). (다석어록 1993, 73)

이처럼 다석의 신관은 '없이 계신 하나님'이라는 개념을 통하여 그 절정에 달한다. '없이 계신 하나님'은 아우구스티누스가 "하나님은 내 깊은 속보다 더 깊이 계신다"고 말한 것이나 틸리히가 '절대적인 심연', 즉 '깊이'로서의 하느님을 지향한 것과 맥락을 같이 한다. 다석이 하느님을 무로 파악할 수 있었던 것은 바로 무극이태극(無極而太極)이라는 유교적 가르침에 근거한다.[5)] 그래서 그는 요한복음 1장의 로고스(Logos)를 '태극'으로 해석하고자 하였다(다석일지 1963.12.23). 그것을 히브리적으로 표현하면 '영원부터 스스로 있는 자'(永有自有), 곧 '여호와'(출애굽기 3,13)일 것이다(다석일지공부 4권, 505). 로고스를 태극으로 해석할 경우에 그것이 다시 무극으로 환원되는 것은 당연한 일이다. 여기에서 다석의 새로운 하느님 개념이 성립한다. "없있", 즉 "없이 계신 하나님"(다석일지 1963.12.23)이다. "없시계신 둥글암, 아버지는 하늘이다. 한, 하나요 전체全體요 늘, 영원永遠하고 삶, 생명이다. 하나님은 곧 있, 신적 존재神的存在요 아버지다."[6)] 그것은 원(圓)이자 무(無)이

---

5) "유교의 성性이란 게 기독교의 한아님이 보내신 자다. 「요한복음」 6장 29절에 한아님이 보내신 자다. 「요한복음」 6장 29절에 한아님이 보내신 이를 믿는 것이 한아님의 일이니라고 하였다. 이 성性을 찾아야 원혁명元革命을 할 수 있다. [...] 한아님은 **없이 계신 이다**. 없으면서도 계신다. 사람이란 있으면서 없다. 있긴 있는데 업신여겨진다. 그래서 우리는 이게 슬퍼서 어떻게 우리 아버지처럼 없이 있어볼까 하는 게 우리의 노력이다. [...] 한아님을 찾으라고 우리를 내놓으셨다. 한 시간을 주는 것도 그 시간 동안에 당신을 찾으라고 주신 거다. 한아님이 나의 나인 참 나라 찾지 않을 수 없다. 우리를 살리는 동안에 다다라야 한다."(1961) (다석어록 1993, 371)

6) 다석일지공부 4권, 510: "우리의 생명이 피어 한없이 넓어지면 **빔**(空: 절대)에 다다를 것이다. 곧 영생하는 것이다. '빔'은 맨 처음 생명의 근원이요, 일체의 근원이다. **한아님**이다. 나도 인격적인 한아님을 생각한다. 한아님은 인격적이지만 우리 같은 인격은 아니다. 인격적이란 맨 처음 일체란 뜻이다. **잇없**(有無)을 초월하였다. 한아님을 찾는 데 물질에 만족하면 안 된다. 있는 것에 만족 못하니 없는 한아님을 찾는 것이다. 그래서 한아님은 **없이 계신 이다**."(1960) (다석어록 1993, 285)

다. 하느님을 존재적 측면에서 보면 태극이지만 무의 측면에서 보면 무극이고, 그것은 곧 "빈탕한데"를 뜻한다. 한웋님은 빈탕 한데인 것이다(다석일지 1956.9.22). 빈탕 한데는 무극이태극(無極而太極)이라는 사실을 말해 준다. 다석에 의하면 '빈탕'은 무(無), 공(空), 영(靈)을 뜻하고, '한데'는 외지(外地), 우주를 의미한다. "빈탕은 천天, 한데는 지地, 천지天地가 나다." 그리하여 다석은 '빈탕 한데'를 '없이 있음'이라고 규정하였으며, 하느님을 "나는 없고 남만 있는 생생지위역生生之謂易"으로 보았다. 신(神)은 "빈탕 한데, 허무통일虛無統一, 무유無有없이 계심"인 것이다(다석일지공부 2권, 49-50). 다석은 이처럼 태극(太極)이 무극(無極)까지 가면 유교도 불교나 노자와 다른 게 없으며(다석어록 1993, 318), 이러한 사실에서 그는 노자, 석가, 예수, 장자, 맹자, 그리고 장횡거까지도 모두 다 성신을 통하여 '바탈'(性命)을 알았다고 보았다(다석어록 1993, 315).

태극이 무극이고 하느님은 무이기 때문에 다석은 하느님의 존재에 대하여 확정적으로 단언하는 것을 기피한다. 신은 함부로 지칭될 수 없다. "없이 계시는 한아님"은 함부로 이름이 붙여질 수 없는 존재이기 때문이다.(1960) (다석어록 1993, 269) 하느님은 존재나 인식의 측면에서 확정할 수 없는 존재이다. 우리는 하느님 아버지를 모른다. 하느님 아버지를 다 알겠다는 것은 말이 안 된다. 신은 우리가 생각하는 바대로 존재하는 것은 아니지만 그렇다고 해서 존재하지 않는다고 말할 수도 없다. 그것은 마치 칸트가 신의 존재는 이론적인 지식으로 확정할 수 없으나 그 존재를 부정할 수도 없는 존재라고 규정한 것과 매우 유사하다. 그러나 칸트가 이론적 지식으로 접근할 수 없는 신의 존재를 도덕법의 존재근거로서 요청하는 것처럼 다석은 하느님과 인간이 부자간의 근본정감을 통하여 매개되고 일치될 수 있다고 보았다. 인간은 하느님 아버지를 알 수 없으나 그리워하는 것까지 막을 길은 없다는 것이다. 인간의 마음에는 절대자 한아님을 그리는 '형이상학적 성욕'(性慾)이 있기 때문이다.(1956) (다석어록 1993, 15-16, 38). 다석은 이와 같은 신과 인간의 관계를 아버지와 아들사이의 부자유친의 관계로 파악한다.[7] 이 점에서 유교는 기독교 해석에 매우 유용한 이론체계로 평가될 수 있다. 아버지와 아들은 둘이면서 하나이다(다석어록 1993, 20). 그것은 믿음의 대상이 아니라 통하는 것이다. 믿음은 주객분열을 전제하지만 통함은 주객일치를 지향하는 것이다. 이로부터 다석 특유의 우주신인론적 그리스도론이 전개될 수 있는 근거가 마련된다.[8]

'빈탕 한데', '없있', '없이 계신 하느님'은 이름을 가지고 있지 않다. 모세에게 나타나신 신(神)은 그저 '나는 나다'(출애굽기

---

7) "사람이 한아님 아버지를 그리워함은 막을 길이 없다. 그것은 아버지와 아들의 관계이기 때문이다. 아버지와 아들은 둘이면서 하나다. **부자불이**父子不二다. 이것이 **부자유친**父子有親이라는 것이다." (다석어록 1993, 165)

8) "사람의 뜻을 잇는 게 효孝가 아니다. 아버지 영원한 한아님의 뜻을 잇는 게 우리의 일이다. 그게 **독생자**다. 신神을 추궁하는 자는 단군 이전의 뜻을 잇는 거다. 장횡거는 독생자다. 유교는 부끄럼 없고, 게으르지 않아야 한다. 내가 왜 여기 있나 하고 물으면 아버지 집이니까 내가 여기 있다. 그러나 어디 있든, 어디 가든 부끄럽지 않다. 우리는 한아님의 아들을 맡아 있다. 이 씨를 꼭 지켜서(存心養性) 키우자는 게 우리 일이다. 그러면 게을러지지 않는다. 독생자 키우는 재미에 피로를 모른다."(1960) (다석어록 1993, 318)

3:14)라고 말하였을 뿐이고 이름을 밝히지 않았다.[9] 이름 없는 것이 신이다. '엘리'니 '야훼'니 하지 않았다. 신이라는 것이 어디에 있다고 하거나 언제부터 있었다고 한다면 그것은 더 이상 신이 아니다. 상대세계에서는 하나(一, 절대)라면 하느님을 말하는 것이다. 유(有)와 무(無)를 다 합친 전체는 하나뿐이다. 그것은 하나뿐이기에 절대(絶對)이기도 하다. 전체이면서 절대인 하나(一)가 바로 하느님이다(다석어록 1993, 49-50). 이로써 다석의 하느님 개념은 한사상의 한 개념과 일치하게 된다. 한은 하나이면서 모두이고 절대이면서 전체인 것이다. 다석은 하느님과 사람의 관계를 부자유친으로 파악하였다. 하늘에 계신 아버지는 '저'이고, 땅에 있는 나는 '제'로 규정하면서, '저'와 '제'가 부자유친이 되어 '가온찌기'(ㄹ) 일체가 되어 "아버지 마음 가운데 내가 있고 내 가운데 아버지가 계셔서 아버지와 나는 하나"라는 사상을 펼쳤던 것이다(다석일지공부 5권, 440-441).

파니카는 신을 우주신인론(宇宙神人論, Kosmotheandrismus)에 기초하여 이해한다. 파니카는 세계 속에 존재하는 모든 것을 '신적 차원'(Theos)으로 이해한다. 전통적인 기독교에서 이해하듯이 하느

9) "신神이라는 것은 우리가 다 아는 것인데 이름을 붙이는 것이 좀 이상하다. 한아님의 이름은 없다. 모세가 백성에게 어떠한 신이라 말하리리까라고 하자 '나는 나다'라고 하였다. '엘리'니 '여호와'니 하지 않았다. 이름없는 것이 신이다. [...] 신이라는 것은 어디 있다면 신이 아니다. 언제부터 있었다고 하면 신이 아니다. 언제부터 어디서 어떻게 생겨 무슨 이름으로 불려지는 것은 신이 아니다. 상대 세계에서 하나라면 신을 말하는 것이다. 절대의 하나는 신이다. 그래서 유신론이라고 떠드는 그 소리가 무엇인지 모르겠다"(다석어록 1993, 98).

님의 존재는 실재로부터 유리된 절대적인 초월자(Absolute Transzendenz)도 아니고 모든 인간과 대립하여 서 있는 절대타자(der absolut Andere)도 아니다. 파니카의 신 개념은 단순한 일원론, 원자론, 이신론(理神論), 의인신론과는 전적으로 다른 것이다. 신이라는 존재로 그치는 것이 아니라 신의 존재와 그것이 가지고 있는 모든 관계적 차원을 총칭하는 말이다. 그리하여 파니카의 신적 차원은 모든 존재가 가지고 있는 초월적이면서 내재적이고, 한계지울 수 없는 초근거적 차원을 뜻한다.10) 그것은 단순히 존재를 위한 외적 토대가 아닌 모든 존재의 본질적인 원리로서 존재하는 것이다. 신적 차원에서 보면 어떤 존재이든지 영원하고 신비로우며 개방적이고 자유롭게 소통될 수 있다. 그리하여 우주신인론에서의 신적 차원은 "신은 최고의 유일한 '나'이며, 우리는 하느님의 '너'이다"11)라는 명제로서 정립될 수 있다. 파니카는 이 관계가 인격적이고, 삼위일체적이며 비이원론적이라고 말한다. 인격적인 측면은 인간을 겨냥한 것이다. 그러나 그것은 신적인 것인 동시에 세계와도 연관되어 있다. 신은 단순히 인간만의 신이 아니고 동시에 세계를 위한 신인 것이다.

신적 차원은 인간과 자연을 동시에 아우르고 있다. 신은 인간과 자연과의 부단한 교섭을 통하여 자기 자신의 존재를 스스로 만들어 가는 과정에 있는 그런 존재이다.12) 신은 우주론적(kosmologi-

---

10) Raimon Panikkar: *Der Dreiklang der Wirklichkeit*, *Die kosmotheandrische Offenbarung*. Salzburg 1995, S. 81f.

11) Raimon Panikkar: *Der Dreiklang der Wirklichkeit.* S. 98: Gott ist das höchste und einzigartige „Ich", wir sind Gottes „Du".

sche) 기능과 함께 우주생성론적(kosmogonische) 기능을 가지고 있다. 자기를 부단하게 생성하고 창조하는 기능을 갖지 못할 경우에 그것은 신이 아니라 유령에 지나지 않게 될 것이다. 왜냐하면 인간은 부단히 자기 자신을 추구하는 존재이며, 우주와 자연도 아직 완성된 목적에 도달하지 않은 현실활동에 지나지 않기 때문이다. 그것들은 아직 마지막에 이르지 않았다(un-endlich). 인간이 지각과 지성에서 무한한 잠재력과 가능성을 가지고 있는 것처럼 우주 역시 근원적으로 고갈되지 않으며 무한한 풍요성을 가지고 있다. 파니카는 우주가 기계적으로 확장되는 것이라는 근대적 과학관을 부정한다. 우주는 자발적으로 전개되며, 언제나 스스로를 새로운 것으로 탈바꿈하면서 진화하고 성장하는 창조성의 차원이다. 그러므로 파니카는 신-론(Theo-logie)은 물리학 너머의 형이상학으로서의 초-자연학(Meta-physik)뿐만 아니라 신의 몸에 대한 학문으로서의 신-자연학(Theo-physik)의 개념을 동시에 요구하고 있다고 보았다.[13] 신, 신적 차원은 인간과 우주와 직결되어 있으며, 두 차원들을 수시로 넘나들고 있다. 신의 마음에는 우주와 인간에 대한 요구가 전제되어 있는 것이다.

---

12) 김진(신학자) 편, 『피할 수 없는 만남: 종교간의 대화 - 파니카의 종교신학』, 한들출판사 1999, 127-8쪽; Raimon Panikkar: Aspekte einer kosmotheandrischen Spritualität: Anima Mundi - Vita Hominis - Spiritus Dei, in: *Der Dreiklang der Wirklichkeit. Die kosmotheandrische Offenbarung.* Salzburg 1995; R. Panikkar: *Trinität.* München 1993.

13) Raimon Panikkar: *Der Dreiklang der Wirklichkeit*, S. 98f.

3) 다석과 파니카의 인간론

다석의 인간 이해는 신과 우주와의 연관성 속에서 이루어지고 있다. 인간은 하느님으로부터 나온 존재이고 우주 속에서 생명을 가진 중심점으로 파악된다. 인생이란 '하나로 돌아가는 것', 즉 '사람이 하늘이 되는 것'을 뜻한다(다석일지공부 2권, 248-249). 다석에 의하면 모든 생명 현상은 '하나님의 숨어 쉼'으로 설명된다. '숨어 쉼'은 '일음일양의 도'(一陰一陽之謂道)이다. 가을이 되고 봄이 되는 것이 '태양의 숨쉼'에 의한 것이고, 그것에 의하여 동물과 사람도 나고 죽는다. 그러나 '사람의 숨쉼'은 '하나님의 숨쉼'이 겹쳐 있다는 사실에서 '동물의 숨쉼'과는 근본적으로 다르다. "하나님의 숨쉼은 말숨 쉼이요 문화 문명의 창조다. 하나님은 우주를 창조하고 사람은 문화를 창조한다." 이러한 사실에서 사람은 하나님의 아들인 것이다(다석일지공부 2권, 227). 이러한 생각은 칸트가 세계 창조의 궁극목적을 인간문화로 규정한 것과 유사하다.

하느님에 대한 인간의 위치는 아트만이라는 말마디에서 특징적이다. 다석은 아트만을 로고스나 도와 같은 위상에서 다루었다. Logos와 Atman은 도(道)와 '말슴'이고 '꿈틀그림'인 것이다(다석일지 1956.3.17). 김흥호 선생은 다음과 같이 풀이하였다. "로고스, 아트만, 길, 말씀, 꿈틀거림이라고 여러 가지로 불리나, 귀로 듣는 말씀이고 눈으로 보는 로고스고 코로 걷는 길이고 입으로 말하는 꿈틀거림이다. 한마디로 도는 아트만이요 나다. 내가 내가 아니라 도가 나다. 도가 듣고 도가 보고 도가 숨쉬고 도가 말한다. 도가 영체다. 도가 아트만이요, 도가 나다. 도는 생사와 관계가 없다. 영원한 생명이다."(다석일지공부 1권, 406) 고대 인도의 브라만 사상에서 아트만이 브라만(梵我一如)이라는 것(다석일지 1957.2.15), 그리고 스피노자가 '신 즉 자연'(Deus sive natura)이라고 한 것처럼 인간은 신과 하나인 존재인 것이다. 사람의 아들과 로고스와 하느님은 동일한 존재이다. "나는 하나님의 말씀이요 죽지 않는 생명이다. 말씀은 태초부터 있었고 말씀은 하나님과 같이 있었고 말씀이 곧 하나님이다." (다석일지공부 1권, 104) 그리하여 다석은 신인합일의 관계를 '부자유친'[14] 또는 '부자동일'[15]이라고 기술하였다. 즉, "하나님의 말씀인 나는 불생불멸하는 나다"라는 명제가 가능하게 되는 것이다(다석일지공부 1권, 105).

다석은 이와 같은 인간 존재의 신비를 발견한 선각자들이 '진정한 나' 혹은 '참나'[眞我]의 존재가 우주의 중심이고 자기 자신의 주인이라는 사실을 깨우쳐 주었다고 보았다. 이 우주를 알기 위해서 종교가 생겨난 것이다. 그들이 바로 예수, 석가, 공자, 노자 같은 분들이다. 나의 존재 역시 무한자 가운데서의 하나이다. 다석은 '한아'를 무한대, '가온'을 마음이라고 할 때, 그 무한대 가운데 있는 것이 나라고 규정하였다. 나는 '큰나'(大我)인 신의 일부이자 하느님 그 자체이기도 하다. 마찬가지로 '우주의 일점영명'(一點靈

14) "무극이 태극 천인합일 부자일체 이것이 믿음이다." (다석일지공부 1권, 634)

15) 요 10:30 父子同一 35(詩 82:6) 非孝子無親(다석일지 1956.4.22). "[요 10:30] 아버지와 나는 하나이다.(父子同一) [요 10:35] 이렇게 성서에는 하나님의 말씀을 받은 사람들을 모두 신이라고 불렀다. [시 82:6] 너희는 모두 신들이고 가장 높으신 분의 아들들이다. 비효자는 부모를 업신여기는 사람이다. [...] 인간의 근본은 하나님이다." (다석일지공부 1권, 471)

明)으로서의 나는 우주(宇宙)의 주인이면서, 동시에 우주가 바로 나의 몸이다(다석일지공부 6권, 567). 그런데 다석에 의하면 하느님의 존재는 감각(感覺)과 시간・공간과 인간까지도 초월한 존재로서 '없이 계신 분'이고, 만물(萬物) 역시 존재와 무가 차별화되지 않은 존재인 반면에, '나'(다석일지 1961.3.24)의 존재는 하나만이 있는 건원(乾元)이자 '자리만 있는 한 점'(点)으로 우주의 중심점(中心點)이다(다석일지공부 4권, 74). 나는 무엇인가? "일점 광명이다. 점아点我, 별이 있다. 나도 별, 너도 별, 너와 나의 사이가 허공虛空이다."(다석일지공부 4권, 88) 그것은 바로 반야공관(般若空觀)이다. 하느님은 태허이자 무극이다. 그 태허로부터 빚어진 우주 속에서 인간은 하나의 점에 지나지 않으나, 그 한 점은 바로 하느님과 동일한 존재이자 불성을 가진 존재이고 존재의 진리를 품고 있는 존재라는 점에서 우주에서의 특별한 위상을 가진 존재인 것이다. 인간은 우주 없이 존재할 수 없으며 언제나 하느님의 존재를 추구할 수밖에 없는 존재이다.

다석은 인간을 '얼'을 가진 존재로 파악한다. 얼은 신과 인간의 정신 존재를 표현하는 종교의 본체이다. 예수 그리스도, 석가, 공자, 노자는 얼생명으로 거듭났던 성인들이다. 다석은 유(惟)나 순(純)이나 전(全)은 하나임을 강조하였다.[16] 여기에서 순(純)은 "순수한 것, 어린아이처럼 순진한 것"으로서 얼의 본성을 나타내고 있다. 순이란 하나님의 본성이요 아들의 본성이므로, 순수한 얼은 순수이성보다 더 순수하다. 하나님이 빛인 것처럼 아들도 빛이며,

---

16) "惟純全者一也니 唯一이요 純一이요 全一이니라." (다석일지 1955. 6.5)

하나님이 얼인 것처럼 아들도 얼이다(다석일지공부 1권, 63-64). 여기에서 얼은 '자기주체', '정조', '자기 정신'을 뜻하는 다석의 '제고디' 개념과 연결된다(다석일지 1961.2.5). 본래 인간은 '흙한 줌'에 불과하였으나 그 속에 하나님의 생령(生靈)이 들어가 자신의 바탕(제바탈)을 이루게 되었다. 애벌레가 고치 바탈과 나비의 가능성을 가지고 있는 것처럼 사람은 자신의 생명을 완성할 수 있는 제정신, 즉 제고디를 가진 존재이다(다석일지공부 4권, 28). 다석이 말하는 얼나는 큰나(大我)이다. 그것은 우리말로 '한아', '한나'에 해당되며, 이것은 하느님 아버지와 하나라는 사실을 뜻한다. 이러한 큰나(大我)에는 '제나'(自我)가 없다. 제나(自我)는 나의 성질과 관심에 의하여 주도되는 나이다. 그것은 참나가 아니다. 큰나에는 제나가 없으므로 그것은 바로 무아(無我)이기도 하다. 하느님 아버지와 같이 온전한 나, 하느님의 얼이 주관하는 큰나(大我)는 얼나(靈我)이고 참나(眞我)이다(다석어록 1993, 129). 다석은 각 종교의 얼생명을 얻은 자들은 그들에게 주어진 바탈(性)을 그대로 잘 살려나간 이들로서 공자, 노자, 석가, 예수, 맹자, 장자가 바로 그들이라고 보았다. 그들은 큰나(얼나)로서 하느님과 성신과 불성에 통함으로써 그것과 자신을 하나로 일치시켰던 사람들이다. 그리하여 다석은 예수와 석가와 공자와 노자를 믿는 것이 중요한 것이 아니라 그들과 통하여 하나되는 것이 관건이라고 말한다.

다석은 인간을 '사이존재', 즉 '가온찌기'(1955.9.22) 또는 '가온찍기'(ㄹ)로 규정하였다. 인간 존재의 구성요소는 시간(때 사이), 공간(빔 사이), 인간(사람 사이)이다. 인간에게 필연적으로 요구되는 것은 사이(긴) 존재이다. 이것은 인간이 언제나 이제, 여기, 오늘이라는 순간적 사이에서 존재하고 있는 사실을 드러내준다. "나는 하나님 제[sc. 帝?]와 하늘나라 게[sc. 揭는 '들 게'로서 '높이 들다', 憩는 '쉴 게'로서 '휴식하다', '숨을 돌리다', 偈 역시 '쉴 게'로서 '쉬다'의 뜻이지만, 이 중에서 어떤 한자인지는 알 수 없다. 다른 곳에서는 '계'(界?)라는 글자로 씌어진 곳도 있다][17]와 연결되어 있다. 신인합일이다." (다석일지공부 1권, 174) 사람이란 "하늘의 바탕이 가난해지고 가난해진 것"(다석일지공부 1권, 176)에 불과하여 본시 같은 것이다. 그래서 다석은 "나다. 하나다. 하나를 찾는 나다. 하나를 믿고 찾는 나다, 내, 하나다. 하나가 나다"라고 하였던 것이다(다석일지 1956.7.24). 다석은 하늘을 '아래아'(ㆍ), 땅을 'ㅡ', 사람을 'ㅣ'로 기호화하였다(다석일지 1956.10.2). 사람은 땅을 디디고 하늘을 이고 있어서 하늘과 땅을 통하게 하는 존재이다. 따라서 하늘을 열고 땅을 여는 것이나 하느님의 말씀과 뜻을 받아서 땅 위에 펴는 것은 사람의 책임이다(다석일지공부 2권, 63).

> 'ㅣ'는 사람이 막대처럼 곧장 선 것을 나타냅니다. 세계 어느 민족이나 막대기를 하나 그리면 사람을 뜻합니다. 내가 이 세상에 나선 것입니다. 하늘 아래서 하늘을 향하여 곧추 일어선 것입니다.
> (다석강의, 25)

---

17) '한계'(다석일지 1961.4.15)에 대하여 김흥호는 "졔는 실존實存, 계는 존재存在, 제계는 부자유친父子有親의 세계世界다"라고 설명하기도 하였다(다석일지공부 4권, 92-93).

이처럼 하늘과 땅 사이에 있는 인간의 중간적 존재 양태를 다석은 '가온찍기'(ᄀᆞᆫ)라고 표현하였다.[18] 다석은 다른 곳에서는 아래아의 존재를 하늘이 아닌 사람으로 규정하면서 이렇게 말한다. "니은 기역 가운데 태극점 'ᄀᆞᆫ'은 가온찍기다. 가고 오고 가고 오고 가운데 마음 점을 찍어(點心) 대낮 밝음 깨달음이다."[19] 여기에서 ㄱ은 하늘이고 ㄴ은 땅이며 가온찍기의 아래아(·)는 사람을 가리킨다. 하늘의 세계가 말씀의 세계이고, 말씀이 하늘의 끝이요, 생각의 시작이라면, 그 하늘의 끝은 나의 처음이다. 하나님의 아들이 나라는 사실은 바로 그것은 천인합일을 뜻한다(다석일지공부 2권, 89). 이로부터 우주의 일점영명(一點靈明)으로서의 인간은 가온찍기로 기능하게 되는 것이다(다석일지공부 2권, 111).

---

18) "인생은 우주의 가온찍이다. 나는 우주의 중심이다. 나를 빼놓으면 우주는 없다. 우주의 중심인 나는 무엇인가. 일점영명一點靈明이다. 생각의 불꽃이다. [...] 생각의 불이 나요, 생각의 불이 다요, 생각의 불이 탄다. 나는 한 단 올라가면 누구나 다가 되고, 다가 한 단 올라가면 모두 나타나는 불꽃으로 타오른다. 나다타다. 타는 것이 나요 가온찍이다. 생각의 불은 물이 불이 되고 불이 풀이 된다. 미음(ㅁ)이 한 번 터지면 비읍(ㅂ)이 되고, 또 한 번 터지면 피읍(ㅍ)이 된다. 물은 물어 본다고 물이요, 불은 입에 물고 불쿠어 본다고 불이요, 풀은 모두 플린다고 풀이다. 생각은 문제를 제시하고 추리해서 불쿠어 보고 진리와 일치시켜 풀리게 한다. 물 불 풀이다. 물이 불이 되고 불이 풀이 된다. 물과 불이 합친 것이 풀이다. 태양과 수분과 합친 것이 풀이다. 인생은 물 불 풀이 합친 가온찍이, 하나의 생명, 풀이기도 하다. 나는 무엇인가. 생각하는 풀이다. 생각하는 갈대, 물끄러미 불끄러미 연약한 갈대다. 그러나 생각 때문에 갈대는 뒤집혀 우주 만물의 대갈리 될 수 있다. 이제 생각의 불꽃을 통해 이 찰나 이 순간의 우주의 대갈이 되는 것이다." (다석일지공부 2권, 144)

19) 류영모, 『다석 류영모 명상록』, 김흥호 풀이, 성천문화재단 1998, 제1권, 105쪽.

다석의 인간 이해의 독창성을 나타내는 말마디가 하나 더 있다. '긋'이다. '긋'은 두 존재의 사이를 잇는 것을 말한다. 인간은 땅위에서 하늘을 이고 있으면서 하늘과 땅 사이를 이어주는 존재이다. 고전적인 '종교' 개념의 어원이 하늘과 사람의 갈라진 틈을 다시 이어주는 것이라면 인간이야말로 하늘과 땅을 연결해주는 존재인 것이다. 인간은 신과 우주를 이어주면서 더불어 있는 존재인 것이다. 또한 '긋'이란 말은 '끝'이나 '점'(點)이라는 뜻이 있다. 끄트머리를 드러내는 것이나 점수를 긋수라고 한다. 그리하여 나의 존재는 '일점광명의 긋'이며, 동시에 '영원한 생명(한아님)의 긋'이기도 하다. '긋'자에서 지평선(ㅡ)은 세상이고, 그 밑의 시옷(ㅅ)은 사람들이며, 그 위의 기역(ㄱ)은 하늘에서 온 정신이다. 그 하늘 정신은 땅과 더불어 사람의 생명(정신)이 되어서, 그 영원한 정신의 긋이 바로 제(자기)긋, 곧 나인 것이다(다석어록 1993, 30-31). 그러므로 다석의 인간 이해는 하느님과 세계(우주)의 존재를 이미 전제하고 있으며, 그 가운데서 일점영명 또는 가온찍기로서의 나의 존재는 하느님과 우주를 연결하는 매개 지점인 동시에 신과 우주의 현현 그 자체인 것이다.

파니카는 인간을 우주신인론(宇宙神人論, Kosmotheandrismus)에 기초하여 이해한다. 파니카는 인간을 고립된 개인으로서가 아니라 개인 이상의 존재로 파악한다. 고립된 개인은 죽은 시체와 다를 바 없으며, 개인화(Individualisierung)란 인간이 하느님과 세상으로부터 고립된 처지에 다름 아니다. 그것은 자신을 수태한 탯줄을 스스로 잘라버리는 것과 같다. 인간은 개인 이상의 존재이다. 인간은 우선 하나의 인격으로서 존재한다. 인간은 다른 사람들과 함께 세계 속에 존재하면서 신을 믿으면서 살아가는 존재이다. 인간은 하느님의 형상으로(창세기1,2) 지음을 받은 하느님의 자녀들(사도행전 17,28)이다. 이 점에서 인간 존재는 창조의 궁극목적으로서 모든 창조물을 대표하고 있다. 그것은 바로 무한하고 신적인 인간의 존엄성으로 지칭되는 것이다. 이 세계의 모든 실재는 인간을 통하여 비로소 그 모습을 드러낼 수 있다. 인간 안에서 실재의 모든 차원이 나타나는 것이다. 따라서 신적 존재조차도 '나'라는 특정한 인간 존재를 통하여 드러나는 것이다. 그리고 '나'의 존재는 '다른 나'의 존재와 더불어 있다. 따라서 '내가 있다'는 사실은 '네가 있다'는 사실을 통하여 비로소 가능하게 된다. 나의 존재와 타자 및 외부 세계의 존재는 신적인 것과의 합일을 추구한다. 그리하여 "그것이 나다" 혹은 "이분은 당신이다"라는 사실도 가능하게 되는 것이다.[20] 이 점에서 파니카는 인간 존재에 하느님과 세계의 운명이 반영되어 있다고 보았다. 모든 실존은 의식과 연결되어 있으며, 이러한 관계를 통하여 인간은 실재와 온전한 관계를 유지하고 있기 때문이다.[21]

인간적 차원(Anthropos)은 하느님과 세계를 동시에 아우르고 있다. 인간은 신과 자연과의 부단한 교섭을 통하여 자기 자신의 존재

---

20) Raimon Panikkar: *Der Dreiklang der Wirklichkeit*, S. 153f.

21) Raimon Panikkar: "Personale Erfüllung oder Selbstverwirklichung des Individuums, und Anthropologische Probleme", in: *Den Mönch in sich entdecken*. München 1989; R. Panikkar: "Gott-Kosmos-Mensch: die kosmotheandrische Sicht", in: *Das Abenteuer Wirklichkeit*. München 2000.

를 스스로 만들어 가는 과정에 있는 그런 존재이다. 세계 속에 존재하는 모든 실재는 인간의 의식에 연결되어 있으며, 그와 같은 방식을 통하여 인간 안에서 거주하고 인간화되는 것이다. 의식의 투과적 특성은 인간뿐만 아니라 인식 대상에게서도 찾을 수 있다. 이를 통하여 인간과 세계는 원융무애적으로 통섭하고 있다. 존재하는 모든 것은 의식이다.[22] 파니카는 이러한 의식의 차원을 '인간적 차원'(menschliche Dimension)이라고 규정하였다.[23] 그러나 신과 우주(물질)가 의식에 침투한다고 해서 그들 존재의 고유성이 없어지는 것은 아니다. 인간의 의식이 신과 우주에 관통하는 것처럼 하느님과 자연 역시 인간과 고유한 연관성을 갖게 된는 것이다. 그리하여 인간은 하늘과 땅과 다른 인간들과 더불어 존재하는 경우에만 그 고유한 가치를 빛낼 수 있다.[24] 우주신인론적 통찰은 신과 세상이 없이는 인간도 없으며, 모든 참된 존재는 의식과 연결되어 있다. 모든 사물은 인간 안에서 인간화되어 그 생명을 유지하는 것이다.

그러므로 신과 세계 없는 인간은 존재할 수 없다. 하느님과 사람과 세상은 각각 분리된 존재가 아니라 하나의 공통된 초점을 가지고 있는 세 개의 차원이다. 신의 마음에 우주와 인간에 대한 요구가 있는 것처럼, 인간의 의식 속에는 하느님을 향한 소망과 우주 존재에 대한 갈망이 전제되어 있다.

---

22) Raimon Panikkar: *Der Dreiklang der Wirklichkeit*, S. 86.
23) Raimon Panikkar: *Der Dreiklang der Wirklichkeit*, S. 82.
24) Raimon Panikkar: *Der Dreiklang der Wirklichkeit*, S. 99.

4) 다석과 파니카의 우주론

다석의 우주(자연 및 세계) 이해는 신과 인간의 존재를 전제하고 있다. 신은 곧 자연이자 우주이며, 무와 무극, 도와 하느님의 존재는 서로 상통하고, 자연과 우주는 신의 다른 이름에 지나지 않으며 인간과 신이 거할 수 있는 존재론적 거주 장소이기 때문이다. 태극, 태허, 무극, 도로서의 하느님은 '빈탕한데'이자 '없이 계신 하느님'이다. 다석은 태극을 무한한 공간인 동시에 영원한 시간으로서 하나(一)인 하느님이라고 생각하였으며, 이러한 존재를 생각하여 "하느님은 없이 계시는 이다. 하느님은 없으면서도 계신다" 라고 말하였던 것이다.(1961) (다석어록 1993, 75) 이는 하느님의 존재는 장횡거의 태허(太虛)와 주렴계의 무극(無極)과 같은 것이자 불가에서 말하는 '절대적인 빔'(空)이기도 하다. '없이 계신 하느님'은 절대공(絶對空)인 동시에 무극 또는 태허와 같은 것이다. 하느님은 없이 계시는 분으로서 모든 물질을 이룬 얼이자 모든 물질을 담고 거둘 수 있는 빔이다(다석어록 1993, 56). 이처럼 '없이 계신 하느님'은 빔(空)의 하느님과 일치한다. 하느님의 존재를 찾는 것은 궁극적으로 자신을 찾는 것이고 존재사태의 텅빔을 깨닫는 것이다. 이는 물체적, 육체적 자신을 이룬 존재를 찾는 것이 아니라 생명의 근원이자 영생인 절대적 빔(空)을 탐색하는 것이다.

빔은 석가에서 니르바나와 같은 것이며, 다석은 니르바나를 기꺼이 하느님이라고 이해한다. 니르바나를 음역하면 '열반'(涅槃)이고, 의역하면 '적멸'(寂滅)의 뜻을 갖는다. '니르'(nir)는 '없다'는 뜻이고, '바나'(vana)는 '소리'라는 뜻으로, 니르바나가 '한님'이라면 말씀이 없으신 '무음'(無音), '무언'(無言)을 뜻할 것이다. 이 빔과 허공(空)이 노자에게서는 무(無)가 된다. 노자는 무(無)를 위하여 유(有)가 있다는 사실을 세 가지 예를 들어 보여주고 있다. 수레와 그릇과 집이 바로 그것들이다. 이것들이 이롭게 쓰일 수 있는 것은 바로 그것들 속에 있는 빈자리(空間), 즉 무(無) 때문이다. 노자에게서 무(無)는 곧 신(神)이다. 20세를 전후하여 불경과 노자를 공부한 다석은 무(無)와 공(空)의 개념을 바탕으로 절대자 하느님의 마음이나 절대(하느님)의 아들을 '빈탕'(虛空) 개념 속에 담아내고자 하였다.[25] 그리고 바로 이 개념들로부터 다석의 우주 이해가 시작되고 있다. 우주는 '한데'(絶大地), 즉 기대무외(其大無外)의 무한대원(無限大圓)으로서, 그보다 더 큰 것이 존재하지 않는 가장 큰 원이다. 그것은 하늘같은 마음으로서의 '무심(無心) 한데(絶大地)'이다.[26] 이 허공(虛空)은 '웬통 하나'로서 모든 물질계(색계)와 환상계를 가능하게 하는 존재 조건이며, 모든 인간 존재의 몸뚱이다(다석어록 1993, 154). 다석은 수레와 집과 그릇의 빈 공간을 사용하는 것이 중요한 것처럼 아주 빈 절대공(絶對空)을 사모하고 그것과 일치하는 것이 필요하다고 말한다. 우주를 가능하게 하는 것은 빈탕, 한데, 허공이다. 우주나 그 이상의 것도 내 것으로 쓸 줄 아는 것이 중요하며, 그 때문에 우리는 허공인 하느님 아버지의 품에서 살아야 하는 것이다. "무수한 은하 우주를 안고 있는 무한허공이

25) 박영호, 『다석 류영모의 생애와 사상』 하권, 문화일보사 1996, 67, 68쪽.
26) 다석일지 1956.9.25; 다석일지공부 2권, 52.

하느님이라 하느님 아닌 것이 없다. 하느님 아닌 것이 없는 것을 아는 데 이르러야 한다. 모든 것을 하느님이 주관하고 다스린다."(1957) (다석어록 1993, 67)

다석은 절대자 신(神)을 '한웋님'이라고 표현하는 데 비하여 우주(宇宙)를 '둥구렁'이라는 말로 나타내고 있다. 억만년 전부터 있는 둥그렇게 넓은 터전이 바로 우주인 것이다. 우주는 '맨둥그렁'[天體]이 겹겹으로 싸여있는 형태로 존재한다.27) 하느님은 '아주 빈 것'[絶代空]의 허공으로 존재하며, 그 때문에 없이 계신 존재이자 없으면서도 있는 이가 되는 것이다. 인간과 우주는 이와 같은 허공 존재를 전제하는 경우에만 존재할 수 있다. 허공 없이 존재하는 것은 없기 때문이다. 물건과 물건 사이, 질과 질 사이, 세포와 세포 사이, 분자와 분자 사이, 원자와 원자 사이, 전자와 전자 사이, 이 모든 것의 간격은 허공의 일부이며, 모든 것들은 허공이 있기 때문에 비로소 존재가 가능하게 된다(다석어록 1993, 161). 우주 만물은 죽은 물질이 아니고 내 몸의 살알(세포)처럼 그 각각이 살아있으며, 그 때문에 우주가 절대 의식 또는 절대 인격을 가진 것처럼 느껴지는 것이다(다석어록 1993, 47; 다석강의, 728). 하느님과 우주의 관계를 다석은 "마음 마주 들 뜰 안팎으로 지내오다"(다석일지 1968.7.14)라고 기술하였다. 그것은 마치 마음이 밖으로 나가서 들, 뜰, 대자연이 되고[外化] 들, 뜰, 자연과 화초가 내 마음속

---

27) 다석 추모문집, 『동방의 성인 다석 류영모』, 무애 1993, 291쪽. "대우주는 너무 크고 멀어서 새카만 동굴 같은 밤하늘이다. 하늘 위에 또 하늘이 있고 우주 위에 또 우주가 있어서 수없이 많은 우주의 집들이 겹겹이 겹쳐서 혹동천을 이루고 있다." (다석일지공부 2권, 114)

에 들어와서 인생과 자연이 부부처럼 한 몸을 이루는 것과도 같다. 그리하여 몸 마음 부모 천지신명 모두가 하느님께로부터 나오고 우주는 한 집을 이루게 되는 것이다(다석일지공부 1권, 36).

> 모든 만물은 주체되는 하나님께로부터 왔다. 광물에서 생물이 나오고, 생물에서 의식이 나오고, 의식에서 정신이 나오고, 정신에서 신이 나오는 것 같지만, 주체는 신이다. 신체는 사람이 어떻게 할 수 없는 절대적인 것이다. 그것은 버려도 안 되고 잊어도 안 된다. 언제나 하나님과 하나가 되어야 한다. 신은 어떤 때는 숨기도 하고 어떤 때는 나타나기도 한다. 돌아가면 귀鬼요, 다시 오면 신神인데, 이 우주는 신의 음양의 소식이다. 이 신의 영체를 체득한 사람이 성인이요 부처다. 신과 같이 사는 사람들이 체물體物이다. 대자연과 한통이 되어 사는 것이다. 하나님을 믿고 하나님과 하나가 되어 같이 사는 것이다. (다석일지공부 2권, 115)

그러므로 우주는 하느님의 존재를 증명한다. 토마스 아퀴나스의 우주론적 논증이 다석에게 의미있는 신 존재증명이 되는 것이다. 풀과 나무는 태양에서 나왔으며, 우주만물은 하느님으로부터 왔다. 하느님이 없으면 우주도 없다. 우주는 하느님의 존재를 증거하고 있다. "우주는 하늘과 땅과 생명이다. 하늘은 만물을 덮고, 땅은 만물을 싣고, 생명은 만물을 완성해간다. 하늘은 높고 밝고, 땅은 넓고 두텁고, 생명은 깊고 오래간다." (다석일지공부 2권, 229) 하늘과 땅, 이 우주는 한아님의 사랑에서 터져 나온 것이다. 그리고 '한아님의 긋(아들)'으로서 인간은 이 우주의 한긋으로서 긋의 근원인 하느님의 사랑에 참여할 수 있는 것이다.(1956) (다석어록

1993, 49) 그러므로 하늘나라와 이 세상은 사람이 가고 오는 나라이다. 두 세계는 결국 하나의 세상이다. 물론 그 "하나(一)는 아무것도 알 수가 없는 영원한 신비"이지만,(1956) (다석어록 1993, 51) 내 속에 있는 한아에서만 그 하늘나라가 열릴 수 있다.

다석은 신과 우주, 그리고 인간의 관계를 "나드리 뎨계 가온암" (다석일지 1973.11.5)이라고 기술하였다. 우리 인간은 우주에서 '나드리'(生死)의 나그네로 살아가고 있는 존재로서, 나오면(生) 졔, 아들이 되고 들어가면(死) 계, 아버지가 된다. '뎨계' 또는 '제게'는 부자유친(父子有親)이다. 가고 오는 '가온'은 하늘나라와 이 세상을 연결하고 있어서, 하느님의 뜻은 하늘에서와 같이 땅에서도 이루어진다. 다석은 하늘과 땅을 합친 것이 사람이라고 말한다. 어질 인(仁)자는 하늘과 땅을 합친 것이며, 하늘은 크고 땅은 강하다는 사실(至剛至大)은 곧 사람을 의미한다. "나드는 생사生死를 합친 것, 뎨계는 부자父子를 합친 것, 가온은 천지天地를 합친 것, 암은 강대剛大를 합친 것, 그것이 사차원四次元이요 그것이 각이요 그것이 믿음이요 그것이 나다. 세상에서 제일 강한 것, 세상에서 제일 큰 것, 그것이 나요, 그것이 사람이다. 천상천하 유아독존 唯我獨尊이다." (다석일지공부 7권, 456) 결국 다석의 우주론은 하느님의 존재를 전제하고 있으며, 우주의 꽃은 바로 우리들 인간이며, 하느님을 찾는 참된 자기, 곧 큰나, 대아, 한아의 존재 가능 근거가 되고 있는 것이다.

파니카(Panikkar)는 우주를 우주신인론(宇宙神人論 Kosmotheandrismus)에 기초하여 이해한다. 파니카는 자연과 우주를 고립된 물질이 아니라 살아 움직이는 에너지로 파악한다. 모든 존재는 세계 안에 있고 그 세속성을 공유하고 있다. 우주는 단순한 물질이나 전환 가능한 에너지가 아니며, 세계 역시 단순한 거주지나 실재의 확장된 일부분이 아니다. 세계는 전체의 외피에 불과하거나 나 자신의 바깥 부분으로 그치는 것이 아니다. 세계와 인간은 분명하게 구분될 수 있는 존재이지만, 그렇다고 해서 완전히 분리된 실재도 아니다. 파니카에 의하면 모든 실재는 시공의 차원과 세계의 존재를 전제하지 않으면 안 된다. 인간의 희망이나 신앙까지도 세계 존재를 기반으로 하고 있다. 인간이 없는 세계를 생각할 수 없으며, 세계가 없는 인간도 존재하지 않는다. 이 점에서 파니카는 영지주의(그노시스)를 비판한다. 영지주의자들은 세계와 실재를 부정하고 신과 영혼으로 환원하고자 시도하였다. 그노시스파는 영혼의 구제가 인간과 우주의 정신적-영적인 부분을 강조하는 것만으로 성취될 수 있다고 믿었다. 그러나 물질을 과소평가하는 것은 결국 세계를 전적으로 배제하는 것이 되므로, 그들에게는 "새 하늘과 새 땅"이 들어설 자리가 존재하지 않게 된다.[28] 신적 차원 역시 우주적 차원 없이는 존재할 수 없다. 파니카는 하느님의 존재 역시 시간, 공간, 몸과 같은 물질적인 것 없이는 존재하지 않는다고 보았다. 이러한 생각은 분명 전통적인 기독교의 시각과는 다른 것이다. 오히려 '신이 곧 자연'이라는 범신론이나 신적인 것과 자연적인 것의 조화를 추구하는 동양사상에 근접하는 측면이 있다. 우주는 인간의 생명이나 신의 역동성과 긴밀하게 연결된 존재적 차원

28) Raimon Panikkar: *Der Dreiklang der Wirklichkeit*, S. 97.

이다. 스피노자가 산출된 자연(natura naturata)이라고 부른 것처럼 세계는 영혼과 신이 육화된 것이다. 그것은 인간이 '우주의 운명'(Schicksal des Universums)에 따르는 것이나 마찬가지이다.[29] 세계와 인간은 서로 다른 존재이지만 전적으로 분리된 것이 아니며, 생명과 실존, 역사와 운명을 독특한 방식으로 공유하고 있다. 인간적 차원과 신적 차원은 우주적 차원과 더불어 본질적인 존재 계기를 이루고 있는 것이다.

우주적 차원(Cosmos)은 하느님과 인간을 동시에 아우르고 있다. 신과 인간을 포함한 모든 존재는 결국 세계 안에서 발견된다. 세계성(Weltlichkeit)을 가지고 있는 것이다. 모든 존재자는 질료와 에너지, 공간과 시간이라는 구성적 관계를 가지고 있다. 따라서 세계외부성이나 초세계성조차도 세계적인 것 또는 세속적인 것과 연관되어 있는 것이다.[30] 신적 차원이나 인간적 차원이 없는 우주적 차원은 존재할 수 없다. 신 또한 물질, 시간과 공간, 몸 등이 없이는 존재하지 않는다. 그런 의미에서 신은 우리 인간과 같이 하나의 몸을 가지고 있다. 모든 것은 신의 '것'이며 신의 세계이다. 이처럼 우주적 차원은 모든 존재가 세계 속에 있으며, 세계와 관계를 갖고 있지 않은 존재는 없다는 사실을 밝혀준다. 인간뿐만 아니라 신 존재까지도 세계내존재(In-der-Welt-Sein)인 것이다. 그러나 이것은 하느님이 세속적이라는 것보다는 신조차도 세계가 존재하지 않고, 인간의 의식이 작동되지 않는다면 의미 있게 존재할 수 없다

---

29) Raimon Panikkar: *Der Dreiklang der Wirklichkeit*, S. 87.
30) Raimon Panikkar: *Der Dreiklang der Wirklichkeit*, S. 85.

는 사실을 뜻한다. 그래서 파니카는 세계가 없는 신은 실재적인 신이 아니며 존재할 수 없다고 말한 것이다.[31] 인간의 의식 속에는 하느님을 향한 소망과 우주 존재에 대한 갈망이 전제되어 있는 것처럼, 우주의 자연 속에도 역시 하느님과 인간에 대한 생성이 깃들어 있는 것이다.

5) 다석과 파니카의 그리스도론

다석의 그리스도론은 우주신인론적이다. 그리스도는 하느님과 우주와 인간의 모든 존재차원을 하나로 아우르는 고유한 존재로서 역사적 예수 한 사람으로 끝나지 않고 지금도 여전히 출현하고 있다. 다석은 예수를 덕이 있는 스승[德師]으로 모셨으며(다석어록 1993, 138), 예수를 스승으로 모시되 하느님으로 숭배해서는 안 된다고 하였다(다석어록 1993, 300). 그는 예수 그리스도만이 그 자신에게 유일하게 책선(責善)하는 존재라고 발언한 적이 있다. 그는 이렇게 말했다. "내가 참으로 마지막까지 영원히 잊을 수 없는 이는 예수 그리스도다. 훌륭한 스승, 곧 덕사德師를 택하는 데도 마찬가지다. 내게 선생이라고는 예수 한 분밖에 없다. 그러나 예수를 선생으로 아는 것과 믿는 것은 다르다. 나는 선생이라고는 예수 한 분밖에 모시지 않는다."(1957) (다석어록 1993, 138) 다석이 예수 그리스도를 덕사로 삼은 것은 그가 하느님과 인류를 섬기기 위하여 자기의 생명을 바쳐서, 온 인류가 영원한 생명으로 살

---

31) Raimon Panikkar: *Der Dreiklang der Wirklichkeit*, S. 86.

수 있게 하였기 때문이다(다석어록 1993, 39). 바로 이런 사실에서 다석은 예수의 기독교를 하느님 아버지와의 부자유친(父子有親)의 종교로 규정하면서, 유교의 그것보다 한 차원 더 높은 것으로 평가하고 있다. 이와 반대로 불서(佛書)는 사고무친(四顧無親)의 정신을 강조하고 있다는 것이다.[32)]

그러나 다석의 예수 이해는 여기에서 그치지 않는다. 그는 예수가 그리스도이지만 그리스도가 예수 한 분밖에 없다고 생각하지 않았기 때문이다. "기독교 믿는 자는 예수만이 그리스도라 하지만 그리스도는 예수만이 아니다. 그리스도는 영원한 생명이 한아님으로부터 오는 성신聖神이다."(1960) (다석어록 1993, 344) 이것은 예수 이외에도 수많은 그리스도가 존재할 수 있고 출현할 수 있다는 것을 말해 준다. "영원히 오고 가는 생명, 마침내 한 생명生命으로 완성完成하는 '생명'이 '그리스도'다. 그리스도는 전체의 생명이지 어떤 시대 어떤 인물의 것이 아니다"(다석어록 1993, 295). 따라서 다석은 우리가 예수, 공자, 간디, 톨스토이를 말하는 것은 단지 그들의 인물됨이 아니라, 우리들 역시 그들처럼 "한아님의 국물을 먹고 사는 것"을 본받기 위함이었다.(1957) (다석어록 1993, 112) 그에 의하면 예수뿐만 아니라 누구든지 하느님의 독생자가 될 수 있다. 그래서 다석은 "예수만이 혼자 독생자인가. 한아님의 씨를 키워 로고스의 성령이 나라는 것을 깨달아 아는 사람은 누구나 다 얼의 씨로 독생자다"라고 말했던 것이다.(1957) (다석어록 1993, 216-217) 자기 속에 있는 한아님의 씨가 바로 독생자라는 사

32) 박영호, 『다석 류영모의 생애와 사상』, 하권, 313쪽.

실을 깨달으라는 것이다. 이러한 생각은 모든 인간이 불성을 가진 존재라는 불교의 여래장 사상과도 통한다. 우리들 스스로가 그리스도가 되려고 하는 것이 종교의 근본 가르침이어야 한다는 것이다. 예수가 하느님의 씨를 싹틔워 완성한 것처럼 우리도 그렇게 해야 하는 것이다(다석어록 1993, 341).

다석에 의하면 예수는 단지 시작에 불과하며 완성이 아니다(다석어록 1993, 138, 257). 예수가 "이 다음 너희가 나보다 더 큰일을 할 것이라"고 말한 사실에서 다석은 후대의 사람들이 예수가 이루지 못한 일들을 계승해야 한다고 해석하였다.(1957) (다석어록 1993, 257). 그는 말한다. "예수하고 우리하고 차원이 다른 게 아니다. 예수, 석가는 우리와 똑같다. 예수가 '나는 포도나무요, 너희는 가지다'라고 하였다고 예수가 우리보다 월등한 것이 아니다."(1960) (다석어록 1993, 300). 우리들 인간은 일점영명(一點靈明)의 존재로서 하나님의 빛을 받았으며, 그 가운데서도 '진짜 빛'은 '가온찍이의 성령의 빛'으로서 '참빛', 참된 나의 빛이다. 그것은 동시에 말씀의 빛이요, 깨달음의 빛이기도 하다(다석일지공부 2권, 116). 그리하여 진정한 종교는 바로 하느님의 존재와 일치하는 모든 존재가 하느님의 아들이고 독생자이고 그리스도라는 사실을 선포해야 한다는 것이다.

> 예수의 생명과 신神의 생명은 얼의 생명으로는 한 생명이다. 예수의 얼을 씨라고 하면 한아님의 얼은 나무다. 나무는 씨의 근원이다. 예수도 한아님으로부터 왔다. 그리고 씨가 터나오면 또 나무가 된다. 이것이 하느님께로 돌아간 것이다. 예수의 얼만 씨

가 아니라 모든 사람의 얼도 다 씨다. 이것을 알려주는 것이 종교다. (다석어록 1993, 148)

다석은 '예수'를 '자극'(玆克)이라고 규정한 바 있다(다석일지 1961.6.3). '예수'와 '자극'을 풀어보면 다음과 같다. "예수의 예는 이어 이어 계속 발전하고 전진한다는 뜻과 예, 여기라는 뜻도 있다. 수는 세상을 뚫고 위로 올라가는 생명력이 수다. 자玆는 가물현자 두 자 합해 이루어진 글자니 까마득 까마득 높이 올라간다는 뜻이고 극克은 자기를 이기는 힘이요 십자가에 달린 언니, 형, 그리스도이기도 하다. 예수는 자기를 이기고 하늘로 올라간 그리스도다." (다석일지공부 4권, 128) 그러므로 예수의 핵심적 본질은 아버지를 모시는 것이고 섬기는 것이다. 부자유친(父子有親)과 효성(孝誠)인 것이다. 다석은 유교의 부자유친 사상이 예수에게서 가장 결정적으로 드러나고 있다고 파악한 것이다(다석일지공부 7권, 205). "예수의 영원한 생명은 그의 몸이 아니고 그의 얼이다. 그 예수의 얼은 지금 우리에게도 보내주신다. 예수의 얼은 줄곧 우리에게 보내주신다. 어떤 뜻으로는 우리의 토대가 그리스도다." (다석어록 1993, 223) 우리들이 만난 그리스도는 우리 안에 보내진 영원한 생명이다(다석어록 1993, 341). 따라서 그리스도는 우리의 몸에 오신 '펴참', '푸레로마', '전충'(全充)이다.[33] 하느님의 신비와 계획은 그리스도를 통하여 펼쳐지며 수행되고 완성된다(엡 3:19). 교회는 그리스도의 몸이다(엡 1:23). 사람은 우주 속의 한 점

33) 다석일지 1956.4.25; 엡 1,23; 克領 고첫 10,26; 엡 3,19; 엡 4,10 참조.

에 불과하지만 그리스도는 온 우주에 가득 차 있는 '하나님의 펴참'이다. 하나님의 신비는 그리스도의 숨, 생각, 말씀, 진리, 지혜, 사랑을 통하여 우주 곳곳에 펼쳐지는 것이다(다석일지공부 1권, 482-483).

역사적인 예수 그리스도 역시 절대자로부터 이어진 존재이고, 그러한 존재는 현재에도 하느님의 살아있는 능력을 받은 사람들을 통하여 계승되는 것이다. 그리스도를 받은 나는 '신을 싣고 있는 상자'로서 '절대요 영원이요 불변'이며, 영원한 존재이자 일점영명(一點靈明)으로서 '영원히 빛나는 말씀'이다. 그러한 나는 '제소리'이고 '천상천하의 유아독존'이며, 존엄이자 존귀이고, 하느님 아버지의 끝이다. 나는 '영원한 나'이며, '하나님의 나'이고 '신비한 나'이다. 그리스도는 하나인 것이다(다석일지공부 2권, 142). 그리스도는 부자일치(父子一致), 천인합일(天人合一)의 본보기이다. 그렇게 함으로써 그리스도는 더 이상 땅의 것이 아니고 하늘에 속하며, 흙이 아니고 빛이며, 육신이 아니고 정신이 되는 것이다. 나는 빛이다.

파니카(Panikkar)는 그리스도를 우주신인론(宇宙神人論, Kosmotheandrismus)에 기초하여 이해한다. 그리스도는 본시 기독교의 메시아 개념이다. 그러나 파니카의 경우에 그리스도는 기독교의 메시아에 그치는 것이 아니다. 기독교에서의 그리스도는 예수이다. 그러나 힌두교와 불교에서의 그리스도는 예수가 아니다. 그들은 다른 이름을 가진 메시아이다. 여기에서 "예수는 그리스도이다. 그러나 그리스도는 예수가 아니다"라는 파니카의 명제가 정식화

된다. 예수와 그리스도를 구분한 것이다. 예수는 2천 년 전에 이 땅에 나타난 그리스도의 현현이다. 예수는 기독교의 그리스도이다. 그러나 그리스도는 예수라는 역사적 실존 인물에 국한되는 개념이 아니다. 역사적 예수를 넘어서서 현존하는 그리스도가 여러 종교들 가운데서 각각의 방식으로 구원의 역사를 펼치고 있는 것이다. 이러한 근거에서 그리스도는 기독교만으로 국한되지 않고 다른 종교에서의 구세주를 포괄하는 일반적 의미를 획득하게 된다. 파니카의 그리스도 개념은 모든 종교에 적용될 수 있는 보편성의 차원을 지향하고 있다.

파니카는 우주신인론적 영성에 근거하여 그리스도를 새롭게 이해하려고 시도한다. 파니카의 경우에 종교간의 대화를 가능하게 하는 근거는 우주신인론적 직관에서 고찰된 그리스도의 존재이다. 그것은 결코 기독교의 메시아에 그치는 것이 아니다. 그리스도에 대한 신앙은 단순히 고립된 개인이나 특정한 민족에게만 타당한 것이 아니라 신적이고 우주적이고 인간적인 세 가지 차원의 지평에서 보편적으로 형성되는 것이다. 그리스도를 우주신인론적 관점에서 기술하는 것이야말로 종교의 다원주의적 이해를 가능하게 한다. 왜냐하면 기독교에서 예수라는 특정한 인간이 그리스도가 되는 것과 같은 맥락에서만 다른 종교에서도 다른 이름을 가진 그리스도가 출현할 수 있기 때문이다. 파니카는 우주신인론적 직관, 즉 우주신인론적 그리스도의 보편성에 근거하여 인간의 초월적 경향성, 우주의 창조적 생산능력, 그리고 신의 인격화가 통합하고자 하였다. 그리하여 그리스도는 삼위일체적 성격을 가진 세 가지의 차원을 가진 메시아적 존재로서 부각된다. 우주신인론적 차원에서의 그리스도는 온전한 물질이면서 완전한 인간인 동시에 단일한 신성으로서 실재가 존재하는 모든 곳에 존재한다. 이와 같은 그리스도의 신비는 특별한 종족이나 특정한 역사에 국한되거나 현재적 사실로 그치지 않고 모든 피조물의 역사와 운동 속에서 계속 발현하고 있다. 따라서 "모든 만물은 그리스도의 현현이다"(Every creature is a christophany)이라는 파니카의 명제가 정식화된다.[34] 신적인 것이 인간과 우주를 품고 있으며, 인간적인 것이 신과 우주를 품고 있고, 우주적인 것이 신과 인간을 품고 있는 것처럼, 우주신인론적 그리스도는 하느님과 인간과 우주의 세 차원을 모두 껴안고 있다. 우주신인론적 차원이 하나로 통합되는 지평이 곧 그리스도이며, 그같은 우주신인론적 그리스도야말로 진정한 의미에서의 종교 대화가 성립될 수 있는 가능 근거인 것이다.

6) 다석사상의 종교철학적 위상

다석(1890년 출생)의 종교사상에서는 파니카(1918년 출생)의 우주신인론적 사유가 이미 선구적으로 수행되고 있었다. 다석의 사상은 파니카에 그치지 않고 현대의 종교다원주의 사상과도 너무나 유사했다. 예를 들면 존 힉(John Hick)은 초월적인 신적 실재에 대한 인간의 응답은 '영원한 일자'(the eternal One)에 근거하고 있으며, 인간의 다양한 언어, 사고, 체험 등을 통하여 매우 다양한

34) Raimon Panikkar: *Der Dreiklang der Wirklichkeit*, S. 153.

양태로 나타날 수 있다고 보았다. 하느님은 많은 이름을 가지고 있는 것이다.

다석 역시 동양사상과 서양사상을 굳이 구별하지 않으려고 하였다. 모든 사상은 하느님을 찾고 있다고 생각했기 때문이다. 그래서 다석의 종교관은 자연스럽게 다원주의를 대변하고 있다. 다석의 사상은 세계 4대의 종교가 동일한 진리를 설파하고 있다는 것, 즉 예수와 석가와 노자와 공자가 결국은 같은 진리를 주장한다는 사실에서 매우 특징적이다. “예수교, 불교, 유교는 다 다른지 모르나 진리는 하나밖에 없는 것을 얘기하니 이보다 더 좋은 낙이 어디 있겠는가?” (다석어록 1993, 59) 지금의 기독교, 불교, 유교는 예수, 부처, 공자가 본래 가르침 진리와는 거리가 있으나, 예수, 부처, 공자가 본래 가르친 진리는 똑같다. 각 종교의 교조들이 말하는 진리는 같은 것이다. 따라서 어느 종교가 참된 종교인가를 비교하고 가리는 것은 잘못된 태도이다. 이는 여러 신앙유형들이 있으나 하나의 참된 종교만이 있다는 칸트의 입장과 유사하다. 다석은 자신이 성경뿐만 아니라 유교와 불교의 경전이나 희랍철학조차도 얼나(眞我)를 깨닫게 하는 진리가 깃들어 있다고 주장하였다. 그 각의 종교사상마다 얼나를 깨달은 사람들에 대한 이야기가 있다는 것이다. 따라서 각각의 종교들에서 나타나는 공통분모는 바로 ‘얼’이다. 다석은 종교의 중요성은 자기만의 독특성을 가지고 깨달음을 얻는 데 있다. 무슨 신비, 무슨 신학, 무슨 철학이 중요한 것이 아니라 그것들을 통하여 하느님 아버지께로 나아가는 것이 중요하다. 모든 종교들은 진리에 이르는 방편에 불가할 뿐이다. 이는 여러 신앙유형들이 있으나 하나의 참된 종교만이 있다는 칸트의 입장과 유사하다.

그래서 다석은 석가, 공맹, 노장이나 예수의 복음서 중에서 어느 것을 읽더라도 하나님을 알 수 있다고 하였다. 그는 성경과 주역의 계사편을 함께 읽으라고 권하기도 하였다. 다석은 예수, 석가, 공자, 맹자, 노자같이 사상적으로 구경(究竟)의 자리에 이르면 모두가 다 하나의 동일한 진리로 관통한다는 사실을 깨달았다. 이 점에서 다석은 폴 틸리히의 사상에 다가서 있다. 마을에 우물이 여러 개 있더라도 땅속에서는 하나의 지하수로 연결된다. 여러 개의 산들이 있지만 그것은 하나의 산맥에 속하여 있다. 다석은 장자와 맹자도 모두 성신(聖神)이 통했다고 보았다. 모든 종교 속에 성신이 함께 하고 있다고 본 것이다. 다석은 각 종교에서의 깨달음, 즉 하느님에게로의 '얼생명'으로의 거듭남은 교리와 신조에 의해서가 아니라 오직 하나님의 '얼'을 받아들임으로써 이루어진다고 보았다. 얼을 통해 깨닫게 되는 하느님은 어느 종교에서든 한 하느님이시다. "원일(元一)이다. 내가 죽을 때까지 말하고 싶은 것은 원일이다. 본디의 하나가 원일이다. 원일은 유일무이(唯一無二)이다." (다석어록 1993, 170).

이와 같은 다석의 종교다원주의는 근본적으로 사교회통(四教會通) 사상(思想)을 지향하고 있다.[35] 앞에서 지적한 것처럼 다석은

---

35) 강돈구는 다석 유영모의 한국 종교사적 의의를 '사교(四教) 회통사상(會通思想)', '종교간 대화', '종교다원주의'로 평가하고 있다. 다석은 동양의 유불선과 서양의 기독교가 근본적으로 신성이 여러 형식으로 드러난 것에 지나지 않는다고 보았기 때문에, 종교간의 대화가 가능하고 각각의 종교적 지위가

예수, 석가, 공자, 노자, 간디와 톨스토이, 그리고 심지어는 1647년에 퀘이커교를 처음 시작했던 조지 폭스(다석어록 1993, 155)의 영향까지도 받았다. 그는 이런 다양한 사상들을 한사상의 기틀 위에서 조화하고자 하였다. 동양에서는 오래 전부터 만물의 근원인 하나의 실재가 다양하게 표현된다는 사실을 인정해 왔다. 우리는 기원전 10세기에 형성된 리그베다에서 그런 사실을 확인할 수 있으며, 현대에 이르러서도 라마크리쉬나(1836~1886), 비베카난디(1863~1902), 타고르(1861~1941), 간디 등에게서 모든 종교는 하나의 진리에 이르며, 단일한 신성이 다양하게 현현할 수 있다는 사실이 강조되고 있음을 잘 알고 있다. 다석 역시 한사상의 기틀 위에서 유불선과 기독교의 묘합을 추구하였다.

그러면서도 다석은 이 네 가지의 종교유형 속에서도 특히 '하나'(一)의 존재를 강조함으로써 전형적인 한 사상가로서의 면모를 돋보이고 있다. "이 사람은 모든 상대적 존재의 근원인 전체 하나(一)가 얼로 없이 계심을 느낀다. 이 하나 밖에 다른 것은 없다. 모든 상대적 존재는 이 하나(一) 속에 들어 있다. 그러므로 하나가 있느냐고 묻는 것은 어리석은 일이다. 그런데 얼로 없이 계시는데 대해서는 개인적인 체험이 있어야 한다. 내가 '하나'를 느끼는 것을 사실대로 생각대로 고백하는 것이다. 그래서 나는 이 하나(一)를 증거해야겠다. 다른 것은 다 모르니까 하나만을 증거해야겠다는 것이다. 그래서 나는 참나(眞我)인 하나의 증인이다. 류영모뿐만

의미를 갖게 된다고 생각하였다. 강돈구, 「유영모 종교사상의 계보와 종교 사상사적 의의」, 『다석 유영모의 동양사상과 신학』, 솔 2002, 376-384쪽.

아니라 누구라도 참나에 대해서는 모르면 몰라도 자세히 알 것 같으면 하나의 증인이 된다. 절대자인 그 하나가 나에게 계셔 나에게 사람의 사명을 주신 이가 곧 하나이다. 사명을 받아서 하나(一)의 아들이 된다. 하나의 아들이 된 것을 느낀다. 그러므로 하나의 아들 노릇을 해야 한다. 아마 예수도 이것을 느낀 것 같다. 하나의 아들은 그 하나의 소리 없는 소리를 귀 없는 마음이 듣는다. 허공이 가없이 펴져 있는 것과 시간이 끝없이 이어진 것으로 하나의 뜻이 있음을 이 사람은 느낀다. 하나의 아들 노릇한다는 그 소리, 그리고 아버지가 계신다는 그 소리, 아버지와 아들사이에 뜻이 활동하는 소리가 맘속에서 들린다. 내 맘속에서 자꾸만 하나의 뜻이 일어난다. 그것을 느끼는 것이 내 뜻이다. 내 맘의 뜻은 하나의 뜻이다. 하나는 가장 큰나(大我)요 참나(眞我)이다. 바로 하나인 하느님이시다."(1957) (다석어록 1993, 164)

다석과 파니카의 종교사상은 우주신인론이라는 사실에서 공통적이다. 신, 인간, 우주가 하나의 연결된 차원으로 존재한다는 사실이 두드러진다. 다석의 사상에서는 그 구분이 희미하지만 파니카의 경우에는 각각의 세 차원은 독립적이면서도 상호적이다.

첫째로 다석의 하느님은 태극과 무극의 동일성에 근거하여 '없이 계신 하나님'('없있'), '빈탕한데' 등과 같이 전체이면서 하나인 존재를 보여줌으로써 인간과 우주를 아우를 수 있는 근거가 되고 있다. 파니카의 신 개념 역시 단순히 초월적인 절대타자가 아니다. 그것은 인간과 자연을 동시에 아우르는 존재 근거로서 아직 최종 목적에 도달하지 않은 과정적 존재로서 진화를 거듭하고 있는 창조성의 차원이다.

둘째로 다석이 이해한 인간은 하느님 그 자신인 아트만으로서 '참나', '얼을 가진 존재', '가온찍기' 등으로 하늘과 땅 사이를 이어주는 존재이다. 인간은 우주의 한 점에 불과하지만 하느님 그 자신의 모습을 지니고 있는 존재이다. 파니카의 경우에 신과 세계의 모든 실재들은 오직 인간을 통하여 그 모습이 드러나게 된다. 인간 역시 신과 자연과의 부단한 교섭을 통하여 자신의 존재를 만들어 가는 존재이다. 신과 세계 없는 인간은 존재할 수 없으며, 인간의 의식 속에는 하느님을 향한 소망과 우주 존재에 대한 갈망이 있다.

셋째로 다석의 우주 이해는 태극, 태허, 무극으로부터 형성되는 '한데'(絶大地), '둥구렁'으로 나타난다. 우주는 하늘과 땅과 생명이며, 우리들 자신이 바로 우주의 꽃이다. 우주만물은 하느님으로부터 와서 모든 생명 존재가 자라게 하는 터전이다. 인간 역시 우주의 한 점이다. 파니카의 우주적 차원 역시 모든 존재가 세계 속에 있으며, 세계와 관계를 갖지 않은 존재는 없다는 사실을 강조한다. 심지어 신조차도 우주 없이는 존재하지 못한다.

넷째로 다석은 예수를 덕의 스승으로 생각하였으며, 예수 그리스도 이외에도 다른 그리스도가 가능하다고 주장한다. 예수뿐만 아니라 하느님의 씨앗, 즉 로고스의 성령을 받은 자는 모두 독생자 그리스도가 될 수 있다고 본 것이다. 따라서 진정한 종교는 하느님의 존재와 일치하는 모든 사람이 그리스도라는 사실을 선포해야 한다고 보았다. 파니카 역시 예수는 그리스도이지만 그리스도는 예수만이 아니라고 강조하였다. 모든 만물이 그리스도의 현현인 것이다.

이와 같은 다석의 한사상은 다원주의 종교사상을 아우르면서도 교의체계에 대한 맹신보다는 실질적인 측면에서의 종교적 실천을 강조하는 점에서 계시신앙보다는 이성신앙을 지향하고 있다. 다석은 몸으로 태어난 모든 나(제나)의 모습을 벗어 버리고 우리에게 빔(空)으로 찾아오시는 성령으로 난 사람(얼나)으로 살아가도록 주문한다. 이것은 곧 하나님과 내가 같아지는 것을 말한다. 인간은 누구나 다 신의 아들이고 그리스도가 될 수 있다. 다석이 그리스도를 '하느님의 씨'나 '독생자'라고 부른 것은 모든 인간들에게도 그대로 적용될 수 있다. 씨ᄋᆞᆯ은 하느님의 아들들이다. 그리하여 다석은 예수, 석가, 단군, 아담이나 모든 사람은 다 똑 같다고 생각하였다. 따라서 우리가 성인을 숭배하는 것은 우리 자신들이 성인처럼 되어야 한다는 취지이지 성인숭배 그 자체가 목표는 아닌 것이다. 다석은 말한다. "예수가 인간을 위하여 십자가에 못 박혀 피 흘린 것을 믿으면 영생한다고 믿는 것은 나와 상관없다." (다석어록 1993, 343-344) 다석은 하나님을 얼, 곧 영(靈)으로 이해하였다. 절대자이신 하느님은 자기계시이며 인간의 생명을 유지시켜 주시는 궁극적 형태로 말한다. 하느님과 동일시된 나는 하느님이 주인이 되신 참나(眞我)이다. 그래서 다석은 자신 있게 말한다. "기독교 믿는 자는 예수만이 그리스도라 하지만 그리스도는 예수만이 아니다. 그리스도는 영원한 생명인 하느님으로부터 오는 성신(聖神)이다."(다석어록 1993, 344) 그리고 우리는 오직 이 경우에만 다석이 우리에게 예수나 미륵불을 기다리지 말라고 권하는 이유를 짐작할 수 있게 된다. 그리스도는 얼나이고 얼생명으로서 내 속에서 순간순간 탄생하도록 해야 하는 문제이기 때문이다. 그리스도는 단순한 신앙의 대상이 아니다. 그리스도는 오히려 실천의 주체이다. 그리스도는 영원히 오시는 얼나이다. 씨올로서의 우리는 그리스도(얼나)로 솟아나야 하고, 끊임없이 성불(成佛)해야 하는 것이다(다석어록 1993, 169).

종교는 사람을 숭배하는 것이 아니다. 그런데도 사람을 숭배하는 것은 하느님을 바로 하느님으로 깨닫지 못해서 생기는 현상이다. 예수를 하느님 자리에 올려놓은 것이나 가톨릭이 마리아를 숭배하는 것은 바로 그 까닭이다(다석어록 1993, 278). 하느님이 독생자 그리스도를 우리에게 준 것과 마찬가지로 우리들 각자 속에 하느님의 씨가 주어져 있다는 사실을 깨닫는 것이 필요하다. 신앙이나 깨달음 이후에도 색욕(色慾)의 유혹을 벗어나기 위하여 정진하는 것이 중요하다. 그리하여 다석은 돈오(頓悟)보다는 점수(漸修)를 강조하였다. 성신(聖神)을 받고 돈오한다고 해서 한꺼번에 다 되는 것은 아니다. 석가도 단번에 모든 것을 깨달은 것으로 알고 있지만 사실은 그렇지 않다. 돈오(頓悟) 뒤에도 점수(漸修)를 해야 한다. 돈오도 한 번만 하고 마는 것이 아니다. 인생의 길이란 꽉 막혔던 것 같다가도 탁 트이는 수가 있고, 탁 트였다 싶다가도 또 꽉 막히고 그런 것이다(다석어록 1993, 288-289).

다석은 하느님의 존재는 하나이면서 모든 것인 절대인 동시에 그 어느 것도 아닌 절대적인 빔으로서 무이기도 하다. 그것은 바로 한이다. 한은 큰나이고 큰얼이기도 하다. 그것은 자신 속에 씨올로 존재하며, 그것을 스스로 큰얼과 일치시킬 경우에 하느님 자신이 되기도 하는 그런 존재이다. 다석은 그것을 도(道), 니르바나, 무극, 태허, 하느님이라고 불렀으나 그것 역시 한낱 이름에 지나지 않는다고 하였다. 우리는 그것을 믿음의 대상으로 바라볼 것이 아니라 스스로 이루어내야 할 실천주체라고 체득해야 하는 것이다.

다석의 종교다원적 통합사상의 내용들은 윌프레드 캔트웰 스미스(Wilfred Cantwell Smith), 존 힉(John Hick)으로부터 라이문도 파니카에 이르는 종교다원주의 사상가들과 많은 공통점을 가지고 있다. 특히 다석이 제시한 한사상적 이해 구조의 틀이야말로 현대적인 담론구조 속에서 철학적 보편성을 획득할 수 있는 근거와 기반이 되고 있다.[36] 파니카의 경우에는 인도 힌두교를 정점으로 하는 동양사상과 로마 가톨릭 사상을 정점으로 하는 서양사상이 회통함으로써 인간과 우주와 신이 상즉상입하는 파노라마를 연출하고 있으며, 다석의 경우에는 동서사상이 새로운 문명적 신 개념을 잉태하고 있는 것이다.

---

36) Raimon Panikkar: *Myth, Faith and Hermeneutics. Cross-Cultural Studies*. New York 1979; *The cosmotheandric experience. Emerging religious consciousness*. New York 1993. Deutsche Ausgabe: *Der Dreiklang der Wirklichkeit. Die kosmotheandrische Offenbarung*. Salzburg 1995; *The unknown Christ of Hinduism*. London 1964. Deutsche Ausgabe: *Der unbekannte Christus im Hinduismus*. Mainz 1990(2); *Religionen und Religion*. München 1965; *The Intrareligious Dialogue*. Revised Edition. Paulist Press, New York 1999.

7) Daseoks religiöser Pluralismus und Panikkars Kosmotheandrismus

Die kosmotheandrische Denkmethode trifft sich im religiösen Gedanken bei Daseok in vorlaufender Weise als bei Panikkar. Daseok versucht das Christentum mit dem asiatischen Gedankengut zu interpretieren, auch die Ostenphilosophie mit der christlichen Perspektiven. Dadurch charakterisiert sich Daseok's Religionsphilosophie als "Religiöser Pluralism". Daseok sieht, daß die Wahrheit bei Jesus, Buddha, Laotze, Konfuzius einerlei ist und repräsentiert sich in der gleichen Weise. Die religiösen Gedanken von Daseok und Panikkar sind kosmotheandrisch.

Daseok schieldert Gott, Mensch, Kosmos als ein in einer vereinenden Ganzheit organisch-dynamisch fungierendes System. Diese Ansicht ist sehr ähnlich mit der kosmotheandrischen Struktur Panikkars. Mit der Christologie der beiden Philosophen erreicht solche Ähnlichkeit den Höhepunkt. Daseok behauptet, der Christ ist mehr als nur ein historischer Christ, so daß die wahre Religion lehren muss, wer, wenn er sagt, “Ich und der Vater sind eins!”, ist der Christ. Panikkar sagt auch, Jesus ist ein Christ, aber der Christ nicht nur ein historischer Jesus. Er meint aber, Alles sei die Christophanie. Das Sein Gottes bei Daseok ist nicht nur das Absolutum sondern das Nichts als Eins und Alles, es bezieht sich mit dem Begriff “Han”(All-Einheit) im Han-Gedanken. Bei Panikkar vereinigen sich der Osten-Gedanke im Beispiel des indischen Hinduismus mit dem Westen-Gedanken im Beispiel des römischen Katholizismus, damit versteht er Gott, Mensch, Kosmos in der Erfahrung der kosmotheandrischen Intuition. Bei Daseok wird ein neuerlei formulierter Begriff des Kultur-Gottes durch seine Interpretation der Ost- Westen-Gedanken hervorgebracht.

참고문헌

1) 다석 류영모 저작

다석학회 편, 『다석강의』, 현암사, 서울 2006.

류영모, 『공자가 사랑한 하느님: 다석 강의로 다시 읽는 중용 사상』, 박영호 풀이, 교양인 2010.

류영모, 『다석 류영모의 얼의 노래』, 박영호 편, 두레 2004.

류영모, 『다석 마지막 강의』, 박영호 풀이, 교양인 2010.

류영모, 『다석어록: 죽음에 생명을, 절망에 희망을』, 박영호 편, 홍익재 1993.

류영모, 『다석일지』 전7권, 김흥호 편, 솔 2001.

류영모, 『다석 류영모 명상록』, 김흥호 풀이, 성천문화재단 1998.

류영모, 『씨올의 말씀』, 다석사상정해, 홍익재 1988.

박영호 편, 『다석 류영모 명상록』, 두레 2000.

박영호 편, 『노자』, 두레, 서울 1998.

박영호 편, 『다석 류영모 어록』, 두레, 서울 2002.

박영호 편, 『동방의 성인 다석 유영모: 다석추모문집』, 무애, 서울 1993.
박영호 편, 『반야심경』, 두레, 서울 2001.
박영호 편, 『장자』, 두레, 서울 2002.
박영호, 『다석 류영모의 생각과 믿음』, 다석사상전집 1, 문화일보사 1995.
박영호, 『다석 류영모의 기독교 사상』, 다석사상전집 2, 문화일보사 1995.
박영호, 『다석 류영모의 불교 사상』, 다석사상전집 3, 문화일보사 1995.
박영호, 『다석 류영모의 유교사상』 상하, 다석사상전집 4,5, 문화일보사 1995.
박영호, 『다석 류영모의 생애와 사상』 상하, 다석사상전집 6,7, 문화일보사 1996.
박영호, 『진리의 사람 다석 류영모』 상하, 다석사상전집 1, 두레, 서울 2002.

2) 기타 문헌

강돈구, 「유영모 종교사상의 계보와 종교 사상사적 의의」, 『동양사상과 신학: 동양적 기독교 이해』, 솔 2002.
김상일, 『괴델의 불완전성 정리로 풀어본 원효의 판비량론』, 지식산업사, 2003.
김상일, 『동학과 신서학: 세계철학 창조를 위한 최수운, 켄 윌버, 존 캅의 대화』, 지식산업사 2000.
김상일, 『러셀 역설과 과학혁명구조』, 서울: 솔, 1997.
김상일, 『세계철학과 한』, 서울: 전망사, 1989.

김상일, 『수운과 화이트헤드』, 지식산업사, 2001.
김상일, 『알랭바디우와 철학의 새로운 시작』 전2권, 새물결, 2008.
김상일, 『元曉의 判比量論 비교 연구』, 지식산업사, 2004.
김상일, 『켄 윌버의 초인격 심리학적 관점에서 본 한민족 의식전개의 역사: 한밝文明論 改題』, 지식산업사 1988.
김상일, 『퍼지논리와 통일철학』, 솔출판사, 1995.
김상일, 『한의학과 러셀역설 해의』, 지식산업사, 2005.
김상일, 『한철학』, 서울: 온누리, 1995.
김상일, 『현대 물리학과 한국 철학』, 서울: 고려원, 1991.
김상일, 『화이트헤드와 동양철학』, 서광사, 1993.
김진(신학자), 「라이몬도 파나카 종교신학의 기독론」, 『한국 종교문화와 문화신학』, 한들 1998.
김진(신학자), 『우리가 하느님에 대하여 말할 수 있는가: 함석헌과 파니카와의 대화』, 한들 1998.
김진(신학자), 『피할 수 없는 만남: 종교간의 대화 - 파니카의 종교신학』, 한들출판사 1999.
김진, 「라이문도 파니카와 우주신인론적 진리」, 『철학논총』, 새한철학회 2004.
김진, 『믿음 사랑 희망에 대하여』, UUP 2006.
김진, 『에른스트 블로흐와 희망의 원리』, UUP 2006.
김진, 『종교란 무엇인가』, UUP 2008.
김진, 『최고선과 요청주의』, UUP 2005.
김진, 『칸트와 역사신학의 문제』, UUP 2011.
김진, 『하느님의 길』, 철학과현실사 2005.
김진, 『하느님의 나라와 부처님의 나라』, UUP 2009.
김흥호 외, 『동양사상과 신학: 동양적 기독교 이해』, 솔 2002.
김흥호, 김정배 편, 『다석 유영모의 동양사상과 신학. 동양적 기독교 이해』, 솔, 서울 2002.
박영호, 『메타노에오, 신화를 벗은 예수: 다석 사상으로 풀이한 도마복음』, 인물과사상사 2009.
박영호, 『잃어버린 예수: 다석 사상으로 다시 읽는 요한복음』, 교양인 2007.
박재순, 『동서사상을 아우른 창조적 생명철학자 다석 유영모』, 현암사 2008.
변선환 아키브 편, 『그리스도론과 신론』, 변선환 전집 5, 한국신학연구소 1998.
변선환 아키브 편, 『변선환 종교신학』, 한국신학연구소 1996.
변선환 아키브 편, 『종교간대화와 아시아신학』, 변선환 전집 1, 한국신학연구소 1996.
변선환, 「레이몬드 파나카와 힌두교인-기독교인 사이의 대화」, 『종교간대화와 아시아신학』, 한국신학연구소 1996.
심일섭, 「다석 유영모의 동양적 기독교 신앙 연구」, 『종교간대화와 아시아신학』, 한국신학연구소 1996.
오정숙, 『다석 유영모의 한국적 기독교』, 미스바 2005.
유정원, 「레이문도 파니카의 종교신학」, 『종교신학의 이해』, 분도출판사 1996.
윤정현, 「없이 계시는 하느님, 다석 유영모의 절대자 이해」, 『기독교사상』, 596호, 2008.
이기상, 「"태양을 꺼라!" 존재 중심의 사유로부터의 해방」, 『동양사상과 신학: 동양적 기독교 이해』, 솔 2002.
이기상, 「존재에서 성스러움으로」, 『동양사상과 신학: 동양적 기독교 이해』, 솔 2002.
이정배, 『없이 계신 하느님, 덜 없는 인간: 다석 신학의 얼과 틀 그리고 쓰임』, 모시는 사람들 2009.

이정배, 『빈탕한데 맞혀놀이: 다석으로 세상을 읽다』, 동연(와이미디어) 2011.
이종찬, 「R 파니카의 우주적 기독론과 변선환의 다원주의」, 『변선환 종교신학』, 한국신학연구소 1996.
정양모 외, 『하루를 일생처럼: 다석 류영모 선생 귀천 30주기 추모 문집』, 두레 2011.
정양모, 『나는 다석을 이렇게 본다』, 두레 2009.
지승원, 「R. 파니카의 우주적 기독론과 변선환의 다원주의」, 『변선환 종교신학』, 한국신학연구소 1996.
카워드, 『종교다원주의와 세계종교』, 서광사 1990.
캅, 존, 크리스토퍼 이브스, 『텅빈 충만: 공의 하느님』, 황정훈 외 역, 우리신학연구소 2009.
톨스토이, 『예술론 참회록 인생론 신앙론 교육론』, 을유문화사 1966.
파니카, 『종교간의 대화』, 김승철 역, 서광사 1992.
파니카, 『지혜의 보금자리』, 이종찬 역, 감신 1999.
한국문화신학회 편, 『한국종교문화와 그리스도』, 한들 1996.
한국문화신학회 편, 『한국종교문화와 문화신학』, 한들 1998.
한인철, 「레이문도 파니카의 신-인-우주적 다원주의」, 『종교다원주의의 유형』, 한국기독교연구소 2000.

Hick, John H.: *God and the Universe of Faiths.* New York 1973.
Hick, John H.: *God has many names*. The Westminster Press, Philadelphia, Pennsylvania 1980.
Hick, John H.: *The Metaphor of God Incarnate. Christology in a Pluralistic Age*. Kentucky 1993.
Kant, Immanuel: *Die Religion innerhalb der Grenzen der blossen Vernunft.* Riga 1793.

Panikkar, Raimon u.a.: *Meinen wir denselben Gott? Ein Streitsgespräch.* München 1994.

Panikkar, Raimon: *A Dwelling Place for Wisdom.* Westminster 1993. Deutsche Ausgabe: *Einführung in die Weisheit*. Freiburg 2002.

Panikkar, Raimon: *Cultural Disarmament. The Way to Peace*. Westminster 1995.

Panikkar, Raimon: *Das Abenteuer Wirklichkeit. Gespräch über die geistige Transformation*. München 2000.

Panikkar, Raimon: *Die vielen Götter und der eine Herr. Beiträge zum ökumenischen Gespräch der Weltreligionen*. Weilheim 1963.

Panikkar, Raimon: *Invisible Harmony. Essays on Contemplation & Responsibility*. Minneapolis 1995.

Panikkar, Raimon: *Myth, Faith and Hermeneutics. Cross-Cultural Studies*. New York 1979.

Panikkar, Raimon: *The cosmotheandric experience. Emerging religious consciousness*. New York 1993. Deutsche Ausgabe: *Der Dreiklang der Wirklichkeit. Die kosmotheandrische Offenbarung*. Salzburg 1995.

Panikkar, Raimon: *The Silence of God. The Answer of the Buddha.* New York 1990.

Panikkar, Raimon: *The unknown Christ of Hinduism.* London 1964. Deutsche Ausgabe: *Der unbekannte Christus im Hinduismus*. Mainz 1990(2).

Panikkar, Raimon: *Trinität. Über das Zentrum menschlicher Erfahrung.* München 1993.

Panikkar, Raimundo: *Den Mönch in sich entdecken*. München 1989.

Panikkar, Raimundo: *Religionen und Religion*. München 1965.

Panikkar, Raimundo: *Rückkehr zum Mythos*. Frankfurt 1985.

Panikkar, Raimundo: *The Intrareligious Dialogue.* Revised Edition. Paulist Press, New York 1999.

Panikkar, Raimundo: *Worship and Secular Man*. London 1973.

Panikkar, Raymond: *Kerygma und Indien. Zur helisgeschichtlichen Problematik der christlichen Begegnung mit Indien*. Hamburg 1967.

Samartha, Stanley J.: *Hindus vor dem universalen Christus. Beiträge zu einer Christologie in Indien*. Stuttgart 1970.

Smith, W. Cantwell: *Faith and Belief. The Difference between Them.* Princeton University Press, Princeton 1979, Oxford 1998.

Smith, W. Cantwell: *Patterns of Faith around the World*. Oxford 1962, Oneworld Publications, Oxford 1998.

Tillich, Paul: *Systematic Theology*. The University of Chicago Press. Vol. 1, 1951; Vol. 2, 1957; Vol. 3, 1963.

Tolstoy, Leo: *A Confession and Other Religious Writings*. Penguin Classics, 2005.

Youn, Jeong-hyun, *The Non-Existent Existing God. An East Asian Perspective with Specific Reference to the Thought of Ryu Youngmo*, University of Birmingham 2002.

찾아보기

김진(金珍)

울산대학교 철학과 교수. 독일 루어대학(보쿰) 철학박사

jinkim@ulsan.ac.kr

독일 루어-대학(보쿰)에서 철학을 연구하였으며, 리챠드 쉐플러(Richard Schaeffler) 교수의 지도 아래 철학박사 학위를 취득하였다. 1989년 이후 울산대학교 철학과 교수로 재직하고 있다.

저서로는 Kants Postulatenlehre (Peterlang, Frankfurt 1988), 『생활속의 철학』(1990), 『칼 마르크스와 희랍철학』(1990, 1998), 『철학의 현실문제들』(1994, 2004, 2007), 『새로운 불교해석』(1996), Die Hoffnungs-philosophie im Maitreya-Buddhismus (Ulsan University Press 1997), 『아펠과 철학의 변형』(1998), 『칸트 · 순수한 이성의 한계 안에서의 종교』, 『선험철학과 요청주의』(1999), 『살고있는 순간의 어두움』(1999, 2001), 『칸트와 불교』(2000, 2004), 『칸트와 생태사상』, 『퓌지스와 존재사유』(2003), 『무아윤회 논쟁』, 『라이프니츠, 헤겔, 쇼펜하우어와 불교』, 『니체와 불교적 사유』, 『하이데거와 불교』, 『화이트헤드와 화엄형이상학』(2004), 『동성애의 배려윤리적 고찰』, 『칸트와 세계관의 철학』, 『하느님의 길』, 『최고선과 요청주의』 (2005), 『믿음 사랑 희망에 대하여』, 『에른스트 블로흐와 희망의 원리』(2006), 『사회정의와 문화정체성에 대하여』, 『울산의 정치·문화에 대하여』, 『줄기세포 조작에 대하여』, 『한국 정치현실의 철학적 성찰』, 『페미니즘 윤리학』, 『처용설화의 해석학』(2007), 『생각하는 삶』, 『종교란 무엇인가』, 『처용논쟁』(2008), 『하느님의 나라와 부처님의 나라』(2009), 『한국사회를 움직이는 현대철학자들』(2009), 『칸트와 역사신학의 문제』(2011)외 다수가 있다.

역서로는 토마스 아퀴나스의 『존재자와 본질에 대하여』(서광사 1995)와 리챠드 쉐플러의 『역사철학』(철학과현실사 1997) 등이 있으며, 그밖에 『한의 학제적 연구』, 『공학윤리』, Wahrheit und Erfahrung (Würzburg 2004) 등 다수의 공저와 논문들이 있다.

주요 연구 분야는 칸트 및 현대 독일철학이고, 종교철학, 형이상학, 역사철학, 환경철학의 주제들에 관심을 가져왔으며, 최근에는 신화학의 철학과 심리사상 분야에까지 관심을 넓히고 있다.